高职高专财经商贸类专业精品课程系列教材

零售管理实务
lingshou guanli shiwu

主　编　杜晓明　张　荣
副主编　田　晨　陈江红
主　审　丁　勇

苏州大学出版社
Soochow University Press

图书在版编目(CIP)数据

零售管理实务 / 杜晓明,张荣主编. —苏州:苏州大学出版社,2015.2
高职高专财经商贸类专业精品课程系列教材
ISBN 978-7-5672-1241-1

Ⅰ.①零… Ⅱ.①杜… ②张… Ⅲ.①零售商店-商业管理-高等职业教育-教材 Ⅳ.①F713.32

中国版本图书馆 CIP 数据核字(2015)第 032085 号

零售管理实务
杜晓明 张 荣 主编
责任编辑 许周鹣

苏州大学出版社出版发行
(地址:苏州市十梓街1号 邮编:215006)
苏州恒久印务有限公司印装
(地址:苏州市友新路28号东侧 邮编:215128)

开本 787 mm×1 092 mm 1/16 印张 15.75 字数 394 千
2015 年 2 月第 1 版 2015 年 2 月第 1 次印刷
ISBN 978-7-5672-1241-1 定价:35.00 元

苏州大学版图书若有印装错误,本社负责调换
苏州大学出版社营销部 电话:0512-65225020
苏州大学出版社网址 http://www.sudapress.com

前言

近20年来，中国零售业的变化让人应接不暇，新兴零售业态如雨后春笋般纷纷涌现，中国零售业正在经历一场巨大变革，以电子商务为特点的第四次零售变革在中国迅速发展起来。与此同时，跨国零售巨头陆续进入中国市场，加速了经济全球化的进程，使中国零售业的竞争更加激烈和复杂。为了顺应中国零售业迅速发展的形势，配合高职高专全国示范（骨干）院校优质核心课程建设的需要，我们组织编写了这本《零售管理实务》教材，以适应高职高专院校管理类学生学习的需要。

"零售管理实务"课程是一门理论与实践操作相结合、知识与技能并重的课程，应用性、实践性强，是所有零售企业管理人员在管理过程中的理论与操作指南。本教材紧密结合当前零售领域中的新知识、新方法，对课程所需培养的能力与教学内容进行能力和知识点的分析与归纳，构建了以核心岗位职业能力为切入点、以典型工作任务为内容的教学整体设计方案框架，形成了项目课程的框架结构、各项目和任务的能力培养目标以及以学生为主体的工作任务。全书共分六大项目：零售知识入门；商圈分析与零售店选址；零售店内外环境规划；商品陈列；商品管理；零售服务、安全防损和人员管理。每个项目又分为2~4个小任务，每个任务都以"导入案例"开始，以激发学生的学习兴趣，正文插入一些"拓展知识"和"拓展案例"，以提高学生的思维能力，最后还根据不同的任务，设计了相应的实训任务和项目练习，以提高学生的动手操作能力，巩固其所学知识。通过对本教材的学习，学生可以全面系统地了解国内外零售业发展动态、最新零售业概念和理论、零售行业企业管理的基本知识和实际运作，掌握从事的岗位群所需要的最基本的零售管理理论知识，从而具备从事零售管理工作的基本职业能力。本教材的任务是培养学生零售管理的职业能力和职业素养，使学生掌握零售企业管理的基本知识并将其运用到实际工作中去。

本书由江苏食品药品职业技术学院杜晓明、张荣主编,江苏食品药品职业技术学院田晨、淮安苏果超市陈江红分别担任副主编,江苏食品药品职业技术学院丁勇担任主审。具体分工如下:杜晓明编写项目一、二,张荣编写项目五,田晨编写项目四,陈江红编写项目三,江苏食品药品职业技术学院肖芸编写项目六。

目录

项目一　零售知识入门

　　任务一　认识零售、零售业和零售管理　　1
　　任务二　掌握零售组织分类和零售组织演化理论　　22

项目二　商圈分析与零售店选址

　　任务一　零售商圈分析　　37
　　任务二　零售店选址　　53

项目三　零售店内外环境规划

　　任务一　零售店外部环境设计　　65
　　任务二　零售店内部环境设计　　71
　　任务三　创造良好的购物环境　　89

项目四　商品陈列

　　任务一　商品配置　　105
　　任务二　商品陈列的相关概念和原则　　112
　　任务三　商品陈列要求和方法　　116

项目五　商品管理

　　任务一　商品组合管理　　124
　　任务二　采购管理　　131
　　任务三　定价管理　　150
　　任务四　促销管理　　163

项目六 零售服务、安全防损和人员管理

　　任务一　零售服务管理　　　　　　　　　　177

　　任务二　安全与防损管理　　　　　　　　　　201

　　任务三　零售人员管理　　　　　　　　　　　228

参考文献　　　　　　　　　　　　　　　　　　246

项目一 零售知识入门

 职业能力目标与学习要求

1. 知识目标：了解与零售相关的基本概念和知识
2. 技能目标：能够分析当地零售企业的经营模式
3. 任务分解：任务一　认识零售、零售业和零售管理
    　　　　　任务二　掌握零售组织分类和零售组织演化理论

任务一　认识零售、零售业和零售管理

导入案例

身边的零售商——苏果

苏果超市有限公司创立于1996年7月18日，它的前身是江苏省果品食杂总公司，"苏果"即取自于其中的"苏"和"果"二字。2004年6月，华润控股苏果85%股权。经过18年艰苦创业历程，截至2013年，"苏果"网点总数达2 109家，覆盖苏皖鄂鲁豫冀等6个省份，员工总数达10万人，年销售规模达433.39亿元。苏果超市是江苏最大的连锁超市企业，在全国同行业中连续多年位列前十强。"苏果"商标被国家工商总局认定为中国驰名商标。

多年来，"苏果"一直坚持区域领先发展战略、多业态协同战略、营地（根据地）战略、开拓农村市场战略、双轮驱动战略等五大发展战略，企业取得了超常规发展，走出了一条具有自身特点、符合当地实际的民族连锁商业发展之路。同时，积极推进业态创新、营销创新、管理创新、激励机制创新等创新发展举措，弘扬企业文化，企业发展呈现出蓬勃生机和无限活力。以人为本，"让员工过上好日子"，是"苏果""员工关系导向型"企业文化与时俱进的鲜明体现。

"苏果"五大发展战略的基本内涵：区域领先发展战略，即在所进入区域，必须迅速占领市场地位和市场份额，形成较强的区域竞争力。例如，南京、合肥、马鞍山、连云港、淮南等市场份额较多；多业态协同战略，即通过多业态运作，实行错位经营，功能互补，实现对消

费需求的"无缝隙覆盖"。就南京来说，在城区就有近400家便利店、90家社区店、80家标准超市、30多家购物广场，多业态协同，不仅体现了"为民、便民、利民"的服务理念，也有效地提升了综合竞争力，巩固了市场份额；营地（根据地）战略，即通过建立强大的根据地，以此为依靠，向外围层层推进扩张（推土机式），不搞"全国性"的"天女散花"；开拓农村市场战略，把农村市场作为重要发展区域，率先进入，赢得先机。"苏果"60%的网点开设在县及县以下农村，50%的销售来自农村市场。目前，连锁网点不断向镇村延伸，推进网络下沉，将商品供应服务做到了农民家门口；双轮驱动战略，即直营店和特许加盟店共同发展，相辅相成，这对市场快速进入、品牌影响力的快速扩散发挥了重要作用。

资料来源：华润苏果网站

一、零售

"零售"一词源自法语动词"retailler"，意思是"切碎（cut up）"，是一种基本的零售活动，即大批量买进并小批量卖出。例如，一个便利店可以24箱为单位买进听装豆子，再以单个听装豆子为单位卖出。但零售企业并非唯一的"拆装（break bulk）"商业实体。批发商也可以大批买进并向消费者小批售出。但将零售企业与其他分销贸易商区分开来的是消费者类型；零售企业的特征是向最终消费者出售，而批发商则是向零售企业或其他商业组织出售。Baker(1998)将零售企业定义为"任何向个人或家庭消费出售商品并提供售后服务的机构"。有一种倾向，认为零售主要是指有形（物质）产品的销售。然而，承认零售是一种包含服务的销售是必要的。一项服务可能是顾客主要购买的东西（如理发或航空旅行），或是顾客购买的一部分（如送货或培训）。零售不一定涉及有形的商品。邮购和电话订购、到消费者家里或办公室直接推销互联网及自动售货机皆属零售的范畴。最后，零售也不一定只有一个"零售商"。制造商、进口商、非营利性公司和批发商在把商品或服务销售给最终消费者时即充当了零售商的角色。另一方面，制造商、批发商和其他组织为本组织使用或再销售需要而进行的购买则不属于零售业务。

（一）零售的概念

零售是向最终消费者个人或社会集团出售生活消费品及相关服务，以供其最终消费之用的全部活动。这一定义包括以下几点：

（1）零售是将商品及相关服务提供给消费者作为最终消费之用的活动。例如，零售商将汽车轮胎出售给顾客，顾客将之安装于自己的车上，这种交易活动便是零售。若购买者是车商，而车商将之装配于汽车上，再将汽车出售给消费者则不属于零售。

（2）零售活动不仅向最终消费者出售商品，同时也提供相关服务。零售活动常常伴随商品出售提供各种服务，如送货、维修、安装等，多数情形下，顾客在购买商品时，也买到某些服务。

（3）零售活动不一定非在零售店铺中进行，也可以利用一些使顾客便利的设施及方式，如上门推销、邮购、自动售货机、网络销售等，无论商品以何种方式出售或在何地出售，都不会改变零售的实质。

（4）零售的顾客不限于个别的消费者，非生产性购买的社会集团也可能是零售顾客。

例如,公司购买办公用品,以供员工办公使用;某学校订购鲜花,以供其会议室或宴会使用。所以,零售活动提供者在寻求顾客时,不可忽视团体对象。在我国,社会集团购买的零售额平均达10%左右。

(二) 零售的特点

零售直接面对最终消费者。通过零售经营,商品离开贸易领域进入消费领域,真正成为消费对象,从而完成社会再生产过程。从这个意义上讲,零售是贸易过程的终点,处于生产与消费之间中介地位的终端。与批发相比,零售具有以下特点:

(1) 交易对象是为直接消费而购买商品的最终消费,包括个人消费者和集团消费者。消费者从零售商处购买商品的目的不是为了用于转卖或生产所用,而是为了自己消费。交易活动在营业人员与消费者之间单独、分散进行。

(2) 零售所销售的不仅有商品,还有劳务,即还要为顾客提供各种服务,如送货、安装、维修等。随着市场竞争的加剧,零售提供的售前、售中与售后服务已成为重要的竞争手段或领域。

(3) 零售的交易量零星分散,交易次数频繁,每次成交额较小,未成交交易占有较大比重。这是零售商应有的定义。在国内零售的定义为少量销售的意思。因为零售贸易本身就是零星的买卖,交易的对象是众多而分散的消费者,这就决定了零售贸易的每笔交易量不会太大,而较少的交易量不可能维持持久消费,与之相适应,零售贸易的频率就特别高。正由于零售贸易平均每笔交易量少,交易次数频繁,因此,零售商必须严格控制库存量。

(4) 零售受消费者购买行为的影响比较大。零售贸易的对象是最终消费者,而消费者的购买行为具有多种类型,大多数消费者在购买商品时表现为无计划的冲动型或情绪型。面对着这种随机性购买行为明显的消费,零售商欲达到扩大销售之目的,特别要注意激发消费者的购买欲望和需求兴趣。为此,零售商可以在备货、商品陈列、广告促销等方面下功夫,把生意做活、做大。

(5) 零售贸易大多在店内进行,网点规模大小不一,分布较广。由于消费者的广泛性、分散性、多样性、复杂性,为了满足广大消费者的需要,在一个地区仅靠少数几个零售点是根本不够的。零售网点无论从规模还是布局上都必须以满足消费者需要为出发点,适应消费者购物、观光、浏览、休闲等多种需要。

(6) 零售贸易的经营品种丰富多彩、富有特色。消费者在购买商品时,往往要挑选,"货比三家",以买到自己称心如意、物美价廉的商品。因此,零售贸易一定要有自己的经营特色,以吸引顾客,备货要充足,品种要丰富,花色、规格应齐全。

(三) 零售的功能

零售处于贸易运行的终点,具体体现着贸易运行的目标。零售贸易的特点决定了它具有下列功能:

1. 实现商品最终销售,满足消费者需要功能

产品在生产者手中或批发业者手中,只是一种观念上的使用价值,而不是可能被消费的现实的使用价值。产品只有进入消费领域,才能成为现实的使用价值,在多数情况下,这需要通过零售贸易来实现。零售贸易直接面向消费者,通过商品销售,把商品送入消费者

手中,最终实现商品价值和使用价值,不仅满足了社会生产和生活的各种具体需要,而且还为生产过程重新运转提供了价值补偿和实物更新的条件,把生产者创造的剩余价值有可能转为现实。

2. 服务消费,促进销售功能

消费者对商品需求和服务需求是广泛的、多样的、复杂的,为满足这些需求,零售贸易不仅要提供丰富的商品以供选择,还需要围绕商品销售提供各种服务,如信息服务、信用服务、售货服务和售后服务等,并以此为手段,扩大商品销售。在发达的市场经济条件下,零售的服务功能更为重要。

3. 反馈信息,促进生产功能

零售贸易直接面向消费者,能够及时、真实地反映消费的意见及市场商品供求价格的变化情况,向生产者和批发业者提供市场信息,协助批发业者调整经营结构,促进生产者生产更多更好、适销对路的商品,满足消费者需要。

4. 刺激消费,指导消费功能

零售贸易中的商品陈列、广告宣传、现场操作、销售促进等,能唤起潜在的消费需求,培养人们新的爱好和需求,引导消费者的消费倾向、方式和时尚,为扩大再生产开拓更为广阔的市场,为消费水平的不断提高创造新的物质条件。

二、零售业

(一) 零售业的概念

零售业是一个古老的行业,并随着社会经济的发展而发展。在我国的商朝时期就有关于商人和零售商业活动的记载,西方的商行出现较晚,但在近代发展较快,研究零售商业发展的过程,有助于促进我国零售业的快速发展。

零售业是指以向最终消费者(包括个人和社会集团)提供所需商品及其附带服务为主的行业。具体说,零售业是指通过买卖形式,将工业生产者生产的产品或服务行业提供的服务直接售给居民作为生活消费用或售给社会集团供公共消费用的商品销售行业;零售业具有下列功能:(1) 分类、组合、备货功能。(2) 服务功能。(3) 减少消费者成本负担的功能。(4) 商品储存与风险负担的功能。(5) 信息传递功能。(6) 融资功能。(7) 娱乐休闲功能——独有的功能。

零售业是一个与普通百姓息息相关的重要行业,它紧贴日常生活消费,是反映一个国家和地区经济运行状况的晴雨表,国民经济是否协调发展,社会与经济结构是否合理,首先在流通领域,特别是在消费品市场上表现出来。零售业的每一次变革和进步,都会带来人们生活质量的提高,甚至引发一种新的生活方式。零售业还是一个国家和地区的主要就业渠道,由于它对劳动就业的突出贡献,很多国家甚至把扶持、发展零售业作为解决就业问题的一项经济政策。现在,越来越多的零售商们运用先进的计算机和各种通信技术对不断变化的消费需求迅速做出反应,这也体现了现代零售业是高投资与高科技相结合的产业。

(二) 零售业的特点

在不同时期零售业具有不同的发展特点,总的来看,零售业有以下三个方面的特点:

1. 既是劳动密集型又是技术密集型

传统的零售行业是由劳动密集型企业组成的,现代零售业虽然仍需要大量的服务人员来完成商品的交易过程,但现代零售业态(如超市、便利店等)由于广泛应用新的销售方式(如开架售货)和现代技术,服务人员的数量已经大幅减少。不仅如此,现代零售业也是应用现代技术最快的行业之一,现代通信技术、网络技术、后勤管理技术和条码技术等 IT 技术,空间布置设计技术以及物流技术,都已经成为现代零售业的组成部分。另外,由于竞争越来越激烈,零售业的营销方式也在不断更新,营销过程中更多地应用了数据分析技术和客户关系管理系统。总体上说,现代零售企业已经从企业信息化发展成为信息化企业。

2. 高度竞争性行业

零售业的竞争主要分为替代性竞争与同业竞争两类。替代性竞争主要是指现代的或新的业态替代传统的或老的业态。在这种竞争中往往是新的业态占据优势地位,但传统业态由于发展时间长,对日常消费的影响也非常大,所以传统零售业态往往具有很强的生命力,零售业的替代是一个漫长的过程。例如,超市替代集市就是一个比较长的过程,集市并不会因为超市的发展而在一夜之间消失。任何一种业态的产生、发展与消亡总是与其社会背景联系在一起的,因此了解商业的社会背景对洞察商业的发展前景具有十分重要的意义。同业竞争是指同类业态的不同经营企业之间的竞争。由于不同业态的竞争结构不同,各种业态中的企业所受到的同业竞争程度也不一样。比如,超市的同业竞争集中在大卖场,因为大型连锁业态是外资竞争的焦点,但便利店没有外资大规模进入,同业竞争主要是内资企业之间的规模竞争。当经营业态的发展从快速成长期过渡到稳定成长期后,同业竞争将会比替代竞争更激烈。替代竞争的关键是一个业态本身的优势,而同业竞争的关键是竞争企业的核心竞争力。因此培育企业的核心竞争力是企业持续发展的根本。

3. 本土化是现代零售业的主要问题

当一种零售业态进行连锁经营后,就会不断向外扩展,追求规模经济,进而使该零售业态向跨地区、跨国界的方向发展。在向其他地区和国家发展的过程中,由于不同地区和国家之间的文化、经济和政治都存在差异,一种发展模式很难在所有国家和地区都适用,所以必须实施本土化战略。本土化包括三层含义:一是国际间的本土化,是指要求跨国经营企业应该在统一的发展模式下建立与异国社会互动适应的发展战略与发展模式;二是地区间的本土化,是指要求地区性公司在发展跨地区经营业务时,其经营活动必须与该地区的特殊环境相适应;三是店铺间的本土化,是指要求店铺的经营管理活动与该店铺的条件、环境和员工情况相适应。我们总以为自己十分了解中国的市场,却往往忽视了对市场的了解,自己本身就缺乏本土化意识。在本土化方面,外资零售企业比内资企业做得更好,外资零售企业以调查和分析为基础,把本土化工作做得越来越细。事实证明,本土化工作做得越细致,就越能吸引顾客;相反,规划做得再好,如果不受顾客欢迎,就不会有好的业绩。所以本土化已经成为进一步发展零售业的首要工作。

（三）零售业的发展演变

17世纪以来特别是近百年来，欧美各国零售机构的形式层出不穷，从时间顺序上来看，从最原始的零售组织形式到目前最现代化的零售机构，不同零售业态形式出现的顺序依次为：杂货店、专业商店、百货商店、传统的超级市场、购物中心、方便店、折扣商店、连锁商店、仓储销售店、电子购物零售组织等。

1650年，日本三井家族在东京开办了一家商店，这被认为是现代意义上零售机构出现的开端，事实上，这家商店就是人们通常所说的一般商店，也就是杂货铺；1851年，美国的西蒙·拉扎鲁斯在俄亥俄州首府哥伦布创办了一家男子服装商店，这是最早的专业商店；1852年，法国出现首家百货店，标志着零售业态从过去分散的、单一经营的商店发展为综合经营各类商品的百货商店；20世纪70年代无店铺销售也在美国迅速发展起来。这就是世界零售业的四次革命性的变化。

1. 零售业的第一次革命是百货商店的产生

百货商店的产生之所以被称为零售业的第一次革命，是因为它使传统店铺的单项经营转变为百货商店的综合经营；使传统店铺的顾客购物时才能进入转变为百货商店的顾客自由进入；使传统店铺的讨价还价转变为百货商店的明码标价；使传统店铺的商品概不退换转变为百货商店的自由退换商品制度；使传统店铺的高价转变为百货商店的低价。实际上关键还是在于百货商店与传统店铺相比创造了一种全新的经营方式。

2. 零售业的第二次革命是超级市场的诞生

20世纪30年代以后，成本升高的百货商店很难适应经济大萧条的形势，于是以低价格、低成本、低利润为竞争优势的超级市场就产生了。其实，美国纽约市迈克·加伦1930年8月创立的金·库仑食品商场才是真正意义上的现代超市。超级市场的产生使现代工业的流水线作业的生产方式运用到了商业经营上，实现了商业活动的标准化、专业化、集中化、简单化；使传统的柜台销售改为开架售货、顾客自由选购，给零售商业带来革命性变化。

3. 零售业的第三次革命是连锁商店的兴起与发展

世界上第一家连锁商店"大西洋与太平洋茶号"在1859年由美国大西洋和太平洋茶叶公司在美国纽约市建成。自此，连锁商店出现在零售业的历史舞台上。连锁商店的经营方式要求企业经营和营业操作高度统一化、标准化和规范化，连锁商店的经营模式具有以数量管理为主的技术密集型产业的特点；传统的零售企业要同时承担两种职能，即采购和销售，而连锁经营则使零售商业实现了这两种职能的专业化分离。所以连锁经营对零售业的发展具有革命性贡献，是零售商业第三次革命的旗帜。

4. 零售业的第四次革命是1992年无店铺零售观点的提出

无店铺零售是一种不经过店铺销售而直接向顾客推销商品的销售方式。从广义上说，凡不设固定店铺且将商品销售给消费者的行为都可以称为无店铺零售，它有很多形式，如直接销售、商品目录销售、电话购物、电视购物、直接邮购、网络购物和自动售货机销售。无店铺零售最早起源于美国，发展速度也是美国最快。据美国无店铺营销协会统计，美国无店铺零售总营业额1972年为99.9亿美元，1977年为144.4亿美元，1983年达1600亿美元，占该年零售总额的15%。在其他国家，无店铺零售发展较为缓慢。虽然无店铺零售所占的比重不算高，但随着科技的进一步发展，尤其是信息产业的异军突起，以及消费者生活水平的不断提高,无店铺零售将更加普及,发展前景非常广阔。

与前三次零售业革命一样,无店铺零售也是零售组织在市场竞争中适应生产力发展水平和消费水平变化而进行变革创新的产物。我们称无店铺零售为第四次零售业革命,是因为它给零售业带来了如下革命性的变化:

(1)不需要设立店铺,打破了传统零售业经营的空间限制。对于传统零售业来说,商店选址是否得当是企业成功的关键。但随着城市化的不断发展,商业区内各类店铺林立,店面租金和其他营运成本日趋上涨,企业的发展受到限制,节省大量店面租金和其他费用开支,才能得到更多的利润,如美国亚马逊公司的网上书店能提供超过100万条的售书目录。据其总经理杰夫里·贝诺斯介绍,网上书店的全部费用只是一家大型超市书店的一半,而其目录几乎是世界上最大的超级书店目录的两倍。除了节约成本的优点之外,无店铺零售的"虚拟商店"还可以扩大市场辐射半径,突破传统商圈理论的限制,甚至可以跨国界经营,绕过贸易壁垒的保护,避免直接投资的风险损失。

(2)无店铺零售使商业经营的技术含量不断提高,更易于操作和管理。无店铺零售消除了交易过程中的手工操作,使购物的自助化程度大为提高。零售管理的重点是由店面设计转向以广告设计为主的"虚拟商店"的制作,技术密集型特征凸显出来。以计算机技术、现代通信技术和空间技术为媒体的无店铺零售使零售经营管理的随意性大为减少,更易于操作和模仿。这将引起传统分工方式的改变,使越来越多的生产企业参与到零售业务中来,便于减少流通环节,提高流通效率。

(四)零售业态

1. 零售业态的概念

零售业态是指零售企业为满足不同的消费需求而形成的不同的经营形态。零售业态的分类主要依据零售业的选址、规模、目标顾客、商品结构、店堂设施、经营方式、服务功能等确定。

零售业态的主要特征:第一,它是一种零售经营理念和经营方式的外在表现,这种经营理念和经营方式能让消费者容易识别,诸如消费者很容易将一家店铺归类于百货商店、超级市场、专卖店、便利店等形式;第二,这种经营理念和经营方式是根据不同消费需求和目标顾客而形成的,每一种零售业态都是为了满足某一特定目标市场需求而存在的;第三,目标市场需求决定了零售商店的经营效率,只有采取与目标市场需求相适应的零售业态形式,零售商店的经营才是有效益的,否则很难立足。

2. 零售业态的内在组成要素

在零售竞争中,许多零售商竞相采取不同的零售策略组合以加强企业形象,避免陷入与竞争者过于雷同的境地,从而使零售经营形式多样化。零售策略组合也是零售业态的内在组合要素,包括目标顾客、商品结构、价格策略、服务方式、店铺环境等因素。由于各因素选择余地大,组合变化多,这就使现代零售业态的经营内容精彩缤纷,即使同一业态的零售商店也表现出不同的经营特色。

(1)百货商店。

百货商店是指经营包括服装、家电、日用品等众多种类商品的大型零售商店。它是在一个大建筑物内,根据不同商品部门设销售区,满足顾客对时尚商品多样化选择需求的零售业态。根据我国原国内贸易局出台的《零售业态分类规范意见（试行）》，对百货商店的特点要求如下：选址在城市繁华区、交通要道；商店规模大，营业面积在5000平方米以上；商品结构以经营男装、女装、儿童服装、服饰、衣料、家庭用品为主，种类齐全、小批量、高毛利；商店设施豪华，店堂典雅、明快；采取柜台销售与自选（开架）销售相结合方式；采取定价销售，可以退货；服务功能齐全。

百货商店是零售业第一次重大变革的标志。自1852年在法国诞生以来，百货商店风靡了半个多世纪，到20世纪50年代，西方传统百货商店从成熟步入衰退期，多数企业面临经营困境。造成传统百货商店经营困难的原因主要有：百货商店之间竞争激烈；其他零售业态迅速成长起来，纷纷蚕食百货商店的市场份额；选址在城市中心，由于人口向郊区迁移，城市交通拥挤，停车困难，人们去市中心百货商店购物的欲望逐渐降低；对价格敏感的消费者比过去任何时候都多，他们被折扣商店所吸引；传统百货公司在顾客市场细分方面很差，经常改变其战略方向，或其管理有时过于分散化，导致它们在消费者心目中的形象过于模糊。

中国的百货商店是否与西方发达国家一样步入了衰退期，对此，各人持不同观点。尽管不少人对中国百货业的发展持悲观态度，但许多学者仍然认为中国百货商店尚未进入"衰退期"，而只是处于"成熟期"，原因如下：百货业态的主体地位虽发生动摇但仍未改变。近几年百货公司总体业绩不佳，然而它们仍占据零售业的主体地位；国外城市居民不如中国这样集中在市区。中国人比较倾向于居住于市区，再加上大量的农村人口涌入城市，导致中国城市的人口密集度比较高，这是百货商店发展的一个很好条件；中国百货商店走过的道路与国外不同。中国百货商店是在计划经济下奠定的基础，改革开放后消费潜力急剧增长，出现百货商店的盲目开设。如今，中国由"短缺"经济进入"过剩"经济，消费者购买力的增速也开始有所减弱，在这种外部环境下，势必导致百货业进行大调整，这是正常的现象，而不是已走到了尽头；中国的消费习惯和国外不同。在国外由于工作节奏比较快，人们去购物大多是一次完成。而在中国历来有逛商场的习惯，特别是女性，甚至把节假日逛街作为一种休闲娱乐。这不能不说是百货商店发展的必要保障，对中国百货零售业的生存起着必不可少的支持作用。

作为成熟业态的百货业，早已在西方发达国家经历过走下坡路，一些百货公司就此一蹶不振、破产倒闭，而另一些百货公司则积极进取、不断创新，依旧在零售业叱咤风云。不甘灭亡的百货公司纷纷进行改革：进一步认清市场上的定位；进一步突出顾客服务和销售人员服务；推出令人激动、组织得更好的店内环境和商品展示，并经常加以改变；通过缩小商店的营业面积和削减周转慢、占据空间大的商品提高营业空间利用率；在较小、不太发达的城镇和购物中心开分店；强化采购和促销功能，更有效地接近顾客。上述改进因素将有助于传统百货商店再次收复市场份额，特别是从专业服装服饰店中收复市场份额。

拓展案例

世界最大的百货公司——西尔斯公司制胜法宝

中国第一家百货商店诞生于1900年，即俄国人在哈尔滨开设的秋林公司。目前，秋林公司仍在正常营业，已有百岁，是我国最古老的百货商店。新中国成立后到改革开放的20

世纪80年代末期,中国零售市场都是百货商店的黄金时期。他们靠短缺环境、垄断政策、中心地段,就可以财源滚滚,创造了一个行业几十年"只赚不赔"的神话。到90年代中前期,百货商店进入鼎盛发展时期。这一时期,由于居民收入、购买力大幅度提高,消费需求空前旺盛,市场商品极大丰富,使百货业成为一个高增长、高利润、高回报、新的投资热点。百货商店因而成为零售业中发展最成熟的业态。然而,1995年以来,百货业的经营越来越不景气,百货商店关门歇业者不断,其经营状况与从前不可同日而语。1996年,在中国212家大型商场中,利润同比下降了0.6%,亏损面达12.4%。据中华商业信息中心对239家重点大型商场的监测结果,1999年有149家商场利润出现负增长,亏损企业有42家,亏损面近三成。与此同时,百货商店关门转型屡见不鲜,有人甚至称1998年是大商场倒闭年。2000年以后,中国的百货商店更是举步维艰,难以维持。

中国传统百货公司在市场竞争中处境堪忧确实是不争的事实,但百货时代真的终结了吗?"商业组织进化论"告诉人们:任何商业组织必须同社会经济环境的变化相适应,才能继续存在和发展,否则就将不可避免地被淘汰。百货商店也是一样,其他商业组织也是一样。因此,如何变革图新、顺应时代发展潮流成了中国百货公司迫在眉睫的问题。事实上,作为成熟业态的百货业,在西方发达国家经历过走下坡路,一些百货公司从此一蹶不振、破产倒闭,而另一些百货公司则积极进取、不断创新,依旧在零售业叱咤风云。这里,介绍一下世界最大的百货公司——西尔斯公司的振兴之路,或许可以给陷入困境的国内百货公司以诸多启示。西尔斯,这个在美国商业舞台风光了一个多世纪的零售公司,从一家小小的邮购商店起家,继而发展成美国乃至世界最大的零售企业之一。据美国《幸福》杂志信息,1999年,西尔斯公司实现销售总额410.71亿美元,在当年的世界五百强中名列第56,世界零售业排行榜中名列第四,在世界百货业中名列第一。多年来,尽管西尔斯公司一直备受瞩目,但其前进的道路并非一帆风顺。像其他百货老店一样,西尔斯在80年代曾一度衰落,到了1992年,公司已经岌岌可危,亏损累计高达39亿美元。在当时美国权威的《财富》杂志看来,西尔斯已成为濒临灭绝的现代"恐龙"的代名词。

然而仅隔五年,西尔斯在新任总裁马丁艾滋的变革下东山再起,重新跻身于全球最新500家大公司排名的前列,令工商界震惊。马丁艾滋也因此与挽救克莱斯勒汽车公司的亚科卡和挽救IBM公司的格什特纳一起被列为当代美国最杰出的企业家。他给各地的零售企业家展示了一种进行变革的方法,这些方法对今天中国零售企业进行企业再造是一个很好的借鉴。

马丁艾滋是1992年被授命于公司危难之时的。他上任的第一个动作是整顿,削减成本,重新打造企业的核心竞争力。为此,他全面压缩西尔斯在零售以外的业务,把公司经营的金融业务,如保险、房地产、中介服务及信用卡从公司中分离出去。另外,他还忍痛卖掉了高达110层著名的西尔斯塔楼。在马丁艾滋大刀阔斧的整治中,他总共关闭了113个非盈利的百货大楼,并取消了5万个就业岗位。随后,马丁艾滋重新给西尔斯商店定位,他将公司目标顾客定位在美国中年母亲上,并要求公司形象宣传强调"西尔斯更为柔和的一面",要告诉顾客"现在的西尔斯并不是你们原先想象中的西尔斯"。西尔斯的店铺陈列也配合这一形象宣传,到处摆放与美国中年母亲相关的用品。接下来,马丁艾滋展开了一场规模宏大的"每日低价"战略。尽管百货公司的经营战略应以差别化战略为主,实施成本领先战略无法形成竞争优势,但差别化战略应该使顾客能接受商品在价格水平上的差别化,而不是完全弃成本于不顾，因此，尽量降低经营成本也是百货公司要关注的问题。该计划实施之初，西尔斯所在全国各地的分店同时停业24小时，以便对数万种商品重新标价，同时还推出一场浩大的宣传攻势。公司销售经理解释说："这对我们来说是一场销售革命，和风细雨式的宣传会减弱对顾客的影响。"每日低价对西尔斯确实是一场革命，因为要支持每日低价，就必须保持每日低成本，这对西尔斯公司进货库存、配送等所有方面的管理水平无疑是个大挑战。

马丁艾滋使出的最厉害一招是重塑公司自有品牌。传统的西尔斯是全美企业商品的寄售场所，事实上，公司得以不败的关键是自己的品牌。他所重塑的工具类商品品牌Craftsman每年给公司带来了35亿美元的收益，真正成了公司的摇钱树。这些自有品牌商品主要在公司的专门店出售，其用意昭然，连美国赫赫有名的、专门经营工具类商品的Home Depot专门店也不得不承认，西尔斯的工具专门店是其最具威胁的对手。

当然，在改革中一些优良的传统没有废除，依然保留下来并继续成为公司的利润之源。例如，对顾客负责的态度。如今，"顾客第一"、"用户至上"口号风行全球，但真正牢固树立这种观念并付诸行动的并不多见，西尔斯公司则是这些坚持贯彻这一原则的公司之一。该公司每次召开经理级会议，首席的座位上是空着的，椅子靠背上写着两个醒目的大字："顾客。"为了维护顾客的利益，该公司多年来一直坚持商品检验制度，在自己建立的商品质量检测里，各种检测设备一应俱全。例如，皮鞋，若厂家注明鞋底可以经受3万次弯折，西尔斯质检员就用检测仪器抽样实地测量，达到标准才允许上柜台；又如皮箱，质检员将其放在零下20摄氏度的低温中老化，还要在60厘米高度进行几次跌落试验。由于售前严格把关，尽管西尔斯公司一直坚持"保证质量，包退包换"，但真正因质量问题前来退货的顾客是绝对少的。此外，为方便顾客，西尔斯公司还坚持送货上门，办理邮购，代为包装运输，甚至向手头暂时不宽裕的消费者提供贷款，从而赢得了较高的信誉。马丁艾滋说："这种信誉是公司千金难买的无价之宝。"

3M（人才、商品、方法）（master、merchandise、method）历来作为西尔斯公司的制胜之宝，也被马丁艾滋得以继续发扬光大。3M理论，最早是1922年由西尔斯领导人伍德提出来的，并一直作为公司经营的法宝。该理论强调人才、商品、方法是公司经营的三大支柱，只有三位一体、相得益彰，才能取得最大的经济效益。为此，公司在挖掘培养经营人才、采购适销对路商品、引进创新科学管理与营销方法方面向来不遗余力。马丁艾滋就是从最底层一路提拔上来的，他曾先后担任过公司采购员、采购部主管、商店经理、区域副总经理，直至公司集团总经理。公司还经常到哈佛大学、芝加哥大学、伦敦经济学院等著名学府招聘人才，委以重任。为了组织适销对路的商品，西尔斯公司还经常开展大规模的市场调查活动，调查消费者的生活方式、消费心理和习惯，甚至从妇女的发色和皮肤研究她们喜爱的颜色，并将调查结果反馈给2万多个供应商，从而掌握了进货的主动权。此外，公司还十分注意引进先进的管理手段和营销方法，如最早开展电脑销售，建立标准结算柜台，引进POS条形码系统和建立信息管理系统等。

马丁艾滋的心血没有白费，他的一系列策略大获成功，公司的营业收入和利润直线上升。1996年，公司的收入为382亿美元，而利润高达13亿美元，它的各个商场连续不断地几乎在各个商品品种上从对手手中夺回了市场份额，公司的股票价格也曾达到了前所未有的高度，甚至超过了可口可乐和迪士尼这些业绩卓著的老牌公司。

在《幸福》杂志的"最敬佩的公司"调查中,西尔斯曾是"商品品种创新率最令人不满"的公司,而在变革后不久的结论中,它却是"最具创新精神"的零售公司。国内评论家指出,西尔斯的重新崛起代表了一批杰出的美国商业公司在当代环境下探求成功发展的新趋势,这些公司也包括可口可乐、迪士尼、IBM、通用电气公司等,它们将是美国经济21世纪的重要支柱。

(2) 超级市场。

超级市场是实行自助服务和集中式一次性付款的销售方式,以销售包装食品、生鲜食品和日常生活用品为主,满足消费者日常生活必需品需求的零售业态,普遍实行连锁经营方式。

目前,中国的超级市场主要分为两种类型,一是普通超级市场或称标准超市、生鲜超市;二是大型综合超市或称大卖场。普通超级市场面积在800～1 500平方米,设在生活小区内或附近,商品以包装冷冻食品、生鲜食品为主,附带销售一些日用品,这种超市未来极有可能取代传统的菜市场。大型综合超市能满足消费者一次性购齐的需要,它是外资零售集团进入中国首选的超市形式,主要开设在城乡接合部,面积在5 000～20 000平方米,以低价格和品种齐全吸引消费者,其力量正在迅速成长,已成为超市的主力军。

要准确理解超级市场这一零售业态,必须找出超级市场的本质特征。从超级市场的实践及各国对其所做的定义来看,标准超级市场应满足以下特征:以食品为经营重点,基本上满足食品购买者一次购齐的要求;采取开架自选、自我服务、一次性结算的售货方式;廉价销售,商品周转速度快;具有一定规模且店址主要设在居民住宅区或郊区;具有现代化设备及管理。

20世纪90年代以来,中国零售业发生了根本性变化,并呈阶段性跳跃,开始出现真正意义上的现代零售业态。1990年年底,东莞虎门镇出现了中国第一家连锁超市——美佳超级市场,其开架自选的售货方式、较低的价格和面向居民区的选址都对后来者产生了极大的影响,此后,他们便以两个月开设一家分店的速度飞速发展。美佳超市良好的经济效益使人们看到了连锁超市的巨大生命力。与此同时,上海、北京等地也出现了"超市热"。1996年,世界顶级零售巨人在中国开始了"圈地运动",沃尔玛、家乐福等零售巨头纷纷以超级市场业态进入中国零售市场,给中国超级市场乃至所有零售企业带来巨大的冲击和压力,迫使中国零售企业不得不重新思考出路,为生存而斗争。此时,一些违反商业规律运作的超市企业纷纷倒闭,如广州阳光超市和北京红苹果超市等的倒闭,从一个侧面反映了中国超级市场到了一个调整时期。在这一调整过程中,一些连锁超市迅速成长起来。1999年,上海联华超市销售额终于超过上海第一百货公司名列中国零售企业榜首,从此,持续了多年的百货商店统治地位宣告结束。近几年,各地连锁超市向外地扩张的趋势明显加强,企业之间的联合、兼并与重组已成为连锁超市扩张的重要方式之一,如乐天玛特收购时代,苏果收购乐购,都体现了这一点。

(3) 专业店。

专业店是指以经营某一大类商品为主的,并且具有掌握丰富专业知识的销售人员和适当的售后服务的,满足消费者对某大类商品的选择需求的零售业态。例如,服装店、体育用品商店、家具店、花店、书店等。在国外,专业店又可以根据其产品线的宽窄程度进一步分类,如时装店就是单一产品线商店;男式时装店则是有限产品线商店;而男式定制衬衫店是超级专业店。

专业店的特点是:选址多样化,多数设在繁华商业中心、商店街或百货商店、购物中心内;营业面积根据主营商品特点而定;商品结构体现专业性、深度性,品种丰富,选择余地大,主营商品占经营商品的90%;经营的商品、品牌具有自己的特色;采取定价销售和开架销售;从业人员需具备丰富的专业知识。

专业店一直是我国零售领域的一种重要零售业态。20世纪90年代以来,我国专业店借助连锁经营方式,取得了突破性的进展。从行业上看,遍及服装、医药、护肤品、家电、通信器材诸多行业;从繁衍方式上看,有直营店,也有特许加盟店。在专业店的发展中,值得我们注意的是,有两个行业的专业店在今天的零售市场上增长十分迅速,一是医药专业店,一是家电专业店。在药品专业店中,随着医疗体制的改革,医药连锁店异军突起,尤以深圳地区发展最为显著,著名的专业店,如海王星辰健康药房、一致药店、万泽药店、中联大药房等,目前均已发展到100多家,而且已经向国内其他地方扩张,势头十分迅猛。

(4) 专卖店。

专卖店是指专门经营或授权经营制造商品牌,适应消费者对品牌选择需求和中间商品牌的零售业态。其特点是:选址在繁华商业区、商店街或百货商店、购物中心内;营业面积根据经营商品的特点而定;商品结构以著名品牌、大众品牌为主;销售体现在量小、质优、高毛利;商店的陈列、照明、包装、广告讲究;采取定价销售和开架销售;注重品牌信誉,从业人员必须具备丰富的专业知识,并提供专业知识性服务。

专卖店在中国获得迅速发展的原因有三个:一是国内工业生产的高速发展,已经出现了一批知名度和美誉度较高的名牌商品,加上国际著名品牌的进入,各自形成了一定的忠实消费群;二是随着收入的增长,消费者品牌意识逐渐提高,对假冒伪劣商品的担忧使其更相信专卖店商品;三是制造商利用开设专卖店来开辟新的销售渠道,控制营销主动权,实施整体营销策略,树立品牌形象。

(5) 便利店。

便利店是一种以自选销售为主,销售小容量应急性的食品、日常生活用品和提供商品性服务,满足顾客便利性需求为主要目的的零售业态。根据国外衡量标准和国内规范,便利店有以下特征:选址在居民区、交通要道、娱乐场所、机关、团体、企事业办公区等消费者集中的地方;商店面积在100平方米左右;步行购物5~7分钟可达;商店结构以速成食品、饮料、小百货为主;营业时间长,一般在16小时以上,甚至24小时,终年无休;以开架自选为主,结算在收银机上统一进行。

便利店起源于美国的南陆公司,当时它延长的营业时间是从早上7点到晚上11点,故称"7—11"商店,目前这家方便商店的营业时间已演变成24小时全天营业,而且每周7天营业,但仍沿用"7—11"这个名称,因为它早已成为家喻户晓的名称。

目前在世界发达的国家和地区中,尤其是在亚洲的日本和中国的台湾地区,便利店已经成为最具有竞争力的零售业态。在我国,便利店的发展还处于起步阶段,离成熟期还有一大段距离,市场竞争力相对较弱,发展潜力十分巨大,便利店将是继超级市场之后的又一个新生的主力业态。原因有以下几个方面:一是居民生活方式的变化,生活节奏越来越快,空闲时间越来越少,便利店以全天24小时便利的营业时间、紧邻住宅区的便利购物地点、配合各种便民服务措施较好地适应了现代人的生活方式;二是国内大量小型商店经营规模小、商品质量无保证、经营费用较高、管理水平差,由连锁形式的便利店来整合或取代已是大势所趋;三是便利店适合采取特许经营方式发展连锁网络,在这方面较其他业态占有优势,因而容易后来居上,形成迅猛发展之势;四是在信息时代,网络购物将成为人们购物的一种未来发展趋势,但网络购物现在面临的最大难题是物流问题,而便利店正好可以解决电子商务的物流瓶颈,通过强大的配送能力将网上所购商品由散布在各个居民区的销售网络送到消费者手中,这一新的利润增长点使得未来的便利店具有广阔的发展前景,并成为各商家炙手可热的争夺焦点。

(6) 仓储式商店。

仓储式商店是一种仓库与商场合二为一,主要设在城乡接合部,装修简朴,价格低廉,服务有限,并实行会员制的一种零售经营形式。仓储式商店的特点有:经营范围广泛,包括食品、日用品、耐用品等;规模较大,设备简陋,人员较少,费用和价格较低;批量作价,多是成件或大包装出售;开架售货,附设大型停车场;多实行会员制。

仓储式商店起源于20世纪60年代,这是由折扣商店发展而来的一种不同形式、价格较低而服务有限的售货方式。1968年,首家现代化的仓储式商店在荷兰正式创建,命名为"万客隆"。"万客隆"大多建在城乡接合部,营业面积一般在20 000平方米左右,附设大型停车场。商场内装修简单,采用能够开架式货架陈列商品,商品主要以日用消费品为主,所售商品直接来自厂家或国外进口,质优价廉。商场既是货仓,又兼营批发零售业务。顾客只要缴纳一定的会费,便可成为其会员,持卡消费,享受价格、送货、保险等方面的优惠待遇。

在我国的外资仓储式商店,如麦德龙、万客隆等,它们之所以成功,正是因为它们从各个方面降低经营费用。这些商店虽然设施简陋,服务项目稀少,没有设立导购人员,但管理十分精细,麦德龙是建筑装修成本达到最低,万客隆是店铺运营成本降至最少,真正实现了商品的低价格,才在零售市场中占有一席之地。反观国内本土的仓储式商店,却没有从降低经营费用入手,从而也就没有实现真正的低价格。例如,北京的一些"克隆"商店比家乐福的装修还豪华,地价也很昂贵,使得商店一开始运营即陷入高费用的旋涡之中。许多中国仓储式商店的管理也远远没有到达精细的程度,诸如经营的商品并没有进行严格筛选,与超级市场的商品结构相同;销售方式没有实现整箱批量销售;加价率很高;会员制没有形成特权等。还有些仓储式商店提出了"送货上门"的构想,虽然适应了中国国情,但如果免费或低收费,必然加大商店的营运成本,一味迁就某些消费者的特殊需求,就可能使仓储式商店变成实际的百货商店,最终失去了自己的竞争优势。

(7) 购物中心。

购物中心是指在一个大型建筑体(群)内,由企业有计划地开发、拥有、管理运营的各类零售业态、服务设施的集合体。购物中心的出现给人类社会的生活带来了巨大变化,是现代生活的重要组成部分,它适应了现代社会高效率、快节奏的需要,满足了人们购物与休闲活动相结合以及对购物环境舒适性与安全性的要求,成为名副其实的现代乐园。

购物中心一般具有如下几个特点:由发起者有计划地开设,实行商业型公司管理,中心内设商店管理委员会,共同开展广告宣传活动,实行统一管理;内部结构由百货商店或超级市场作为核心店,以及各类专业店、专卖店等零售业态和餐饮、娱乐设施构成;服务功能齐全,集零售、餐饮、娱乐为一体,根据销售面积,设相应规模的停车场;地址一般设在商业中心区或城乡接合部的交通枢纽交汇点;商圈根据不同经营规模、经营商品而定;设施豪华、店堂典雅、宽敞明亮,实行卖场租赁制;目标顾客以流动顾客为主。

根据国际购物中心学会的定义,购物中心有两大类别:第一类是条块状型(String Centers)。这类购物中心在前面有一个大的停车场,然后以各种开放式的小路连接各个专卖店,这种类型的购物中心不具备封闭的道路和大型屋顶式零售商场。第二类是Malls。在这类购物中心的顾客能把车停在地下车库或从其他地方步行进入购物中心,购物中心是一个屋檐下的巨大室内购物场所,各类专卖店由封闭的道路连接,而且Malls的转角上一般都是比较大的零售业态(如大百货店、大超市、大专业卖场),专业术语叫"锚定"(Anchor)。

欧美国家的购物中心最早出现于20世纪50年代,在80年代获得了极大的发展,因为城市中心人口的大量外迁,市中心的"空城"化使得城乡接合部的各种购物中心如雨后春笋般地出现,对新一轮的商业业态的发展起到了极大的促进作用。

中国的购物中心目前仍处于起步阶段。在20世纪80年代末90年代初,中国一些城市已经出现了购物中心招牌,但此时的购物中心大多名不符实,与百货商店没有什么区别,给人们造成了认识上的混乱。20世纪90年代中期,一些大城市相继出现了一批较为规范的购物中心,如北京的新东安、广州的天河城、武汉的武汉广场、沈阳的东亚广场等,这些购物中心一般位于城市中心区,具有购物与游乐等综合功能。尽管这些购物中心与欧美购物中心有一定差距,但是基本具有了购物中心的特征。

进入21世纪,中国购物中心开始热起来,各大城市的政府商业发展规划纷纷将购物中心的兴建列为重点。2001年5月有媒体报道,《北京"十五"商业发展规划》提出,北京将鼓励投资商或大型商业集团在京城的西北、东南、东北和西南,兴建4家面积在20万平方米的大型购物中心。上海市购物中心呈现多元化发展趋势,除了大型购物中心外,一种规模适中的社区型购物中心正成为人们关注的热点。广东各城市也纷纷将购物中心作为城市商业的一个重点投资项目积极鼓励开发。可以预见,购物中心将在中国掀起一个新的浪潮,正拉开中国零售格局的一个新局面。

(8) 无店铺零售业态。

无店铺零售业态包括自动售货机、邮购商店和网络商店。

自动售货机是使用一种投币式售货机售货,只要顾客投入商品标价的硬币,就可以将商品取出。自动售货机一般都置于人多的公共场所,如车站、码头、机场、剧院、运动场、学校、医院、办公大楼等人流量比较多的地方。自动售货机出售的商品主要是香烟、饮料、糖果、小食品、报纸、袜子、化妆品、唱片等。一般而言,用于自动售货机的商品同时具有以下特点:体积、容积一致,便于码放并计件销售的小型商品;销价没有尾数,便于顾客购买商品;容易激发顾客即兴购买的商品;只需少数几个硬币就能购买的商品;在短时间不会变质的商品。

邮购商店是指通过商品目录或广告宣传等资料,供顾客以电话或邮信订购,待收到订单后再寄送商品的商店,这里的商店不是真正意义上的商店,因为它没有供顾客选购商品的场所。适用于邮购的商品一般有以下特征:稀缺,邮寄的商品大多是一般商店所没有的商品;价格低,邮售节省了营业场地和销售人员,因而可以将售价降低;新潮,邮寄的面很广,可以使消费者迅速获得全国乃至世界消费新潮的商品信息,所以,邮寄商品如果是时尚商品,则会很受欢迎;购买隐蔽,邮售的优势之一是具有隐蔽性,企业经常销售那些顾客不好意思在大庭广众之下通过店铺购买的商品。我国邮购（包括电视购物）业务一直很难获得突破性的发展，主要原因有三：一是邮购公司本身营销技巧较差，尤其是夸大其词的介绍，难免使顾客产生不信任的感觉；二是国内消费者尚未接受这种购物方式，很多电话订购纯属某些人好奇，并非真实购物；三是该领域法规不健全，一些不法分子乘机兜售假冒伪劣商品，造成该行业的信用危机。因此，邮购业务要在国内顺利发展，必须从上述三方面入手，全面营造一个良好健康的生存环境。

网络商店即是通过互联网进行商品经营活动的一种商店形式。通常所见的网上书城、网上花店、网上订票等网络商店，以及部分网上拍卖，均属于此网络商店模式。零售商在互联网上开设虚拟商店，建立网上营销的网站，上网的消费者可以根据网址进入网站访问，浏览商店的商品目录等各种信息，找到合意的商品可以发送电子邮件向零售商订货，通过电子转账系统用信用卡付款。零售商则通过邮寄或快递公司把商品送给购物者。网上购物具有独特的优势。它把购物过程中的时间和距离都压缩为网上的一小段时间，消费者可在短时间内访问所有商店，将各家商品进行比较选择，大大节省购物的时间和费用。事实上，纯粹的网络商店由于目前种种条件尚未成熟而发展有限，而真正发展迅速的是传统商业企业涉足电子商务，在网上开设网络商店。因为传统零售商店具有信誉优势、物流配送优势、管理优势和顾客优势，比纯粹的网络商店更容易找到赢利的机会，更容易突破现有条件的局限性在网上开展经营活动。同时，传统的零售商店存在诸多缺陷，例如营业时间有限制，商店的商圈有一定范围，店铺陈列的商品品种有局限等，而网络商店则可以克服这些缺陷，可以24小时不停地营业，服务范围可以拓宽到全球任何一个可以上网的地方，网络上陈列的商品也可以成几十倍、上百倍的增加。因此，传统商店完全可以利用网络扩展自己的业务。目前，国内已经有许多商家在这方面做了尝试，如银泰百货、金鹰百货等，相信不久的将来传统的店铺零售商将借助这一工具使业务有一个突飞猛进的发展。

三、零售管理

管理是企业经营活动得以顺利进行的必要条件，是企业维护和完善一定的社会生产关系的客观要求，是促进企业生产力发展的有力杠杆和提高企业经济效益的重要手段，也是企业自我完善以适应社会发展的可靠保证。

零售管理的主体是零售商，零售商是以零售活动为基本职能的独立的中间商，是介于生产商、批发商和消费者之间，以盈利为目的从事零售活动的经济组织。零售商的活动特点是交易规模小，交易频率高；即兴购买多，且受情感影响较大；消费者人数众多，需求差异性强；现场选购，一次完成交易。零售商从事的活动内容是把制造商生产出来的产品及相关服务出售给最终消费者，从而使产品和服务增值。零售商要成功地承担起制造商、批发商及其他供应商以及最终消费者的中介作用，必须合理地安排以下活动：企业战略规划，组织系统设计，商店选址，商店设计，商品规划，商品陈列，商品采购与存货，商品定价，商品促销，商店服务。零售商要想生存与发展，必须认识到管理这一要素在企业经营中的重要作用，并真正贯彻实施，以推动企业的进步。

(一)零售管理的含义

零售管理是管理的一个分支,它是指零售企业针对自己的组织进行各种资源的协调利用,以达到企业的零售目标,是一个动态的管理过程。零售企业管理的主要任务有零售商圈分析与零售店选址、卖场设计与布局、商品陈列、零售商品管理、零售服务管理、零售价格管理、零售促销管理、零售安全与防损管理、零售人员管理等内容。零售管理与其他各种行业的管理有着共性的东西,如对人、财、物的管理,对人的激励与领导问题等。零售企业要实现既定的经营目标,必须对各项经济活动进行计划、组织、指挥、监督和调节工作,有计划地调配和使用人力、物力、财力,疏通流通渠道,保证购销活动的顺利进行,以较低的成本获得较大的经济效益。

(二)零售管理的意义

管理是人们社会活动的重要组成部分之一。市场经济有一个永恒不变的法则:"适者生存,优胜劣汰",优胜劣汰中的"优"就是指管理得好。管理是基础的基础,它能管出质量、管出组织、管出服务、管出效率、管出利润。据专业人员对市场价值与市盈率两个指标进行研究分析发现,在目前的零售环境下,没有哪一种业态处于明显的优势,每种业态都有一些突出的企业占主导地位。这说明,企业的成功并非取决于业态的选择,而取决于企业管理水平。不管是经营哪种业态,只要经营管理得当就会取得成功。管理是零售企业在激烈而残酷的市场竞争中立于不败之地的最有力武器。零售企业的兴与衰和管理有着密不可分的联系。因而,任何一个零售企业想要成功经营,在市场竞争中取得主动权,就必须改善和健全内部管理机制,提高管理水平。

通过零售管理,可以保证零售企业经营活动的顺利进行。因为在经营过程中,必须把人力、财力、物力按照商品流通规律的要求和一定的比例关系合理地结合起来,同时,零售商业企业与其他商业部门的各个环节之间需要协调一致。这样,才能保证商品流通过程畅通无阻。所以,零售企业要搞好经营,必须搞好零售管理。只有加强管理,才能搞好经营,从而更好地为广大消费者服务,完成零售企业担负的各项任务。

(三)零售管理的原则

1. 管理目标要明确

零售企业的目标是企业为实现经营目的而规定的、需要在特定时期内实现的具体成果。一个企业有了明确的目标,所有的人才会明白自己应该努力的方向,从而调动积极性,最终使目标变成现实。否则,就会事倍功半,白白浪费精力。目标对于人们开展活动具有重要作用,它可以统一和协调人们的行动,使人们的活动有明确的方向;可以激发人们的努力;可以衡量人们的工作业绩。对于一个零售企业来说,如果没有明确的目标,企业的经营活动就会盲目,没有方向,管理就会杂乱无章,企业就不能使其经营活动获得良好的成效。

企业目标有长期目标和短期目标。零售企业在一定时期内所要达到的目标,具体可表现为市场占有率、销售额、利润额、效益规模、上缴税金和福利基金等方面。企业目标不能定得过高,要实事求是,通过全体员工的上下团结和一致努力可以达到;企业目标必须明确、具体,让所有员工感觉到它的真实存在。

目前,零售业市场竞争空前激烈,对大多数企业来说,要想在开业之初就收回成本是不大可能的。因此,许多经营者将目光放得比较长远,树立了"先生存、后发展,再盈利"的长远经营目标与思想。沃尔玛的深圳分店就宣称三年不要利润,以打开市场、扩大市场占有率。它把眼光放在了中国的未来。

2. 经营管理要适应环境

企业的经营环境在很大程度上决定了管理层可能的选择。成功的战略大多是与环境相适应的战略。环境是制约零售经营活动的主要因素,环境分析是战略过程的关键要素。每个零售商都需要进行市场调查,了解市场及其变化动态,根据调查结果,准确把握环境的变化和发展趋势及其对组织的重要影响,适应环境和改善环境,制定经营管理目标,有效地开展企业的经营管理。许多国外大企业进入中国市场,首先都进行市场调查,对人口数量、民族分布、风土人情、地理因素、政府政策等可能影响本企业管理的因素进行细致深入的分析,以保证管理的安全性及正确性。例如,法国的家乐福、欧洲的麦德龙、美国的沃尔玛在进入中国市场时进行了长达数年的调查工作,他们发现,原封不动地将原有的经验照搬到中国市场是不可能成功的,必须结合中国的国情,对中国的消费市场进行重新研究,选择目标顾客群。

3. 管理的重点是降低成本

在竞争激烈的市场环境下,零售企业最重要的管理突破点是通过降低成本提高竞争力,而不是单纯依赖寻找不同的业态,因为所有的业态都处在同一起跑线上,企业增加利润的途径有两个:一是增加收入,二是降低成本。现实中,零售企业要通过增加收入来增加利润已经变得越来越困难,通过降低成本增加利润已经成为一条非常重要的途径。因此,降低成本是零售企业内部管理的重要目标。

降低成本的管理重点是采购管理、物流管理、商品组合管理这三个核心内容。其中,采购管理能力是零售企业的核心之一。零售业的绝大部分商品来自于外购,从总成本构成看,采购成本占零售企业现金总支出达75%~85%,采购成本占总成本的比重较高,因此,采购成本管理就显得非常重要。很多外国企业,如美国最大的百货商店西尔斯公司,曾因经营不善濒临破产的边缘,后来公司整顿了内部采购管理,不但使产品集中管理,而且更注重采用新的方法降低采购成本,由此带来成本的大幅降低。采购成本管理能为企业带来可观的经济效益。假设采购成本占销售额的70%,如果采购成本降低5%,对于销售额为10亿美元的企业来说,相当于净收益增加了3 500万美元,但企业增加3 500万美元的销售额却非常困难,相对来讲,降低5%采购成本不是非常困难的事情。因此,这种方法已被很多企业采用。例如,沃尔玛、凯玛特、西尔斯等都有一些成功的案例,说明采购成本的降低为企业带来很多利润。因此,国内零售企业也可以参照这种方法,从分析成本构成开始,逐渐深入,最终找到降低采购成本的办法,实现有效的采购管理。

除采购成本之外,还有一种降低成本的重要途径就是降低物流成本。物流成本虽然没有采购成本所占比重大,但它仍然对企业降低成本发挥着非常重要的作用。另外,商品组合管理的优化也是降低成本的途径之一。

(四)零售管理的主要任务

零售企业管理的主要任务有零售商圈分析与零售店选址、卖场设计与布局、商品陈列、零售商品管理、零售服务管理、零售价格管理、零售促销管理、零售安全与防损管理、零售人员管理等内容。

1. 零售商圈分析与零售店选址

商圈分析是对零售店商圈的构成、范围、特点以及影响商圈规模变化的因素进行调查、评估和分析。商圈分析对合理选择零售店店址、制定和调整零售店经营战略与经营方针、制定零售店竞争策略、加速资金周转具有极其重要的意义。

商圈是以零售店所在地为中心、沿着一定的方向和距离扩展，吸引顾客的辐射范围。每个商圈分为核心区、次级区和边缘区。核心区是指最靠近零售店的地理区域；次级区是指位于核心商圈以外的地理区域；边缘区是指离零售店最远的、最外围的区域。零售店的顾客来源主要包括居住人口、工作人口和流动人口三个部分。商圈的规模和形状取决于商店的类型、规模、竞争者位置、房屋结构、旅行时间和交通障碍，以及媒体覆盖状况等。

零售店商圈的分析，主要包括人口特点、经济基础特点、竞争状况与市场饱和度等内容。一旦确定了商圈的范围和形状，接下来应深入研究这三个主要因素。在分析商圈时，如果不分析竞争程度和市场饱和度，往往难以得出正确结论。

商店选址涉及复杂的决策，因为成本高，一旦选定就缺少灵活性。商店位置对零售战略具有重要影响，零售店选址应遵循便利顾客和经济效益的原则。选址的过程由以下四个步骤组成：评估商圈、决策最好的位置类型、寻找大体位置和选择具体位置。可供零售商选择的商店位置类型有：孤立商店、无规划商业区和规划的购物中心。零售商在评价可供选择的商圈后，需确定哪种类型的位置合乎理想，并选择大体位置及具体店址。公司应识别以上所述三类基本的商店位置。

2. 卖场设计与布局

卖场的整体设计与布局是一个零售店的脸面，体现零售店的形象，传递给顾客第一印象，对顾客起着吸引、邀请的作用。主要包括卖场的店头设计、店面布局以及店内装饰美化等内容，其根本任务与目的是营造一个使顾客满意的购物环境。在设计卖场时，要始终围绕着"吸引顾客"的主题进行。首先，卖场的外部特征能够有效地吸引过往人群；然后确保当顾客进入卖场内部后，能够接触到尽可能多的商品，方便顾客购物；还要通过环境的美化与装饰为顾客营造更好的购物氛围。

卖场是销售商品的场所，为了扩大销售，不仅要研究采购方法和销售方法，还要研究怎样充分利用卖场条件来增加销售。卖场设计包括卖场外观设计和卖场内部布局，既要使卖场的外观、内部环境与顾客的购买欲望相一致，还要使顾客感到东西便宜、购买方便，使其成为真正的高销售率的零售店。卖场内部布局是对卖场的各个商品部门的销售空间进行分配和定位，其设计的要点在于如何最有效地利用商品及过道，引导并帮助购物者自然而然地穿过购物空间，吸引顾客在整个卖场活动，从而使他们浏览、接触到商店销售的所有商品，提高销售额。卖场布局必须讲究方便、新颖、别致、合理，便于顾客寻找商品，便于顾客感觉并触摸产品，便于顾客识别与理解，最大限度地发挥销售场所每一块地方的价值。

因此，卖场设计与布局被人们视作"三度空间的广告"，是店铺促销的一个重要手段。卖场的设计千差万别，但是归根到底都有一个共同的目标：吸引顾客，增加营业额。而一个有效的卖场设计与布局能够创造这样一种氛围：吸引顾客进入商店并且尽量使他们停留更长的时间。其目的是让顾客有更多的时间在你的店铺里游逛。顾客在店内停留的时间越多,消费就越多。所以,店铺的设计要尽可能引导顾客流,确保顾客光临店铺并看见尽可能多的商品。

3. 商品陈列

商品陈列是指商品在货位、货架、售货柜台内的摆放,将真实的商品经过艺术性的处理直接展现在顾客面前。商品陈列被称为"无声的推销员",是商店营业现场的"门面"和顾客购买商品的"向导",它主要通过消费者的视觉通道进入记忆过程,达到参观浏览、选择购物的目的。顾客进店后,首先看到的是各种商品的陈列。它的促销作用要比电视、报纸广告更为直接、有效。成功的商品陈列可迅速将商品信息(包括外观、性能、特征、价格等)传递给顾客,减少询问,加速成交过程,并能改善店容、店貌,创造良好的企业形象,给顾客带来美的享受。

商品的陈列必须适应消费者的选择心理和习惯心理,并努力满足消费者求新爱美的追求。常用的陈列方法有分类陈列、按品牌陈列、按主题陈列、按季节陈列、按相关商品陈列和按特写陈列等。

商品陈列对商店经营的意义非同一般。卖场商品配置是商品陈列的前提,要依据商品性质、盈利程度、顾客行走特点以及与店内其他促销活动的配合,合理确定。制作商品配置表是卖场商品配置的主要手段。商品陈列要遵循分区定位、易见易取、满陈列、先进先出、关联性、同类商品垂直陈列等基本原则,同时运用各种陈列方法,达到最佳效果。

4. 零售商品管理

零售商品管理主要是指零售店所经营的零售商品结构和商品组合的确定、商品的采购与验收、商品库存管理与商品盘点等主要工作。零售店经营的商品结构和商品组合,按不同标准可以分为不同类型,但不管是哪种组合都要遵循商品化原则、品种齐全原则、重点商品原则、商品群原则和利润导向原则,并通过商品环境分析法、商品系列平衡法、四象限评价法和资金利润率法等不断寻求商品组合优化。

商品采购是企业为了保证销售需要,通过等价交换方式取得商品资源的一系列活动过程,零售企业组织商品采购应遵循五大原则:以需定进原则、保质保量原则、勤进快销原则、经济核算原则和信守合同原则。并根据需要选择恰当的采购方式,确保在适当的时期,以适当的价格,购入必需数量的商品,并严格进行收货验收。

商品的验收是做好商品保养的基础,验收记录是仓库提出退货、换货和索赔的依据,验收还是避免商品积压、减少经济损失的重要手段,验收有利于维护企业利益。采购的商品必须经过检查验收方可入库保管,商品验收必须做到及时、准确、严格、经济。

在商品库存方面,零售企业应明确管理目标,利用定额控制、ABC 管理、保本分析等方法进行科学有效的管理与控制。包括存货估价、销售预测、订货点与定货量的确定等。

商品盘点是零售企业经营中必不可少的一个环节,可以帮助企业更好地掌握盈亏状况、了解正确库存数据、发现问题,加强损耗控制。零售企业盘点作业的制度有两种:一是定期盘点,二是永续盘点。在进行盘点业务时,库存区、卖场陈列区的商品盘点均应遵循各自的盘点程序和作业要求进行,确保准确、高效。

5. 零售服务管理

零售服务是零售商为顾客提供的、旨在增加顾客购物价值并从中获益的一系列无形的活动。由于零售服务是与商品紧密联系在一起的服务,零售商所提供的一切服务都紧紧围绕着销售商品这个核心。零售服务具有以下特点：无形性、有偿性、功效性和利益性、不可分割性、多样性、广泛性、易消失性。主要服务项目包括：营业时间、送货服务、退换服务、修理服务、包装服务、信用服务和租赁服务等。

如果对企业的产品和服务感到满意并产生信任，顾客会将他们的消费感受通过口碑传播给其他顾客，这会扩大产品的知名度，提高企业形象，为企业的长远发展不断地注入新动力。一般而言，顾客满意是顾客对企业和员工提供的产品与服务的综合评价，是顾客对企业、产品、服务和员工的认可。顾客信任是指顾客对某一企业、某一品牌的产品或服务的认同和信赖，它是顾客满意不断强化的结果，与顾客满意倾向于感性感觉不同，顾客信任是顾客在理性分析基础上的肯定、认同和信赖。

顾客抱怨就是指顾客对商品和服务方式的不满及责难。产生抱怨的原因主要有：商场提供的商品质量差、服务不当、环境不良等。处理抱怨的策略有：坦然接受抱怨、同情理解抱怨、用道歉平息抱怨、根据原因处理抱怨等。

零售店要想在市场中占据一席之地，要更多地依赖企业所提供的完美服务。而服务到位与否，关键在于细节。服务是无形的，却是有价值的。按照销售流程可以把它分为售前、售中、售后服务。在销售过程中，营业员要充分了解顾客微妙的心理活动过程，提供细致、舒心的服务，以促进销售的完成。真正的销售始于售后，我们要高度重视售后服务工作，尤其是顾客投诉。这是稳定企业客户群、提高口碑效应的重要方面。

6. 零售价格管理

价格是市场营销组合中的重要因素，零售价格的制定受企业内部因素和外部因素的制约。定价首先要确定定价目标，在分析影响商品定价的因素后，选择适当的定价策略和方法确定商品价格。在确定了商品价格后，还需要根据市场环境和自身条件的变化，对既定商品价格进行调整。

零售商品的定价目标是指零售企业通过制定及实施商品价格所要达到的目的。定价目标是选择定价方法和制定价格策略的依据。零售企业的定价目标主要包括利润目标、销售目标、竞争目标和企业形象目标四类。利润目标体现在追求利润最大化和高资金利润率两个方面；销售目标包括销售水平和市场占有率两个方面；竞争目标包括防止竞争、适应竞争和躲避竞争三种。

商品价格的高低，主要是由商品中包含的价值量的大小决定的。但从市场营销角度看，市场上商品的价格除了受商品价值量的影响之外，还要受其他诸多因素的影响和制约。影响零售定价的因素主要包括商品的成本费用、商品的市场类型、市场需求状况和商品的市场特点。

为了实现零售商品的定价目标，在充分分析了影响商品定价的因素之后，就要相应地选择适当的定价方法，确定本企业零售商品的基本价格。根据定价依据的不同，零售商品的定价方法分为成本导向定价法、需求导向定价法和竞争导向定价法三大类。

基本价格确定后，还要根据市场的具体情况，采用灵活的定价策略，以更好地实现企业的定价目标及总体营销目标。这些定价策略包括新产品定价策略、心理定价策略、折扣定价策略、地理定价策略和商品组合定价策略。

企业制定了商品销售价格后，由于市场环境和市场形势的变化，已制定的销售价格可能不再适合，需要进行调整。价格调整策略包括降价策略和提价策略两种。

7. 零售促销管理

零售促销,是零售企业为了将商店、商品、价格和服务等有关企业各方面的信息传递给消费者,使其接受并采取购买行动而进行的一切沟通联系活动。零售促销是零售商有目的、有计划地将销售服务、广告活动和公共关系等促销方式结合起来,综合运用的过程。

从市场营销学的角度来划分,促销可以分为人员促销、广告促销、销售促进、公关促销和企业形象促销五种。人员促销是通过推销员口头宣传,说服顾客,实现商品销售的一种直接促销方式。人员促销的特点是推销员与顾客进行面对面的双向沟通,其促销效果与促销人员的推销技巧密切相关。广告促销是运用各种广告媒体向消费者传递消费信息以促进销售的一种直接促销方式。常见的广告媒体有电视、电台、报纸、杂志、招牌、看板、路牌、招贴、交通工具、灯光、橱窗、包装、店内POP、口头宣传或店内广播、演示、可视幕墙、电脑网络、红布条、宣传单、海报、DM等。销售促进,也称营业推广,是一种直接用利益来刺激消费需求的辅助性、临时性的促销方式。其特点是时间短,见效快,但运用不当也会产生负效应,使顾客怀疑商品质量、价格的真实性,贬低商品身价。公关促销是通过零售商店的公共关系活动使之与社会各界建立良好的理解、友谊和支持关系,从而以其知名度、美誉度来带动商品销售的一种间接促销方式。其特点是可信度高,更加注重长远利益。企业形象促销是利用企业所确立的、经社会公众认识和评价的理念系统、视觉系统和行为系统来促进商品销售的一种间接促销方式。其特点与公共关系促销相类似,这两种促销方式往往是融为一体的。

零售企业经常采用的促销策略有:折扣促销(如优惠券、购买折扣、数量折扣、免服务折扣、有效期折扣、限时折扣、供应商折扣、联合折扣)、奖励活动(如抽奖、赠送礼品、竞赛活动、购物印花票)、特价、节日促销、会员制促销(如公司会员制、终身会员制、普通会员制、内部信用卡会员制)、广告促销、商品陈列促销、制造气氛以及其他促销方式。

促销是零售企业最容易见效的营销工具,促销活动的策划、执行、评估有一套科学和系统的管理程序。外资零售业进入中国后,之所以能迅速地打开市场,一个很重要的经营策略就是灵活运用了各种促销方式,迎合了中国消费者的心理。我国的零售企业在促销方案策划、促销工具选择与创新、促销过程控制等方面要认真学习国外零售业的经验,充分考虑目标消费群的特点,找到产品与消费者的最佳结合点。

8. 零售安全与防损管理

安全管理是为了实现安全运营而组织和使用人力、财力、物力等各种资源的过程,是零售企业经营活动正常进行的重要保障。它通过制定最佳的安全保障方案和管理措施,控制来自自然界、物质的不安全状态以及人的不安全行为等因素,避免发生意外事故,确保商品、设施、人员的安全与健康,从而使商场更好地进行运营销售工作,取得更好的经济效益。

安全管理要贯彻法制原则、监督原则和教育原则,从职业安全、消防安全、商品损耗预防和控制、突发事件处理四大方面全面展开。在职业安全方面,要确保员工个人安全、作业安全,确保商品的存放安全,确保店内外设施、设备和顾客购物环境的安全,制定完备的安全管理制度。在消防安全方面,要建立制度齐全、职责明确的消防组织结构,加强员工的消防安全意识和消防知识培训,严格进行消防器材的管理,采取各种预防措施,杜绝安全隐患,并定期进行消防演习。在商品损耗控制方面,要分内部偷盗和顾客偷盗两种情况严加防范,对偷盗发生的具体原因和情况采取恰当的处罚措施,既要起到警示作用、追回损失,又要避免与顾客发生激烈冲突,做到合情、合理、合法。

零售企业还必须成立紧急应变小组以应对各种突发性事件,做到对突发事件有准备、有预防。这样在事故发生时,才能够迅速、有效、有重点地进行灾中、灾后的抢救处理工作,将损失降到最低程度。

9. 零售人员管理

零售企业的内、外部经营环境相当复杂,企业为了组织、指挥经营活动,实现其经营目标和销售任务,必须从零售企业的实际需要出发,充分利用自己的优势,寻找机会,按照市场的动态发展状况,建立完整的组织机构,进行人员管理。

我国零售企业组织机构的模式主要有职能式、事业部式和综合式等。每种组织机构都是从企业的实际情况出发来设置的,各有其特点。零售企业的销售人员处于商品流通领域与消费领域的衔接口,扮演着十分重要的双重角色。零售商要根据自身经营的需要,合理确定销售人员选择的标准、招聘数量和途径,并对新进员工进行必要的培训。

销售人员的工资构成分为直接工资、直接酬金和工资加酬金。另外,还有购物优惠、保险和退休金、推销奖金等附加工资。

对销售人员的考核,不能仅凭主观印象,必须制定客观标准,这些标准通常包括:转变率、单位小时销售额、时间利用情况等。不管哪一个指标,都要和企业实际情况相结合,真正起到监督、考核作用。

在任何一个组织中,每一个成员都希望得到社会和集体的公正评价,得到合理的荣誉与物质利益。而组织本身也希望有严明的纪律以维护各项工作的顺利开展。零售企业的奖励方法可分为经济奖励和非经济奖励两类,两种奖励措施一般结合使用,既要考虑到员工的个人需要,也要考虑到每个部门的团体需要,只有两者兼顾,才能达到预期的效果。

任务二 掌握零售组织分类和零售组织演化理论

导入案例

国际知名零售商介绍

1. 宜家

这个瑞典公司是世界上最大的家具零售商,它在29个国家经营着140个商店。当宜家开始在一个新国家开办一个新商店时,打破了产品应该根据当地口味量身定做的规则,其奥妙是以消费者能够承受的价格供应高品质家具。该公司将这种方法机械地应用到每一个国家,除非这个国家存在严重的消费抵抗。但是在美国,床的销售量增长很缓慢,直到公司认识到美国人喜欢稍大一点的床,并开始从供应商那里订购较大的床单和较大的床,才改变了这种局面。橱柜系列也不得不加大尺寸以便能容纳装比萨饼的大盘子,而且允许比利时的商店采购皮面沙发。据说,该公司取得成功的秘密是其严格的成本控制系统和关于持有70个国家2 000个供应商股份的决策。另外,宜家的产品价格低于家具零售业平均价格的20%。

2. 玩具反斗城

这个美国企业作为世界上最大的零售商,和宜家一样,是一个"品类杀手",它在海外经营400家店铺,同其美国连锁店一样,以低价玩具货栈为基础。但不幸的是,该公司多年来在美国一直同折扣店,以及更低价格销售畅销玩具的会员仓储货栈公司进行抗争。1998年年底,该公司宣布关闭50个欧洲店铺,在那里的公司经营业绩很差,因为欧洲的薪资、地产、分销费用要比美国高得多(这是使许多其他试图进入欧洲市场的美国零售企业放弃行动的一个因素)。玩具反斗城也宣布将以一种新的形式改造其商店,将以一种完全不同的方式供应商品。但是直到2004年这些举措也没有取得特别的成功。

3. 麦德龙

这个德国零售集团是继沃尔玛之后的世界第二大零售企业。同宜家和玩具反斗城不同,这是一个包括现货自运、大卖场、DIY和电子媒体零售店的联合大企业。1996年,最初的麦德龙收购了Kaufhot和阿斯克(Asko)零售集团,从而形成联合大企业。从那时起,它收购了万客隆的欧洲现货自运业务,从而成为从英国到波兰、希腊的多数欧洲重要国家的代表企业,因而它是一个全欧洲的零售企业,能够充分享受像1999年欧元引入等变化带来的好处。这种成功的形式可能会成为欧洲的未来趋势——在相对较小的大联合企业的集体内部进一步集中力量。英国的翠鸟看起来执行了相似的政策,它收购了达尔蒂(电子),兼并了法国的DIY零售商喀斯特拉玛(Castorama),并将其添加到英国的科密和百安居等零售形式中。

4. 沃尔玛

沃尔玛是世界上最大的零售商,它的成功部分归因于其小城镇基础。1962年,山姆·沃尔顿在美国阿肯色州的班顿威尔附近的一个小村庄创建了沃尔玛零售商店。那时,沃尔玛缺乏顾客、雇员和供应商,于是沃尔顿不得不采取了与众不同的做法,采取一些刺激措施,即与员工分享利润,与供应商建立合作关系,为顾客提供友好服务及"天天低价",也就是使成本保持在低水平上。然而,当沃尔玛开始进行跨国界经营时,没能调整文化使之与一些市场相适应。例如,在德国,沃尔玛没有预料到雇员的顽固性和工会的强大。德国雇员被沃尔玛的"欢呼"弄得很窘迫而躲在洗手间里。德国消费者关注价格甚于友好的雇员和商品的包装。因为这些失误,管理者遭到谴责。

5. 阿霍德(Ahold)

这个荷兰零售集团旗下重要的子公司海因连锁超市(Albert Heijin)拥有荷兰28%的市场份额,比最邻近的竞争者多3倍。但是与万客隆和翠丰不同,阿霍德已经不考虑门前的巨大市场,如英国、法国和德国,相反它选择在美国扩张,在那里能够获得使内部增长更容易的新基础。美国市场在地理上也呈碎片状分布,并且据说在食品零售方法上落后于欧洲的最优方法。经过20多年时间,阿霍德在美国东海岸已经建立了6个连锁超市,现在它在快速巩固的市场中成为一流的食品零售企业之一。1997年,它收购了圣斯伯里拥有的巨人(Giant)超市的18%的股份,后者在美国的经历很糟糕。由于美国区域性的忠诚顾客,阿霍德将持续进行连锁经营。此外,该公司开始着眼于开发伊比利亚半岛、东欧、拉丁美洲和亚洲市场。

6. 无印良品(Muji)

这个日本零售企业通过宣告创纪录的利润已经扭转了日本最近的趋势。Muji 在日语中的意思是"无品牌",该公司经营着 248 个商店,凭借出色的营销和高效的分销对抗日本的经济衰退。它是一个综合性的零售企业,销售的产品从风雪大衣到自行车再到日式拉面,范围非常广。它以中国供应商为基础提供一种"无虚饰"的服务,这些中国供应商生产其 80% 的服饰、最大的品类和 50% 的家居用品。目前,该公司可承受的价格为其带来了巨大的成功。

上述关于 6 个国际零售企业的简略概括甚至连模糊的全面性都谈不上,但是的确强调了一些共同的特征和弱点。企业规模对于规模经济至关重要,这反映在相关的成本和价格上,与供应商的联系如同分销一样也非常重要。产品样式和店铺形式也必须具有吸引力,另外零售企业必须十分了解不同的经济周期及其如何影响企业的绩效。

资料来源:考克斯.零售.吴雅辉译.北京:中国市场出版社,2007.

一、零售组织分类

零售组织虽然与零售商的概念相近,但还是有一些区别的。零售商更多地是指一个独立核算的盈利机构,而零售组织则强调这一机构所进行的零售活动组织方式。例如,百货商店、超级市场、便利店可以被称作不同的零售组织形式,但一个零售商可以同时拥有百货商店、超级市场和便利店三种经营形式。

由于零售组织形式繁多,划分的标准也不统一。目前,对零售组织的分类主要有三种方法:按零售组织经营模式分类;按零售组织经营范围分类;按是否设立门店分类。

(一) 按零售组织经营模式分类

1. 独立商店

这种商店通常是由业主自己经营、拥有一个店铺的独立零售商店。由于这类商店基本为小型店,需要的资本少,很容易吸引零售商开设这种商店。所以,这类商店在零售机构数量中所占比率最高。如美国,零售商中的 80%~90% 都是独立商,他们的零售额通常占零售总额的一半或者更多一些。我国的情况与美国的情况类似,个体零售商占零售商总数的 85% 左右。

独立商店与其他类型的商店相比较有如下优势:(1)在选择地址和经营方面具有灵活性。由于独立商店涉及一个商店的位置,可以根据最佳位置列出详细规划,而不必像连锁店那样需要制定统一的位置标准,也不必过多地考虑去靠近现有的商店群。在经营方面,独立商店选择的是消费者市场的小部分市场,可以按照选定的市场规划商品的花色品种、价格、营业时间等,可以随市场供求的态势迅速调整经营。(2)投资少,各项费用低。由于独立商店所需要的固定装置、商品以及职工都有限,因而在这些方面的投资额相对较低。(3)经营专业化。许多独立的零售商能以专家的身份从事经营,因而可在某一领域内获得较高的经营效率,吸引顾客,呈现经营特色。(4)良好的形象。一些小型的独立零售商,在经营过程中,往往能够创造友好的、有个性的、待人亲切的营业气氛。(5)业主可以直接控制经营。独立商店一般都是业主兼经营者,因而能够做到决策集中,充分控制商店,使经营的时间、商品的花色品种、价格、销售人员、推销宣传等方面保持一致性;不必为股东、董事会和劳资纠纷等问题分散精力。

独立商店也存在如下不利条件:(1)规模小,议价能力有限,难以降低成本。由于独立商店多为小型店,销售规模小,因而在商品货源方面只能是多批次、少批量地组织进货,不能享受大批量进货的优惠价格,也没有足够的力量与厂商讨价还价。独立零售商在许多情况下必须支付高价才能接受标准商品,不能买到定制的商品。由于进货的批次多,使运输、订货和进货的费用很高。(2)资金缺乏,难以利用广告媒体。独立商店把大部分资金应用于商品方面,没有较多的资金投向广告方面。一些广告媒体由于影响面广,而独立商店规模较小,不适合使用。而一些适合的广告媒体,如电视广告,也由于费用昂贵,难以利用。(3)分工不明,手工劳动,过分依赖于业主。由于独立商店多属于家庭型,所用人员较少,因而不能做到人员职务的严格分工,以求各司其职,而往往是一人身兼数职,工作紧张。大部分工作都通过手工完成,如订货、盘货、商品上打标记,以及簿记工作等,很少装备电脑。经营上一切依靠业主,当业主不在或休假时,难以保证经营的连续性。

2. 连锁商店

连锁商店也称联号商店。日本商业学会对连锁商店定义为"散置在各地的多数零售商店,构成一个整体的、单一的企业。在中央机关的管理统治下,不仅采取统一的商品经营,而且也采取在外形上、内容上各店相同的标准化经营方法。这个组织或构成这个组织的每个零售商店就称为连锁商店"。我们国家在提倡发展商业连锁的过程中也提出了对连锁商店的看法,认为连锁商店是流通领域行业中若干同业店铺,以共同进货或授予特权等方式联结起来,实现服务标准化,共享规模效益的一种现代商业组织。

连锁商店基本上有两种形式:一是单一所有的连锁商店,是指由一个大企业根据多店经营的政策,在各地设立分店,并且经营管理权集中在总店的零售组织形式。二是自愿连锁商店,即由许多独立的商店自愿联合起来,进行共同活动的联合组织。我国对连锁商店的形式划分,还包括特许经营的组织形式。

单一所有的连锁商店,也叫垂直连锁商店,其特征有:(1)同一资本。各店都属于一个企业。(2)管理权统一。组织中的各家商店没有独立自主权,商品的采购、储存、销售及管理决策,完全由总店统一决定。(3)虽然是多家商店,但商店都具有共同性。每家成员商店所经销的商品及价格都是高度统一的。商店的建筑、标志、徽号都是一致的。(4)购销存职能专业化。由总部建立集中的采购中心、储存配送中心,各个成员店以销售为专门职能。

自愿连锁商店的主要特征是:(1)核心者发挥连锁总店的职能。核心者负责集中采购、商品计划、广告、促进销售、会计、职工培训等。(2)参加连锁的各零售店使用共同的店名,尽可能使经营标准化,并按合同从核心者那里进货。(3)各独立零售商合作创建和经营批发机构。实现集中采购,取得大规模经营。(4)通过合同实现运行。各成员店与履行总店职能的核心者订立有关购、销、宣传等方面的合同,并按合同组织经营活动。在合同规定外,各成员店可以自由活动。(5)在参加与退出方面具有自由性,根据自愿原则,各成员店可自由加入连锁店,也可以自由退出。

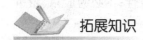 拓展知识

连锁商店的发展

连锁商店并不是一个新概念。早在15世纪,德国奥格斯堡的富格公司就在欧洲的一些城市开设了许多店。日本三井连锁店开办于17世纪中叶。美国第一家连锁店大西洋和太平洋茶叶公司创办于1859年。20世纪20年代以后,连锁商店才开始有了很大的发展。到1967年,美国连锁店的销售额已占零售总额的60%,其中被认为拥有11个以上商店的连锁店才能发挥规模经营功能。西欧连锁店的发展晚于美国10年左右,日本的连锁店是在第二次世界大战后才真正开始发展起来的。尽管如此,连锁店在西欧和日本的发展也是十分迅猛的。如英国,20世纪60年代连锁店的销售额已达到零售总额的60%。日本在20世纪70年代,连锁店从10家发展到300家。

连锁店之所以能够成为世界上一种流行的零售组织形式,并在零售业中占有重要位置,与它特有的优势分不开。连锁店的优势有:(1)商店的市场范围大。连锁店由于是多处建店,甚至可以超越国别限制,在世界范围内的各国建立分店。因而其总体的市场范围是极大的。比起靠扩大商店规模来扩大市场范围的方法,即使同样的投资,用连锁的形式,可获得大得多的效果。(2)商店知名度高,容易得到消费者的认可。由于是多处建店,并采取统一的徽号标记,连锁店的名声可以传播到广泛的区域,使消费者将所在地的连锁店与最初的总店名声联系在一起,给予信任感。(3)有利于强化采购。由于是总店集中从事大批量进货,可以直接从厂商那里进货,减少中间环节,节约流通费用;并且因为是大批量进货,具有了和厂商的议价能力,能够促使厂商以低于市场流行的价格出售商品,享受价格上的折扣,降低采购商品的价格。(4)有利于强化销售。由于各分店没有采购等其他任务,可以专职于销售,提高销售服务水平。(5)有利于降低成本,不仅由于集中采购,获得批量价格折扣,可以降低商品成本;而且还由于集中储存和配送,也比分散储存运输的费用低。还有,由于集中管理与决策,职能人员专业化,拥有集中的市场研究人员、推销人员、宣传人员、定价人员等,使之精简高效,节约了人力费用支出。(6)可以利用较多的宣传工具。由于连锁店销售量巨大,市场范围广,使连锁店能利用电视、杂志、报纸等一切宣传工具,并降低宣传费用。(7)能够运用现代化管理手段。由于连锁店具有多个分散的分店,因而要求信息传递及时,管理指挥迅速,因而连锁店比起其他店来,更能率先运用现代化管理手段,采用计算机进行管理。连锁店利用计算机从事订货、盘货、预测、在收银机上记录销售金额以及进行簿记活动,从而提高管理效率。

当然,连锁商店也有不利条件:(1)缺乏灵活性。连锁店一旦建立起来,它的灵活性就受到了限制。由于经营一致方针的贯彻,各地区的分店都必须是相同的商品、相同的价格,否定了地区之间顾客需求的差异性。总部所采购的商品并不一定都适合于各地分店的当地习惯,并不一定是与当地零售商店竞争的商品。(2)组织庞大,不易控制。由于组织庞大,各分店的地区分散性强,总部不能像独立店主那样控制各分店,表现出决策和执行常无法配合、缺乏信息联系、管理指挥不迅速等问题,降低组织效率。

3. 特许经营商店

特许经营商店是由特许人以合同方式,授予被特许人在特定的区域内经销自己某项产品或劳务的零售组织形式。特许人和被特许人的权利与义务均由特许经营协议或合同规定。一般说来,特许人必须向经营者提供商品的有关店址分析、经营技术、员工训练、广告、财务指导和其他咨询服务。被特许人可以获得合同规定的经营某项商品或劳务和使用确定的名称,并按照一定的营业方式经营业务的特权,也包括使用商标、专利、装潢或其他特权。作为义务,被特许的经营者须向授权者交付特许经销费、年度特许权费、特许经销包装费、场所费、开办训练费等费用,同时还遵守合同的各项规定,如保持统一的营业时间,使用特许人的标准会议制定、遵守规定的人事政策,利用特许人批准的商品供应商等。

零售特许经营组织有三种类型:一是制造商—零售商型,即制造商通过特许协议授权给独立零售商,零售商按照条件销售产品;二是批发商—零售商型,其中有自动组织结构型,即由批发商组织一个特许经销系统,对独立商店授予特许经营权;还有合作组织结构型,即零售商通过拥有和经营一个批发组织,建立特许经营合作社;三是服务提供者—零售商型,即服务公司允许零售商对最终消费者提供特定的服务业务。

特许经营形式在零售形态上有较重要的位置,对零售业发展有较大影响。20 世纪 70 年代中期,美国的特许经营零售额占零售商店总额的 30%。独立商店的特许经营额占特许经营总额的 84%。特许经营基本上是在独立商店中进行的。它的主要优势是:(1)业主可以以小额资本投入经营零售业,拥有和经营一家零售店。(2)可以获得著名的店名和产品系列,利用其信誉。(3)可以得到经营技能的传授以及管理的指导。(4)能合作开发市场。(5)可以获得某一区域的经销特权。(6)能够低价进货。

特许经营商店的不利条件是:(1)同一地区如有过多的此类商店则会导致因饱和而产生激烈竞争,每个特许经营商店的销售额和利润会受到不利影响。(2)由于特许人指定供应商采购,使特许经营店进货范围受到限制。(3)特许人有权取消经销权。(4)授权者或其他同类商店经营不善,会影响整个特许经营商店的业务及形象。

4. 出租部门

出租部门是百货公司或专业店等将其店内的某部门或专柜出租给店外人经营,由承租人负责部门或专柜的全部经营业务,并从经营额中抽取若干比例作为租金交付给出租人。出租部门的产生是因为这些商店为了向顾客提供需要高度专门技术知识的商品与劳务,或由于缺乏推销力而采取的形式。例如,光学仪器、美容沙龙、珠宝手表等,都不是一般商店所易经营的。近些年来,我国出租部门甚至商店全部出租现象很普遍,其主要原因是零售市场放开后,一些商店不适应新形势,商店管理与激励系统不科学而缺乏推销力。在经济体制改革过程中,国家有意识地将一些小型店出租给个人。

出租部门的优点是:(1)可以减少财务风险。(2)能扩大商品经营范围。(3)可以解决人才不足的困难。(4)扩大销售能力。其缺点是:(1)商品售价由出租部门或柜台经营者自定,与本店经营的销售价格不一致,引起竞争。(2)无法控制进货质量和服务质量。(3)影响本企业的商店形象。(4)由于本店人员不参加购销工作,会导致自身管理、竞争、服务功能的萎缩,不利于本店人员素质的提高。

5. 垂直零售商店

垂直零售商店是由单一所有者自行负担生产和销售工作,一般为厂商的直营零售店。

厂商直接经营零售,出于几个目的,一是为商品寻求出路;二是通过零售直接获得消费者对商品需求的信息;三是为了实验和宣传商品。

垂直零售商店的优点是:(1)自给自足。(2)无中间环节,可以降低成本。(3)与消费者直接接触,能够及时获得市场信息。(4)对外具有较大的议价能力。(5)可控制生产至零售的全过程,增加业主的成就感。(6)订货和交货的时间迅速。

6. 消费合作社

消费合作社是以消费者所有制为特征的零售商店,由消费者自行投资,经营管理和分配利益。消费者合作社创建的目的是为了减少中间商环节,维护自己的利益,而不以营利为目的。

消费合作社的主要特征是:(1)任何消费者都可以参加合作社,只要缴纳一定的入社费和定额股金即可成为社员。(2)实行民主管理,由社员选出一个管理委员会或董事会,负责经营管理工作。每个社员不论投资多少,都只有一票选举权。(3)以低价或正常价格向社员提供商品和劳务。任何消费者都可以在消费合作社买东西。但只有社员才能参加消费合作社的大会和享受盈余分配。(4)对社员股金付给一定的有限的利息,每年所得纯利,按每位社员购货额所占销售额的比例分红。

消费者合作社的优点是自产自销,中间环节少,价格低廉,因而能吸引一些消费者;其缺点是经营者不是专业人员,所以,往往计划不周,管理失效;由于工资低,以致难以雇到熟练的经营者及雇员;竞争力较低。这些都限制了消费者合作社的发展。

7. 国有零售商店

国有零售商店是指零售企业经营资料所有权由国家来掌握。实行所有权和经营权分离,企业行使经营权,决策与组织零售经营活动。在我国,这种国有零售商店是零售机构总数的30%左右。

国有零售商店的优势是:(1)在消费者心目中的信誉好。(2)一般规模较大,经营的商品种类、品种较齐全。(3)质价相称。(4)面向大众消费者。不足是由于体制上形成的原因,企业内部缺乏科学管理机制,因而经营上活力不足,服务水平不高,使消费者不能感到满意。

(二)按零售组织经营范围分类

1. 专业商店

专业商店专门经营某一类商品或某一类商品中某种商品,是专业化程度较高的零售商店。这种商店经营的商品规格、花色、式样等品种齐全,有经过训练的销售人员,向消费者提供充分的服务。这种商店经常以经营的主要商品为店名。由于经营的商品专业化很强,所以,在商品知识或陈列上都优于百货公司。顾客到专业商店购买,不需要多方奔跑、选择,就可以满足某一方面的需要,甚至可以满足其特殊需求。

适合于专业商店经营的商品种类及品种主要有:(1)花色品种繁多,需求变化快,挑选性及时间性较强的服装、纺织品、鞋帽等商品。(2)商品构造复杂或经营技术要求高或需提供售前或售后服务的钟表、服装、照相器材、家用电器、药品等商品。(3)鲜活商品以及由于采购加工、保管条件需要专营的蔬菜、水果、鱼肉、糕点、茶叶、肉制品、风味食品等商品。(4)需要具有某些专业知识及经营技术的金银制品、文物、工艺美术品等。

专业商店的优势是：(1)能够满足顾客的挑选性需求。虽然经营的商品种类单一,但是能够在深度上提供丰富的品种,商品的规格、档次、花色式样齐全,使消费者较容易地购买到商品。(2)经营者以某一顾客群为目标市场,针对性强,对消费者需求反应敏感。(3)经营方式灵活,可以与厂商合作。(4)容易形成商店特色。

这种商店的缺点是：(1)经营商品的类别少,不能满足消费者的其他方面需要。(2)对经营水平及技术需求高。

2. 百货商店

百货商店是指在一个建筑物中,集中了若干专业的商品部,向顾客提供多种类、多品种商品及服务的大型零售商店。美国商务部对百货商店的定义是：百货商店是指年销售额在500万美元以上,经营消费者需要的各种服装、纺织品、家用陈设品、家具以及收音机、电视机等,其中服装和纺织品的销售额至少要占销售总额的20%的零售商店。

百货商店的组织形式有三种：一是独立百货商店,即一家百货商店独立经营,别无分号;二是连锁百货商店,即一家大百货公司在各地开设若干百货商店,这些百货商店都属于百货公司所有,由公司集中管理;三是百货商店所有权集团,即由若干个独立百货店联合组成百货商店集团,由一个最高管理机构统一管理。

百货商店产生于19世纪60年代,被称为零售业的第一次革命。百货商店的划时代意义在于商品销售实行明码标价,一视同仁;大量商品按部门陈列,并采取低毛利、高周转的政策,在20世纪初,百货商店进一步发展。现代百货商店的发展,显示了其以下几个方面的特征：(1)拥有豪华的店堂,从事大规模经营。国外的百货商店一般都拥有4万平方米以上的营业面积。我国的百货商店也正朝着这个方向发展。(2)大多数百货商店位于城市中心区域交通要道上,能尽量吸引广泛地区的众多顾客。(3)经营商品的范围广泛,种类繁多,经营消费者需要的任何商品。(4)在管理上实行商品部制度,即下设许多不同的商品部,各部门由一位经理主管业务,统一指挥商品计划、销售业务、商品管理等,而且各商品部在百货商店的统一管理之下进行独立核算。(5)为顾客提供充分服务,如为顾客提供拿取商品、介绍商品、解答疑问、包装商品等服务。(6)兼营其他劳务项目,如开设餐厅、咖啡厅、茶室、美容美发室、儿童游乐场、婴儿照看所等,有的还设立画廊,或举办展览等。

百货商店的优势是：(1)由于经营商品范围广泛,可使顾客来店一次购齐所需要的生活用品。(2)由于百货商店的商品多为新兴商品,并明码标价,给顾客以依赖和放心感。(3)社会信誉好,能吸引众多的顾客。(4)由于采取的是商品部制度,可以根据经营状况调整售货场所,经营比较灵活。(5)店堂环境优雅,给顾客以舒适感和美感。

百货商店的缺点是：(1)由于与顾客的关系是企业与顾客的关系,因而不能像个人商店那样与顾客建立个人之间的温和的人际关系。(2)对店员素质要求比较高,培训店员是企业的一项重要任务。(3)由于设备设施齐全、豪华,增加投资费用。

百货商店曾一度居于零售市场的霸主地位,但由于新型的零售机构的兴起,使其市场地位降低。为了恢复百货商店的市场地位,百货商店采取了种种措施,如实行多店化和区店化策略,纷纷开设分店,扩大店铺规模;改进经营管理,使用现代化手段,引进了电子计算机,减少雇员,改进定价制度,按消费者需求重新进行商品组合;转型和实行多角化经营,有些百货商店转为其他类型的商店,有些百货商店兼营其他劳务性业务,有的百货商店开展无店铺营销。

3. 超级市场

超级市场是指采用自我服务的方式，实行商品部管理，经营综合商品，薄利多销，一次结算的零售机构。超级市场产生于1930年美国纽约，被称为零售业的第二次革命。它以商品的销售价格较低，顾客自我服务的方式，赢得了消费者的欢迎。因此，超级市场在此之后得到迅速传播和发展，也被推广到其他零售行业，成为流行于国际的零售组织形式。

超级市场的主要特征是：(1) 商品构成是以食品、衣服、日用杂货等常用必需品为中心。初期的超级市场以经营食品为主，现在已扩展到兼营一般清洁用品、大众化妆品、文具、玩具、家用器皿、五金小工具、杂货及服装、鞋袜等。(2) 实行自我服务和一次集中结算的售货方式。即由消费者自己自由地在货架中间挑选商品，在出口一次集中结算货款。(3) 薄利多销，商品周转速度快。超级市场的利润率较其他商店低，如美国，净利润占零售额的1.5%~2.0%。(4) 商品新鲜、洁净，明码标价，并在包装上注明商品的质量和重量。(5) 实行商品部经营管理制度，按部门陈列出售商品。(6) 有停车场。

在我国，超级市场被引入于1978年，叫作自选市场。由于我国当时的生产、包装、商业机械化条件，以及商品的价格都不能与超级市场的运营要求相一致，因而自选商场未能在我国成功发展。但是自选商场的自我服务方式，却深受消费者的欢迎。

超级市场的优势是：(1) 由于低价销售，对消费者具有吸引力，促进批量购买。(2) 经营的商品种类多，备货充足，为消费者提供充分挑选的机会。(3) 由于大量采购，并且直接从厂商进货，减少中间环节，降低采购成本。(4) 采取自我服务方式，可节约人员费用，加上无送货制度，可节约送货费用。(5) 商品的大量陈列，发挥了商品实体的诱惑力，刺激顾客购买的冲动。

超级市场的不利之处是：(1) 由于没有人员服务，因而缺乏对顾客的亲切感。(2) 服务不充分，对于希望电话订货、送货的顾客不方便。(3) 一些消费者不喜欢自助购物，因而超级市场会因这种售货方式丢失一部分顾客。(4) 结算时排队会使顾客感到不耐烦。

4. 便利店

便利店是指以经营加工食品、居民日常生活离不开的挑选性不大的消费品为主，在时间和地点上都给消费者提供最大便利的小型独立或合伙经营的商店。便利店产生于20世纪30年代的美国，60年代末期以后，便利店有了很大的发展，到1979年美国便利店从10 000多家，发展到33 000多家；在日本70年代初出现第一家便利店，到1987年年底，便利店达34 000家，年销售额达4.4万亿日元。

便利店的基本特征是：(1) 一般是独资经营或合伙经营的小商店，营业面积一般只有几十平方米，也有一些是大公司经营的小商店。(2) 营业时间上方便顾客。营业时间一般是从早上7点到晚上11点，有些甚至是全天24小时都营业，而且一年中没有休息。所以顾客可以在任何时间购物。(3) 在店址上方便顾客。店址一般处于居民区内，或设在街头巷尾、车站码头以及高速公路两旁，以便于居民或来往行人、旅客随时购买。(4) 经营的商品主要是方便食品，如各种面包、饮料、香烟等，以及便利性的服务，如出售报纸等。(5) 商品销售起点低，顾客可以根据需要购买，需要多少，购买多少。不必像在超级市场那样需要成批、成包地购买。(6) 便利店的毛利、销售价格较高。美国便利店的价格比超级市场高10%~20%，利润率高达4%。

5. 折扣商店

折扣商店也称廉价商店。广义上的折扣商店是指商品价格方面采用折扣策略进行经营的商店,也有人称其为利用廉价销售进行快速周转大量商品的大型零售店。第二次世界大战前,折扣商店在美国就已经产生,但进入20世纪40年代末期,折扣店才得到迅速发展。从经营化妆品、服装等非耐用消费品转为经营家用电器等耐用消费品。到1960年,美国折扣商店的销售额占家用器皿销售额的三分之一,平均库存周转每年14次。

折扣商店的基本特征是:(1)商品齐全,不亚于百货公司。但出售的商品主要是家庭生活用品,如电器、五金、玩具、服装、宝石等。近些年来,美国有50%~70%的电器产品是通过折扣商店售出的。(2)价格低廉。所有商品都标有折扣价,价格大幅度地低于一般商店。(3)商店也采取自我服务方式,设备简单,很少提供服务。(4)大多数折扣店坐落在低房租地区。(5)折扣商店投入费用较低,盈利较高。(6)折扣商店日益向巨大化发展,营业面积有的高达2万多平方米;经营品种日益增加,有的高达18万种;也增加服务,如提供送货等。

折扣商店之所以能够以折扣价格出售商品,主要是由于商店节约了投入费用,而并非是经营质量差、价格高或者不合时令的商品。

6. 仓库商店

仓库商店是一种类似仓库的零售商店。这种商店没有虚饰,内部装饰简单,服务有限。主要出售顾客需要选择的大型、笨重的家用设备,如家具、电灶、冰箱、电视机等。每种商品都有价格标签,由顾客自己在选好的商品包装上划价。顾客选中商品,即可付清价款,并在仓库门前取货,自行运走。

仓库商店有两种类型。食品仓库商店和家具仓库商店。商店的店址多在租金比较低廉的地段。食品仓库商店大多开设在因不能盈利而废弃的商店场地,或者是改进的建筑物内。仓库商店的基本特征是:(1)以廉价吸引顾客。如家具店的商品价格比一般商店低10%~20%。(2)投入费用低。由于仓库商店只需要使用废弃的设施、旧装置和过时的设备,因而所需投资额少。(3)对顾客服务较少,顾客在选购商品过程中是自我服务。(4)广告宣传费用高。(5)存货多,容易积压资金。(6)在通货膨胀的压力减少到最低限度下,仓库商店会失去价格优势。

(三)按是否设立门店分类

1. 自动售货机

自动售货机是使用投币式自动化机器售货,顾客按商品标价投入硬币,就可以将商品取出。自动售货机一般多置于人多的公共场所,如车站、码头、机场、剧院、运动场、学校、医院、办公大楼等人流必经的交通要道以及邮局、烟果店门口和某些百货商店内。

第一台自动售货机问世较早,但被较广泛使用还是20世纪40年代以后。自动售货机出售的主要商品是香烟、软饮料、熟食、糖果、报纸、袜子、化妆品、唱片、胶卷等。自动售货机虽然能够实现昼夜服务,比较灵活方便,但也存在适用商品范围窄,只限于单位价格低、体积小、重量轻、包装标准化的食品,不符合顾客的购买习惯,不能在买前接触商品,而且也容易被窃或被破坏等缺陷。

2. 邮购

邮购是通过商品目录或广告宣传等资料,供顾客以电话或邮信订购,待收到订单后再寄送商品的商店。世界上第一家邮购商店是在1872年产生于美国。后逐渐在美国和日本以及西欧发展起来。近年来,邮购和电话订购零售业又兴旺发展起来。美国的邮购商店零售额以每年15%的速度增长。比整个零售业销售额的增长速度快4倍。平均每个美国家庭每隔4天就收到一份邮购货物价目表。在日本,平均两个家庭主妇中就有一个利用邮件、电话等通信工具购买日常所需物品。在西德,几乎有三分之二的家庭通过邮购购买所需物品。据统计,1981年邮购零售业的销售额占整个零售额的比重如下:联邦德国为4.8%,英国为3.8%,法国为2.3%,荷兰为1.5%,比利时为0.8%。

邮购和电话订购的经营方式的特征是:(1)定期免费或收费很少地向顾客寄送邮购商品目录,同时在办事处备有商品目录。(2)借助报纸、杂志、广播、电视等刊登广告,宣传某些产品,如图书、唱片、录音带等,顾客可以写信或打电话订购。(3)向邮购经纪行购买邮寄名单,按邮寄名单择定可能成为顾客的名单,向他们寄发推销信、传单或书册中的插页等,然后,根据顾客的订单邮寄。(4)电话推销。利用电话推销商品;有的利用电脑,把录音通过自动电话向顾客通话推销。

3. 登门推销

登门推销是由销售人员亲自上门,挨家挨户地推销商品。登门推销类似于古老的流动商贩,是由工商企业派出许多推销员,有的随身携带样品,先取得顾客订单,然后回到企业办理送货上门。登门推销的商品主要是化妆品、服装、家用器皿、图书、杂志、食品等。由于登门推销能够满足消费者购买方便的需要,使这种销售方式依旧能够经营成功。

登门推销由于没有店铺,可以省去一般零售店费用;登门推销可以方便顾客购买,同时也可以针对顾客的各种问题给予恰当的解释,经过当面演示,销售的成功率较高;但是登门推销对推销人员的要求较高,需要对推销员进行培训,推销员的佣金较高,不利于消费者对商品的质量与价格进行比较。

4. 网络商店

网络商店是通过互联网进行商品经营活动的一种商店形式。零售商在互联网上开设虚拟商店,建立网上营销的网站,上网的消费者可以根据网址进入网站访问,浏览商店的商品目录等各种信息,找到合意的商品可以发送电子邮件向零售商订货,通过电子转账系统或信用卡付款。零售商通过邮寄或快递公司把商品送给消费者。大家常见的网上书城、网上花店、网上订票等网络商店以及部分网上拍卖,都属于网络商店模式。这种商店形式可以使顾客足不出户就可以买到自己心仪的商品。

二、零售组织演化理论

(一)零售轮转理论

零售轮转理论又被称作车轮理论,是美国哈佛商学院零售专家M.麦克尔教授提出的。他认为,零售组织变革有着一个周期性的像一个旋转的车轮一样的发展趋势。新的零售组织最初都采取低成本、低毛利、低价格的经营政策。当它取得成功时,必然会引起他人效仿,结果,激烈的竞争促使其不得不采取价格以外的竞争策略,诸如增加服务、改善店内环境,这势必增加费用开支,使之转化为高费用、高价格、高毛利的零售组织。与此同时,又会有新的革新者以低成本、低毛利、低价格为特色的零售组织开始问世,于是轮子又重新转动。超级市场、折扣商店、仓储式商店都是沿着这一规律发展起来的(如图1-1)。

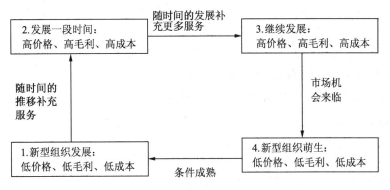

图1-1 零售轮转理论示意图

(二)手风琴理论

手风琴理论早在1943年就有人提出了,1960年又有人对其完善。它是用拉手风琴时风囊的宽窄变化来形容零售组织变化的产品线特征。手风琴在演奏时不断地被张开和合起,零售组织的经营范围与此相似地发生变化,即从综合到专业,再从专业到综合,如此循环往复,一直继续下去。拉尔夫·豪尔说:"在整个零售业发展历史中(事实上,所有行业都如此),似乎具有主导地位的经营方法存在着交替现象。一方面是向单个商号经营商品的专业化发展,另一方面是从这一专业化向单个商号经营商品的多元化发展。"根据这一理论,美国等西方国家零售业大致经历了五个时期:一是杂货店时期;二是专业店时期;三是百货店时期;四是超市、便利店时期;五是购物中心时期(如图1-2)。

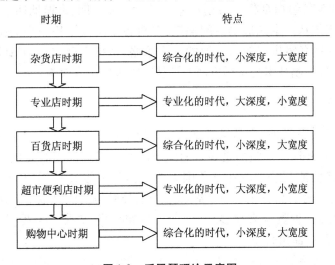

图1-2 手风琴理论示意图

(三)自然淘汰理论

这一理论的具体内容是:零售组织的发展变化必须要与社会经济环境相适应,诸如生产结构、技术革新、消费增长及竞争态势等。越是能适应这些环境变化,就越是能生存至永远。否则将会自然地被淘汰或走向衰落。适者生存的思想,是公认的真理。对于某种零售组织来说,总是产生在一个与其环境相适应的时代,但环境不是僵化不变的。当环境变化时,就极有可能与零售组织发生不协调。因此,任何一种零售组织都难以永远辉煌。要生存和发展,就必须不断进行自我调整,适应变化的环境。当然,调整也不是无限的,当调整冲破了原有零售组织的局限,就表明这一类型组织将消亡。

(四)辩证过程理论

零售业的辩证过程理论基于黑格尔的辩证法。就零售业来说,辩证模型是指各零售组织面对对手的竞争相互学习并趋于相同。因此,一个企业遇到具有差别优势的竞争者的挑战时,将会采取某些战略和战术以获取这一优势,从而消除创新者的部分吸引力,而同时,这革新者也不是保持不变。更确切地说,这革新者总是倾向于按其否定的企业的情况改进或修正产品和设施。这种相互学习的结果,是两个零售企业逐渐在产品、设施、辅助服务和价格方面趋向一致。它们因此变得没有差别,至少是非常相似,变成一种新的零售企业,即合题。这种新的企业会受到新的竞争者的"否定",辩证过程又重新开始。辩证过程理论带有普遍性,它揭示了零售组织发展变化的一般规律,即从肯定到否定,再到否定之否定的变化过程。但是,这一规律描述得过于抽象,并把程度不同的变化等同起来。实际上,不少正、反、合的变化并没有引起组织形式的更替,只是各种零售组织自身进行了反向调整。

(五)生命周期理论

美国零售专家戴维森等人认为,零售组织像生物一样,有它自己的生命周期。随着时代的发展,每一种零售组织都将经历创新期、发展期、成熟期、衰退期四个阶段。这一理论分析了各种零售组织从产生到成熟的间隔期,并对各个阶段零售组织的特点做了描述,提出了处于不同阶段的各零售组织可采取的相应策略,包括投资增长和风险决策方面、中心业务管理方面、管理控制技术的运用方面和最佳的管理作用方面等。

(六)商品攀升理论

与手风琴理论有些类似,商品攀升理论也是从零售组织的产品线角度解释其发展、变化的。不过,商品攀升理论说明的是零售组织不断增加其商品组合宽度的规律,当零售组织增加相互不关联的或与公司原业务范围无关的商品和服务时,即发生了商品攀升。例如,一家鞋店原先经营的品种主要有皮鞋、运动鞋、拖鞋、短袜、鞋油等商品,经过一段时间的发展,其经营的商品种类越来越多,又增加了诸如手袋、皮带、伞、帽子、毛衣、手套等商品,这就是攀升了的商品组合。

以上是关于零售组织发展的论述。虽然对零售组织发展、变化的历史进行了考察,揭示了零售组织发展的某些共同特征,但并不能说明所有零售组织发展、变化的规律。事实上,零售组织的发展、变化是社会环境的综合反映,没有人口、就业、消费者生活方式及购买行为、同业竞争,社会生产的发展、变化,也就没有零售组织的发展、变化,而这些恰是影响零售组织发展、变化的基础。

项目小结

本项目主要介绍了零售、零售业、零售管理、零售组织分类和零售组织演化理论等与零售相关的基本概念和理论知识。

零售是向最终消费者个人或社会集团出售生活消费品及相关服务,以供其最终消费之用的全部活动。零售的特点是:(1)交易对象是为直接消费而购买商品的最终消费者,包括个人消费者和集团消费者。(2)零售所销售的不仅有商品,还有劳务,即还要为顾客提供各种服务,如送货、安装、维修等。(3)零售的交易量零星分散,交易次数频繁,每次成交额较小,未成交交易占有较大比重。(4)零售受消费者购买行为的影响比较大。(5)零售贸易大多在店内进行,网点规模大小不一,分布较广。6. 零售贸易一定要有自己的经营特色,以吸引顾客,备货要充足,品种要丰富,花色、规格应齐全。零售的功能包括:(1)实现商品最终销售,满足消费者需要功能。(2)服务消费,促进销售功能。(3)反馈信息,促进生产功能。(4)刺激消费,指导消费功能。

零售业是指以向最终消费者(包括个人和社会集团)提供所需商品及其附带服务为主的行业。零售业具有下列功能:(1)分类、组合、备货功能。(2)服务功能。(3)减少消费者成本负担的功能。(4)商品储存与风险负担的功能。(5)信息传递功能。(6)融资功能。(7)娱乐休闲功能——独有的功能。零售业的特点体现在三个方面:(1)既是劳动密集型又是技术密集型。(2)高度竞争性行业。(3)本土化是现代零售业的主要问题。世界零售业的发展经历了四次革命性的变化。

零售管理是管理的一个分支,它是指零售企业针对自己的组织进行各种资源的协调利用,以达到企业的零售目标,是一个动态的管理过程。零售企业管理的主要任务有零售商圈分析与零售店选址、卖场设计与布局、商品陈列、零售商品管理、零售服务管理、零售价格管理、零售促销管理、零售安全与防损管理、零售人员管理等内容。零售管理与其他各种行业的管理有着共性的东西,如对人、财、物的管理,对人的激励与领导问题等。

由于零售组织形式繁多,划分的标准也不统一。目前,对零售组织的分类主要有三种方法:按零售组织经营模式分类;按零售组织经营范围分类;按是否设立门店分类。

零售组织演化理论包括:零售轮转理论,手风琴理论,自然淘汰理论,辩证过程理论,生命周期理论和商品攀升理论。

 项目实训练习

1. 实训内容

上网搜集三家以上知名零售企业,运用所学知识点和网络资源对这三家零售企业进行剖析。比如,三家零售企业分别属于什么零售业态、经营模式以及在中国的发展情况等。

2. 实训要求

要求每位同学独立完成任务,任务成果要形成分析报告,以PPT形式上交,且要求图文并茂。

3. 任务考核

考核指标	考核标准	成绩(100分)
分析报告	文字表达清楚、有条理性(10分)	
	分析有理有据(30分)	
	观点鲜明、正确(20分)	
	图文并茂(10分)	
	PPT制作细致、排版合理、有创意(20分)	
	运用所学知识点进行分析(10分)	

 项目习题练习

1. 什么是零售？零售的特点和功能是什么？
2. 零售组织发展演变理论有哪些？
3. 便利店有哪些优势？
4. 超级市场和百货店的区别有哪些？
5. 简述西方零售业四次重大变革。
6. 百货店的特点是什么？
7. 试分析专卖店在中国获得迅速发展的原因。

项目二

商圈分析与零售店选址

职业能力目标与学习要求

1. 知识目标：了解商圈、商圈分析方法和零售店选址方法
2. 技能目标：能够分析具体商圈，为零售店进行选址，能完成选址分析报告
3. 任务分解：任务一　零售商圈分析
   　　　　　任务二　零售店选址

任务一　零售商圈分析

导入案例

北京王府井商圈分析

北京真正意义上的传统商圈以故宫为原点，分别是位于故宫西面的西单商圈和东面的王府井商圈，西单和王府井商圈同属于北京最早的、最成熟的商圈，由早期的供应城区市民基本生活需要的供应中心，逐渐演化成现今成熟的商业中心，并随着城市的建设，影响并同周边区域一起发展，在此基础上慢慢形成了北京商业的新格局，其商业鼻祖的地位无可争议。

1. 王府井商圈范围

王府井商圈南起长安街，北至灯市西口，东接金鱼胡同，西连东安门大街，面积达45万平方米左右。

2. 王府井商圈的概况

王府井商圈主要是由一条步行街带动的，而且"客流量不小，外地人不少"，北京市商业规划中，王府井商业将由一条街转为一个区域的繁荣。王府井大街是北京唯一一条步行商业街，由南向北全长810米，大街两侧分布着700余家大大小小的商店。在这条具有700多年历史的商业街上，有着众多最著名的商业老字号。随着中国旅游市场的开放，国内外游客慕名而来，再加上新东安市场、东方新天地等大型综合性购物中心的加入，颇具传统色彩

的王府井商圈逐步演变成一个国际性旅游商圈。

3. 王府井商圈的特点

（1）老字号聚集，商业档次不统一。

盛锡福、瑞蚨祥、东来顺、全聚德、四联美发、中国照相、亨得利表行等老字号云集于此，是北京传统商业的发源地，文化底蕴浓厚，随着时间的推移，王府井步行街已逐渐成为人们印象中的旅游商品一条街。但是由于商圈形成的历史很长，各项目的定位和形象存在较大差异，目前既有东方广场、东方新天地、东方经贸城、新东安商场等高端新兴的商业业态，又有相对低端的北京百货大楼、丹耀大厦、工美大楼、穆斯林大厦等，虽然部分项目已经或正在实施改造和调整，但是整体档次无法在短时间内形成统一。

（2）零售业态主导，对本地高端消费吸引正在淡化。

王府井商圈一直以购物中心和传统百货等零售业态占据主导地位，主要的人流均由外埠和境外的旅游者组成，虽然各商家的经营良好，但是由于业态过于重合，功能相对单一，休闲、娱乐等业态相对欠缺，很难抓住本地主力高消费人群，再加上周边CBD、崇文门等商圈全面发展带来的竞争压力，对本地复合型高端消费者的吸引力大大削弱。

（3）商圈内发展不均衡，正在面临全面提升。

目前，王府井分成南中北三段，南为龙头，但北边项目都尚在开发，还很冷清，中间有银泰百货、澳门中心、国际商城等新建或正在建设的项目，商圈整体发展的不均衡性较为突出。因此，东城区政府正在实施王府井商圈的全面改造，今后王府井商圈将形成"两横两纵"的商业格局，即以东方广场、金宝街为"两横"，以王府井北大街、东单银街为"两纵"。其中，东单银街作为特色商业街，重点以个性和时尚的小店为主；银街和金鱼胡同交接处的婚纱影楼一条街，将以婚庆主题吸引消费人群；金宝街以聚集北京丽晶酒店、金宝大厦、香港赛马会北京会所和已经开业的金宝汇购物中心等高端商业物业，成为王府井商圈的奢侈品牌汇集地。未来，王府井将不单纯是一条承载商业传统的大街，而是集商业、服务、文化于一体的综合型商业区域，从而形成真正意义上的"黄金商圈"。

4. 典型项目

（1）东方广场。

（2）银泰百货。

（3）新东安市场。

（4）金宝汇。

资料来源：http://wenku.baidu.com

零售业内有句名言："选址、选址、还是选址。"说的是地理位置对零售成功的重要性。对于竞争激烈的零售业而言，"门店"二字不仅指店面装修的水平，而且包含了所处地段优劣与否的含义。否则，即使是金字招牌，也有酒香也怕巷子深的时候。零售企业的地理位置不仅影响企业收益的高低，还表现出零售企业的市场定位和企业形象，因而开店选址对零售企业来说尤为重要。正确的选址策略一定意义上将是零售企业成功的一半。要正确进行店铺选址也不是容易的事情，首先要了解零售企业的地理战略和扩展战略，根据地理战略和扩展战略为零售店铺的开设地点选择一个大概的地理位置，然后对此地理位置所处的商圈进行分析，看看零售店铺开在此商圈内是否具有良好的发展前景，最后再为零售店铺选择具体的最佳的开店地址。

一、零售企业地理战略

在进行零售商圈分析和零售店选址之前,首先要了解零售企业的地理战略,零售企业的地理战略有四个:分别是区域性集中布局战略、物流配送辐射范围内的推进战略、弱竞争市场先布局战略和跳跃式布局战略。

(一)区域性集中布局战略

这是指在一个区域内集中资源密集开店,形成压倒性优势,以达到规模效应的目的。这种网点布局一是可以降低连锁企业的广告费用。在一个区域内开店越多,广告费用就越低。二是可以提高形象上的相乘效果。在同一个地区开设多家店铺,很容易树立该零售商的形象,提高知名度。三是节省人力、物力、财力,提高管理效率。总部管理人员可以在各个店铺之间合理分配时间,不必担心由此所带来的不便和往来费用,在同样的时间内增加巡回次数,增加对每家店铺的指导时间,便于对各店铺的管理。四是可以提高商品的配送效益。为了使各店铺的存货降至最低,通常要求配送中心必须采取多种类、小数量、多批量的配送方式。这样在同一地区店铺越多,分摊到各店铺的运输费用就越低。

(二)物流配送辐射范围内的推进战略

零售商在考虑网点布局时,先确定物流配送中心的地址,然后以配送中心的辐射范围为半径向外扩张。这种战略与上面所述的集中布局战略有些近似,但更注重配送中心的服务能力,以求充分发挥配送潜力。配送中心的辐射范围一般以配送车辆每小时60～80公里的速度,在一个工作日(12小时或24小时)内可以往返配送中心的距离来测算。零售商在配送中心的辐射范围内不断开设新店,可以合理规划运输路线,统一采购,集中配送,在削减车辆台数的情况下,也能集中资源按时配送。对店铺而言,可以尽量缩短订货到送货的时间,提高送货效率,防止缺货,提高商品的新鲜度。这种布局战略对要求商品配送快捷高效的零售业态,如标准超市、便利店等尤为适用。

(三)弱竞争市场先布局战略

这是指零售商优先将店铺开设在商业网点相对不足的地区,或竞争程度较低的地区,以避开强大竞争对手,站稳脚跟。较偏远的地区,或城市郊区,往往被大型连锁零售商所忽略,那里租金低廉,开店成本低,商业网点相对不足,不能满足当地居民的需要,零售商在该地区容易形成优势,取得规模效益,以便后来居上。沃尔玛创业初期即采取这种布局战略,从而有效地避开了与竞争对手的正面冲突。采取这种战略的零售商要充分考虑自己物流配送的能力,如果店铺之间跨度太大,企业物流配送跟不上,难以满足各店铺的配送需求;同时,由于不同地区的市场差异性太大,企业难以根据不同市场的要求选择适销对路的商品,满足消费者的需要。

(四)跳跃式布局战略

这是指零售商在主要的大城市或值得进入的地区分别开设店铺。这种战略往往是零售商希望占领某个大区域市场,先不计成本,不考虑一城一池的得失,而是先考虑网络的建设,对有较大发展前途的地区和位置,先入为主,抑制竞争对手的进入。这实际上是对未来行为的一种提前。对这些地区,零售商以后一定会进入,而由于各种竞争关系,未来的进入成本必然高于目前。跳跃式布局的好处有两点:一是这样可以分散地理上的风险,当一个地区经济出现衰落,不至于面临全盘失败;二是假设一种经营模式要在全国实行的话,如果这种模式对地点有特殊要求,那么尽早在主要市场锁定理想地点的租赁合同,将使零售商扩张活动变得更为主动。

扩展案例

沃尔玛的网点扩张

在沃尔玛创业之初,山姆·沃尔顿面对像西尔斯、凯玛特这样强大的竞争对手,采取了以小城镇为主要目标市场的发展战略。在20世纪60年代,美国的大型零售公司根本不会在人口低于5万人的小镇上开分店,而山姆·沃尔顿的信条是即使是5 000人的小镇也照开不误,而且山姆对商店选址有严格要求,首先要求在围绕配送中心600公里辐射范围内,把小城镇逐个填满后,然后再考虑向相邻的地区渗透,这样正好使沃尔玛避开了和那些强大对手直接竞争,同时抢先一步占领了小城镇市场。待到凯玛特意识到沃尔玛的存在时,后者已经牢牢地在小城镇扎下了根,并开始向大城市渗透。

二、零售企业扩张路径和速度

(一)扩张路径

零售商扩张的路径主要有两种选择,一种是滚动发展战略,另一种是收购兼并战略。两种战略各有利弊,需要根据企业自身的实际情况灵活运用。

滚动发展战略是指通过自己的投资,建立新的零售门店,通过自身力量逐步发展壮大。这种扩张路径可以使新门店一开始就能按企业的统一标准运行,有利于企业的一体化管理,原先的经营理念和模式也能得到充分的检验和修正。但这种方式前期投入需要较多资金,且零售商对新区域的市场有一个了解、认识、把握的过程,当地消费者需要时间了解、接受新的进入者。

收购兼并战略是指采用资本运营的方式,将现有的零售企业收购、兼并过来,再进行整合,使兼并企业能与母体企业融为一体。通过收购兼并,零售商可以共享资源、扩大顾客基础、提高生产率和讨价还价的实力。这种战略比较容易进入一个新市场,因为兼并过来的企业就是当地已经存在的企业,熟悉当地情况,了解本地市场,能迅速扩大企业规模,占领新市场。然而,兼并过来的企业本身的组织结构、管理制度,以及企业文化与母体企业相差较大,还需要对其按母体企业的标准进行改造,有一个磨合阵痛期,这同样需要成本。有时,这种改造的代价也是相当大的。

(二)扩张速度

零售业是一个进入和退出壁垒相对较低的行业,由于零售商相互之间容易模仿经营手法,如果一种经营模式要等到完全成熟,零售商才考虑扩张,也许会因为等待得太久而有被他人抢先的可能,从而失去竞争优势。而且,零售业也是一种规模出效益的行业,这些都决定了零售商会尽力拓展自己的事业,加快开店步伐。然而,没有基础的盲目扩张有时会适得其反,出现欲速则不达,甚至不堪设想的后果,日本八佰伴的失败就印证了这一点,类似的例子还有很多。所以,以何种速度进行扩张,需要零售商在扩张之初就列入发展战略规划。

扩张速度取决于三方面:管理基础、资源条件和市场机会。首先,一个零售商的管理层在管理10家连锁分店时,可以应付自如,管理十分到位。可是当他们管理100家甚至更多的商店时,就可能束手无策,漏洞百出。因为当企业发展壮大时,对管理的要求不一样了,组织机构需要重新设计,信息管理系统需要进行修正和扩容,仓储和配送能力也要跟进。当这一切尚未准备好时,盲目的扩张会带来不良的后果。其次,零售商还要考虑各种资源状况,包括资金实力是否雄厚,人力资源是否足够,信息资源是否充足等,这些因素都会制约扩张步伐乃至以后的经营业绩。最后,扩张速度还取决于机会本身,如果市场机会转瞬即逝,或是错过了一个店址机会将损失巨大;或者与竞争对手抗衡,时间是最重要的,零售商也许会冒进前行,因为对它而言,为了不丧失或许是千载难逢的机会,即使是牺牲眼前的利益或是股权被稀释也是值得的。当然,盲目冒进和谨小慎微的保守做法都是不足取的,零售商唯一可行的是在稳扎稳打、步步为营以降低风险和孤注一掷以获取跳跃式增长之间权衡利弊,从中找到一个最佳的扩张速度。

(三)扩张的种类

1. 多元化扩张

多元化扩张是指零售商进入一个全新的领域,试图在这一领域再一次演绎成功。零售商多元化扩张可以选择向商品供应链(商品供应链是指商品从最初的原材料供应到生产加工再到批发零售,最后到达消费者手中的整个过程)前一环节扩张,从而进入企业的供货领域。例如,麦当劳和肯德基快餐店均建立了自己的原料生产基地。这种选择往往出于以下考虑:一是企业的供货方不可靠,货源成为制约企业快速发展的瓶颈,企业涉足供货领域可以获得稳定可靠的货源;二是供货成本太高,企业涉足供货领域可以有效地降低供货成本,从而稳定其商品价格;三是现在利用的供货商利润丰厚,这意味着它所经营的领域属于十分值得进入的产业。目前,一个值得注意的现象是,许多国内外大型零售企业纷纷投资建立自己的加工厂生产自有品牌商品,这种商业资本向工业资本的渗透正成为一种流行趋势。

2. 国际化扩张

在向国际市场进军过程中,零售商可以运用两种战略:全球化战略和多国化战略。这两种战略的区别通过表2-1告诉大家。

表 2-1　全球化战略和多国化战略比较

战略	全球化战略	多国化战略
定义	世界范围内应用相同的经营模式	经营模式适应当地条件
经营模式	专业连锁	超级市场、百货商场、各种商店
市场营销	全球细分和全球定位 市场营销组合标准化 统一的商品花色品种、价格、店铺设计、服务和广告	重新建立在核心经营理念 营销组合因地制宜 商店布局、价格战略、服务战略在世界范围内相似 商品花色品种、广告战略均有调整
组织含义	设计功能、产品过程、销售体系的垂直一体化	国内多样化
管理含义	集权化管理 优秀的信息系统 迅速增长能力 规模经济明显 经验转移极少	分权化管理 与总部经常交流 增长能力一般 规模经济相对不明显 经验转移多

扩展案例

八佰伴的成败

八佰伴集团的核心企业,也可以说是母体企业的日本八佰伴公司,由于负债过多而宣告事实上的破产,这对八佰伴集团的海外事业产生了消极的影响。

日本八佰伴公司拥有资本 236 亿日元,经营地区只在日本静冈县一带,因此,它在日本的流通业界不过是个区域性的中型企业。但是,八佰伴与同行相比,在开拓海外事业上显得更有魄力。20 多年来,八佰伴在世界许多国家和地区都开办了自己的企业。因此,它在海外的名声远比在日本国内响亮得多。走向海外并不是坏事,搞得好,内外并举,相辅相成;事业互补,水涨船高。但八佰伴却没有收到如此良好的经营效果,相反,还拖累得母体企业宣告破产。综观八佰伴的兴衰,至少有以下一些教训值得人们记取。

固根基。古语说,求木之长者,必先固其根本。八佰伴的根本在日本国内。行家早就认为,八佰伴在海外的事业与其在日本国内的根基和影响力都不相称。八佰伴在其经营历史上丧失过良机。20 世纪 60 年代,日本零售业掀起连锁店高潮时,八佰伴没能建立起自己在日本全国的销售网,后来想进军全国时,又面临难以与对手竞争的局面。偏居一隅的经营模式,限制了八佰伴的实力。没有足够的实力,又想大力开拓海外,自然难免捉襟见肘。八佰伴在海外发展后,更不注重在国内的根基。当时是日本经济发生大变动的时期,日本人的消费习惯,日本的商业制度,国内同行的发展动向等都在发生变化。对这些情况,八佰伴无人在意,无人研究,无人决策,其国内基础只能是越来越弱。

慎决策。俗话说,商场如战场,一着失误,满盘皆输。八佰伴的经营体制不是现代企业的经营体制,带有浓厚的家族色彩。因此,在决策中,主观和一厢情愿的成分很多。往往是主要负责人头脑一热,计上心来,便立即付诸实施。当年八佰伴走向世界的决策中,就有赌气的成分。在日本竞争不过,我不争了,我要建立"世界的八佰伴",八佰伴海外第一店是在巴西开的。说起为什么在巴西开,有点近似荒唐。八佰伴社长和田一夫是某新兴宗教的教徒,他到巴西参加宗教活动,一激动,就决定在巴西投资开店了。后来,他又主观地认为中国香港的华人资本可以利用,又在香港建立了"世界八佰伴集团总部";随着香港回归中国,他又决定把总部迁往上海,并不顾中国人的实际消费水平,建立了"上海第一八佰伴"。结果经营效益并不理想。至于他头脑一热宣布"在中国建1000家超市"的豪言壮语,更已成了商界的笑料。

量力行。过日子应量入为出,搞企业更需如此,有多大力量办多大事,事办起来了先巩固已有,然后徐图再举。如此滚雪球,方可成大业。但是八佰伴却乱铺摊子,资金不够就举债。特别是八佰伴的领导人经常把资金来源寄托于幻想,这更是商家之大忌。例如,他们幻想着成了日本最大的国际流通企业后,何愁投资家们不把大把资金送上门来。又如,破产前夕他们还在幻想着中国香港某实业家答应过的200亿日元投资。这诸多幻想便注定不可能量力而行。结果20世纪90年代初发行的600亿日元债券已进入偿还期,投资银行瞻望八佰伴的前景也束紧了钱袋。资金是企业的血液。结果,八佰伴只落得出卖店铺,发不出奖金,最近更是连进货的钱都没有了。

八佰伴从一个小蔬菜水果店经过67年发展到一个企业集团,它曾有过辉煌的发达史,曾给予人们不少的成功启迪。走到破产这一步,其中的教训发人深省,也许就像成功的奥秘一样,它会有助于人们认识如何使企业绕开激流险滩,到达成功的彼岸。

三、商圈和商圈分析的定义

商圈也称零售交易区域,是指以零售商店所在地为中心,沿着一定的方向和距离扩展,吸引顾客的辐射范围。简言之,就是零售商吸引其顾客的地理区域,也就是来店购买商品的顾客所居住的地理范围。

图2-1所示每个商圈都由三部分组成:主要商圈、次要商圈、边缘商圈。

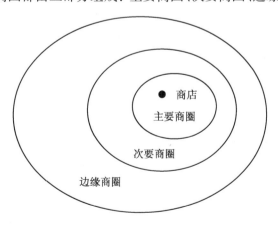

图2-1 商圈结构图

(1)主要商圈是最靠近零售商店、顾客密度最大、平均销售额最高的区域,其顾客来源约占商店总顾客的55%~80%。

(2)次要商圈是位于主要商圈之外的区域,其顾客来源约占商店总顾客的15%~

25%,顾客分布较分散。

(3) 边缘商圈是位于次要商圈以外的区域,其顾客来源约占商店总顾客的5%,顾客分布更加分散,商店吸引力较弱,规模较小的商店在此区域内几乎没有顾客。

不同的零售经营业态会有不同的商圈,相同的经营业态在不同地区的商圈大小也有所不同。商圈与零售店经营活动有着极其密切的关系,无论是新设或已设的零售店,都不应该忽视对商圈的分析。所谓商圈分析,就是经营者对商圈的构成情况、特点、范围以及影响商圈规模变化的因素进行实地调查和分析,为选择店址、制定和调整经营方针与策略提供依据。

四、商圈的形态和特征

(一) 商圈形态

了解商圈形态是进行商圈分析的基础,一般而言,商圈形态可分为以下几种:

1. 商业区

商业区是商业行业的集中区域,其特点为商圈大、客流量巨大、各种商店林立、热闹繁华、配套设施齐全。商业区的消费特性是快速、流行、娱乐、餐饮、冲动购买及消费金额比较高等。

2. 住宅区

该区域以固定家庭住户为主。住宅区的消费特点为消费者群稳定,以家庭消费为主,家庭用品购买率高,要求商店便利性、有亲切感等。

3. 文教区

该区附近有大、中、小学校等。文教区的消费特点是消费群以学生居多,消费金额普遍不高,休闲食品、文教用品、学生生活用品购买率高等。

4. 办公区

该区主要为办公大楼、写字楼集中地区。办公区的消费特点是流动人口多,消费水准较高,对便利性要求高。

5. 混合区

混合区可分为住商混合、住教混合。混合区具备单一商圈形态的消费特色,同时还有多元化的消费习性。

(二) 商圈的特征

1. 层次性

位于同一零售店(这里的零售店是指商业中心)商圈内的顾客到店购物的可能性并不相同,这种可能性随着顾客到零售店购物所受到的阻碍因素的增加而减少,因此商圈表现出明显的层次性。如前面所述,商圈一般包括三个层次:主要商圈、次要商圈和边缘商圈。对地区性的零售店来说,核心商圈内顾客密度最大,是其主要商圈;次级商圈顾客密度较小,是次要商圈;边缘商圈顾客最少,分布密度也最小。居民区的便利店几乎没有边缘商圈的顾客。而位于商业中心区、商业街、购物中心的零售店,核心商圈的顾客密度最小,并不是商圈的主要组成部分,次级和边缘商圈的顾客密度大,是其主要商圈。大型零售商店边缘商圈的顾客往往最多。

2. 重叠性

零售店之间的商圈没有清晰的界限,往往在两个商圈的第二和第三层处发生重叠,重叠区域内的顾客存在着到任何一家零售店购物的可能性,但这种购物可能性的大小取决于零售店之间的相对竞争力,或者说,取决于零售店的吸引因素与阻碍因素之间的比值。

3. 不规则性

由于诸多因素的影响,零售店商圈的实际形状并非如其概念所暗含的圆形或椭圆形,而是呈现出不规则形状。促使商圈不规则的原因:一方面是由于那些阻碍顾客来店购物的客观因素的存在,使那些在某个方位上距零售店垂直距离很近而实际到店的距离很远,甚至不能为商圈所覆盖。这些阻碍因素具体包括:交通不便、零售店类型、零售店规模、居住模式、路途时间和竞争店情况等。另一方面则由于某些客观吸引力因素的存在,使位于商圈某一方位的顾客来店购物甚为便利。

4. 动态性

商圈的大小或者说规模并非随着零售店在选址上的确定而保持一成不变的态势。商圈具有动态性:首先,商圈的大小与零售店的业态有关。一般来说,那些规模大、商品品种齐全、商品选择性强的零售业态的商圈相对较大,因此不难理解,麦德龙的商圈可以覆盖几十公里甚至上百公里,而便利店的商圈只有两三百米;其次,对于特定业态的零售店来说,如果能加强经营管理,增加聚集顾客的因素,其商圈一方面会在覆盖范围上有所扩大,另一方面则表现为商圈内顾客来店购物的可能性将有所提高;再次,商圈的动态性与竞争因素有关。零售店之间的过度竞争会使彼此的商圈相应缩小。对商业中心来说,若其业态互补能够满足顾客多层次、多角度的购物需要,则会使商圈规模扩大,若其业态单一、竞争激烈,则会使商圈规模缩小。

五、进行商圈分析的好处和影响商圈形成的因素

(一)进行商圈分析的好处

(1)可以详细了解顾客的人口统计特征和社会经济特征。考察新开商店未来的商圈,有利于挖掘市场机会,帮助零售商制定成功的经营战略。对于现有商店而言,则可以据此检验现行的经营战略是否适合顾客需求。

(2)可以确定促销活动的重点。例如,如果95%的顾客都居住在距离商店3公里的小范围内,在一家全市性报纸上做广告便明显不合算。为避免过量发行,企业应尽量选择覆盖现有或潜在商圈的传媒方式。

(3)对连锁店或特许经营店而言,商圈分析能够帮助确定新开分店能否扩大市场,其顾客是否仅从现有分店转移而来。假如,一家连锁超市在某市的某地区设有一家分店,该店贸易辐射区为2公里。目前,该企业打算在距该地区3公里的地方新设分店,两家分店会出现商圈的重叠,两家分店服务于同一客户群。连锁店需要考察的是新开分店后总销售额的净增长,即新开分店后原商店与新店的销售额之和与开设分店前原商店的销售额之差。

(4) 可以帮助连锁企业计算出特定地理区域内的最佳网点数。例如,通过商圈分析,可以帮助一家饮食店或旅行社决定在特定区域内应开设多少家营业机构,才能较好地为顾客服务,既不过多投入,也不重复设置。

(5) 可以更加突出零售店的位置缺陷。假如一家郊区购物中心进行商圈分析后,发现城南相当一部分居民并未到本店购物。经深入调查,主要原因在于城南郊区有一个危险的铁路道口,许多顾客不敢驾车经过。于是,购物中心便可与当地政府协商,进行安全改造,以便吸引更多居住在城南的顾客。

(6) 帮助了解其他国家,并进行评价。在商圈分析过程中,可以对竞争状况、资金市场、运输状况、劳动力市场、供应商、法律条文、经济增长等情况一一进行考察。

(二) 影响商圈形成的因素

影响某个商圈形成的因素是多方面的,可以将主要因素归纳为以下几个方面:

1. 零售店信誉

两家类似的零售店即使设在同一商业区,它们对顾客的吸引力也不会完全一样。假如一家商店供应商品的花色品种多,推销宣传很广泛,并且建立了良好的商誉,它的商圈就会比另一家大得多。

2. 经营品种种类

该因素也会影响零售店商业圈的规模。地区性的购物中心、百货商店的商业圈最大,服装商店次之,超级市场及其他日用品商店的商业圈都较小。

3. 零售店规模

随着零售店规模的扩展,商业圈也会增大。零售店的规模常反映出它可为顾客提供的各种商品和服务项目的数量,因此,才有这种相应关系的存在。但是,商业圈的规模并不是按比例地随着零售店规模的增长而增长的。

4. 竞争者的位置

竞争者的位置对零售店的商业圈有决定性的影响。如果互为竞争者的两家零售店之间距离较近,就会使每家零售店的商业圈规模缩小。然而在另一方面,经营同类商品的各家零售店聚集在一起,实际上可使每家商店的商业圈都增大规模,顾客们会被商品的丰富多彩所吸引。

拓展案例

互补商圈吸引客流

1998 年,在越来越激烈的市场竞争中,上海商业逐步形成多个经营互补型的商圈。

在上海徐家汇商圈,东方商厦、太平洋百货、第六百货三家大商厦隔路相望。20 世纪 90 年代初,这三家商厦也曾摆出拼个你死我活的架势,但很快就认识到恶性竞争只会带来三败俱伤。于是,各家商场主要在突出自己的经营特色上下功夫:东方商厦主要针对中高收入顾客,突出商品档次,向精品店方向发展;太平洋百货则成为流行时尚的窗口,主要吸引以女青年为主的青年消费者;第六百货则以实惠诱人,坚持以薄利多销、便民利民为主要经营方向。比如彩电,东方商厦主要经营大屏幕进口彩电,第六百货主要经营国产彩电,太平洋百货则基本不经营彩电。

这三家商厦1997年以来销售额不仅没有滑坡,而且都在增长,在上海市单位面积销售和利润排名中名列前茅,徐家汇也成为上海新的中心商业区。当时,这三家商厦成立了"徐家汇地区商场老总联谊会",定期研究分析市场形势,合理划分各自的经营范围,共同发展。第六百货还出资修建了一条空中走廊,把本店和太平洋百货连接起来。

位于南京路上的中百一店、华联商厦、新世界是上海商界三大巨头,由于它们各自经营有别,利益冲突不大,能做到联手繁荣南京路,为中华商业第一街的繁荣做出了贡献。

上海各商圈因地理位置不同,在整体经营上也有差异。例如,巴黎春天、百盛、二百永新构成的金三角商圈,主要吸引外资机构、高收入白领阶层;南京路上的商圈则针对国内旅游购物者,以大众化名品为主。

5. 顾客出行方式

顾客驱车或步行购货的条件对商业圈的规模也具有影响。交通上的各种障碍,比如,只有单行线的街道、拥挤的街道、收通行费的桥梁,都会使零售店的商业圈缩小,并使它们变得奇形怪状。

❈ 六、商圈划定的方法

(一)雷利法则

在划定商圈方面,美国学者威廉·雷利提出了一套法则,称为"零售引力法则",也称"雷利法则"。雷利认为,商圈规模由于人口的多少和距离商店的远近而有所不同,商店的吸引力是由最邻近商圈的人口和里程距离两方面发挥作用。雷利法则的基本内容是:在两个城镇之间设立一个中介点,顾客在此中介点可能前往任何一个城镇购买,即在这一中介点上,两城镇商店对此地居民的吸引力完全相同,这一地点到两城镇商店的距离,就是两商店吸引顾客的地理区域。此法则用公式表示如下:

$$D_{ab} = d/(1 + \sqrt{P_b/P_a})$$

D_{ab}:表示 a 城镇商圈的限度(以沿公路到 b 城镇的里程衡量)

P_a:表示 a 城镇人口

P_b:表示 b 城镇人口

d:a 城镇和 b 城镇的里程距离

通过此公式可计算出 a、b 两城市的分歧点,这个点位于对消费者具有同等吸引力的两店铺位置上。但雷利法则以三种假设为基础:一是两个竞争的城市(a 城与 b 城)在公路上有同等程度的靠近性;二是两城市可被利用的商品或服务的多少以城市人口的多少为标志,顾客被吸引到人口聚集中心,是因为有较多的商品或服务可供挑选;三是顾客只到一个城市购物。

【例1】假设:a 城镇人口 9 万人,b 城镇人口 1 万人,a 距 b 20 公里。通过雷利法则计算:

$$D_{ab} = 20/(1 + \sqrt{1/9}) = 15(公里) \tag{1}$$

$$Dba = 20/(1+\sqrt{9/1}) = 5(公里) \qquad (2)$$

a *————— 15（公里）—————*————— 5（公里）—————* b

中介点

通过公式计算我们可以得出：较大城市 a 的无差异点位于 15 公里处，较小城市 b 的无差异点位于 5 公里处，a 城市能吸引到顾客的距离是 b 城市的 3 倍。

雷利法则因计算简便而对商圈分析具有重大贡献。当其他数据无法收集或收集成本太高时，该法则尤其适用。尽管如此，这个法则仍有三个局限性：

（1）距离的计算只依据主干道，而现实中，人们通过穿行小马路可以缩短路程。

（2）路途时间并不一定是路程的反映，现实中，许多顾客更重视时间而不是距离。

（3）实际距离与顾客心理感受的距离往往不一致。比如，尽管相对于环境舒适的商店，服务差、通道拥挤的商店更近，但在顾客心目中，后者的感知距离肯定比前者远。

（二）赫夫法则

赫夫法则是美国零售学者赫夫于 20 世纪 60 年代提出的在城市区域内商圈规模预测的空间模型。赫夫法则是从不同商业区的商店经营面积、顾客从住所到该商业区或商店所花的时间及不同类型顾客对路途时间不同的重视程度这三个方面出发，来对一个商业区或商店的商圈进行分析。赫夫认为，一个商店的商圈取决于它的相关吸引力，商店在一个地区，以及其他商店在这个地区对顾客的吸引力能够被测量。在数个商业区（或商店）集中于一地时，顾客利用哪一个商业区（或商店）的概率，是由商业区（或商店）的规模和顾客到该区（或商店）的距离决定的，即一个商店对顾客的相关吸引力取决于两个因素：商店的规模和距离。商店的规模可以根据营业面积计算，距离为时间距离和空间距离。大商店比小商店有较大的吸引力，近距离商店比远距离商店更有吸引力。赫夫法则的数学模型是：

$$P_{ij} = (S_j/T\lambda_{ij}) / \sum_{j=1}^{n} S_j/T\lambda_{ij}$$

式中：P_{ij}：i 地区的消费者在 j 商业区或商店购物的概率；

S_j：j 商店的规模（营业面积）或 j 商业区内某类商品总营业面积；

T_{ij}：i 地区的消费者到 j 商店的时间距离或空间距离；

λ：通过实际调研或运用计算机程序计算的消费者对时间距离或空间距离敏感性的参数；

$S_j/T\lambda_{ij}$：j 商店或 j 商业区对 i 地区消费者的吸引力；

$\sum$：同一区域内所有商业区或商店的吸引力。

【例 2】一个消费者有机会在同一区域内 3 个超市中任何一个超市购物，已知这 3 个超市的规模和 3 个超市与该消费者居住点的时间距离如表 2-2 所示。

表2-2　三个超市的规模和与该消费者居住点的时间距离表

商店	时间距离(分钟)	规模(平方米)
A	40	50 000
B	60	70 000
C	30	40 000

用赫夫法则计算：

如果$\lambda=1$，每个超市对这个消费者的吸引力为：

A 的吸引力是：50 000/40 = 1 250

B 的吸引力是：70 000/60 = 1 166.67

C 的吸引力是：40 000/30 = 1 333.33

那么，该消费者到每个超市购物的概率分别是：

到 A 的概率 = 1 250/(1 250 + 1 166.67 + 1 333.33) = 0.333

到 B 的概率 = 1 166.67/(1 250 + 1 166.67 + 1 333.33) = 0.311

到 C 的概率 = 1 333.33/(1 250 + 1 166.67 + 1 333.33) = 0.356

(三) 其他商圈研究方法

除了上面两种商圈研究方法之外，还有其他商圈研究方法。长期以来，许多学者都致力于不同环境中的商圈规模研究，他们引入了各种附加因素和高级统计技术，来解释顾客对购物地点的选择。

Gautschi 对赫夫模型进行修正，引入了两个新变量：商业中心状况描述和交通状况；Weisbrod、Parcells 和 Kern 从人口变动、商店特点、运输网络变化等角度出发研究商业区的吸引力；LeBlang 提出在预测新百货商店销售额时，应考虑消费者的生活方式；有些学者研究了在同一商圈中，不同位置的商店之间的竞争带来的影响；有些学者考察了店址选择过程中人员制定决策对计算机模型的影响；还有些学者研究了竞争在商圈中的作用，便利店在选址规划中的特殊性等。

七、商圈分析的要点

(一) 人口统计分析

这是对商圈区域内人口增长率、人口密度、收入情况、家庭特点、年龄分布、民族、学历及职业构成等方面的现状和发展趋势做调研。通过这些统计资料调查，有利于把握商圈内未来人口构成的变动倾向，并为市场细分和企业定位提供有用的第一手信息。有很多渠道可以收集这些人口变动信息，如我国每10年进行的一次人口普查，普查结果以各种形式发布。上面除了对每个家庭进行基本的人口统计外，还对一定比例的家庭进行深入的问卷调查，这就意味着可以通过计算机统计有关区域家庭住房情况、家庭财产、就业情况和家庭收入等。但是，人口普查每10年才进行一次，而且不能及时公布，因而很难满足商圈分析的需要。所以，零售商也可以从各地的统计年报中得到一些相关信息，也可以请专门的市场调研公司帮助收集相关信息。需要注意的是,在商圈分析中,要注意分析有没有人口增加的潜在趋势。一个人口逐渐增加的新区开店较易成功,在一个人口逐渐减少的老区开店较易失败。

(二) 经济基础和购买力分析

在进行商圈分析时,零售商应该考察以下一些经济因素:各行业或各类行业从业人员的比例,运输网络,银行机构,经济周期波动对地区或行业的影响,某些行业或企业的发展前景等。在分析中,一个有关需求的指标尤其应引起重视,这就是购买力指数。比较不同商圈的购买力指数,可为发现潜在的消费市场提供依据。

购买力指数 = $A \times 50\% + B \times 30\% + C \times 20\%$

其中:A 是商圈内可支配收入总和(收入中去除各种所得税、偿还的贷款、各种保险费和不动产消费等);

B 是商圈内零售总额;

C 是具有购买力的人口数量。

另外,还要对商圈内的经济状况进行分析。如果商圈内经济状况很好,居民收入稳定增长,则零售市场也会增长;如果商圈内产业多样化,则零售市场一般不会因对某产品市场需求的波动而发生相应的波动;如果商圈内的居民大部分从事同一行业,则该行业波动会对居民购买力产生相应的影响,商店营业额也会相应受影响,因此,行业多样化的商圈是很好的选择。

(三) 竞争状况分析

同一地区内的竞争店竞争状况对商店有一定的影响力,对商圈竞争店情况的调查与分析是商圈调查分析的重要内容。

1. 商圈竞争店情况调查

竞争店调查主要立足于商店商圈范围内,重点是那些具有相关竞争性的店型。商店做好立项开店前的竞争店调查可以做到心中有数,做好决策。

(1) 综合调查。由公司高级负责人以竞争店的情况进行综合调查,包括:选地、用地、店铺构造、商品策略、店铺计划、运营管理等内容。

(2) 商品能力调查。商品品质高、结构优是商店成功的重要影响因素,也是竞争店拥有竞争力的法宝。商品能力调查包括两个方面:商品综合力调查和 A 类商品能力调查。商品综合力调查由采购员和部门负责人对竞争店的每一个部门经营商品的品种、面积、货源等情况进行调查,以便进行市场定位,或与自己的商店进行比较,找出双方的差异,以求改进。A 类商品能力调查是对竞争店中的商品,通过 ABC 分析法找出 A 类商品,进行种类、陈列长度、商品价格、商品数量、商品质量的调查。为商店的定位做参考,或将其结果与本店情况进行比较,进行必要的调整。

(3) 店铺调查。店铺调查包括:对竞争店店址环境、店铺设计及店堂陈列布局等内容进行调查。店址环境调查主要包括:竞争店选地、用地、停车场及商品搬入口的调查;店铺设计调查主要包括:竞争店的店铺形象、构造、建筑、空调、电气设备、器具等对每一个专门领域的调查;店堂陈列布局调查主要包括:竞争店的楼面构成、平面布局、面积分割、商品陈列及家具备用品等方面的调查。

(4) 店铺运营管理调查。店铺运营管理调查主要包括：对促销、补货、陈列及清扫等店铺运营管理方面的调查。

2. 竞争店分析

竞争店分析是开店前的必要准备工作，是业态选择和形象定位的重要基础。

(1) 店型确定前的竞争环境分析。如果商店还没确定自身的业态，也没有相应的意向选择，那么对竞争店的分析就要着眼于商圈内的整体商店布局情况，考察各种业态的情况或商店饱和度情况。

(2) 店型确定后的竞争店分析。如果公司已有店型选择意向，就要进行直接竞争店和间接竞争店的分析。直接竞争店是指那些与待建店铺类型相同的店铺。例如，某公司拟定开一家超级市场，那么商圈范围内的超级市场就成为直接竞争店。间接竞争店是指那些与待建店铺类型不同，却经营着某些相同商品的店铺。例如，某公司拟开一家名牌时装专卖店，那么商圈范围内的百货商店就属于间接竞争店。国外有些专家认为，快餐店也是超级市场的间接竞争店，种种迹象表明，去快餐店的人多了，去超级市场买食品的人就少了。

(四) 商圈饱和度分析

商圈饱和度是判断某个地区商业竞争激烈程度的一个指标，通过计算或测定某类商品销售的饱和指标，可以了解某个地区同行业是过多还是不足，以决定是否选择在此地开店。通常位于饱和程度低的地区，商店的成功可能性比高度饱和地区的商店要大，因而分析商圈饱和度对于新开设商店选择店址很有帮助。商圈饱和度指标(IRS)计算公式为：

$$IRS = (C \times RE)/RF$$

IRS：某地区某类商品商业圈饱和指数；

C：某地区购买某类商品的潜在顾客人数；

RE：某地区每一顾客平均购买额；

RF：某地区经营同类商品商店营业总面积。

【案例】一家经营食品和日用品的小型超市需测定所在地区商业圈饱和度，假设该地区购买食品及日用品的潜在顾客是4万人，每人每周平均购买额是50元，该地区现有经营食品及日用品的营业面积为50 000平方米，则商圈饱和指数计算为：

$$IRS = (C \times RE)/RF = (40\ 000 \times 50)/50\ 000 = 40(元)$$

用40元和其他地区测得的零售饱和系数相比较，IRS越大表明该市场就越尚未饱和，成功的可能性较大；反之IRS越小，表明该市场就越接近饱和，成功的可能性很小。

(五) 基础设施状况分析

区域内的基础设施为商店的正常运作提供了基本保障。连锁经营的零售企业需要相应的物流配送系统，这与区域内交通通信状况密切相关，有效的配送需要良好的道路和顺畅的通信系统。此外，还与区域内软性基础设施有关，包括相关法律、法规、执法情况的完善程度等，都需要认真分析。

拓展知识

根据人口数量的网点设置和业态业种选择

按照国外的经验和我国城市发展的实践,一般按照人口的数量规模和集聚程度进行零售商业和服务网点的配置:

(1) 5 000以下居民:应设置小型超市、生鲜食品店、普通饮食店、书报亭、医药店、肉菜市场、服务类商店(如美容美发、照相冲印、洗衣、家电钟表及日用品维修、代理购票送票、影碟影带出租等)等网点,满足居民的日常需求。

(2) 达到2万居民:应增加设置中型超市、超值折扣店、各类专业店(如服装店、医药店、家电店、书店等)等购物网点;餐饮店、咖啡屋等餐饮网点;影剧院、文体设施等文体娱乐场所。

(3) 达到10万居民:应增加设置大型超市;百货商店;儿童游乐园、中大型书店、银行、邮局等。

(4) 达到50万居民:应增加设置区域购物中心;超大型超市(货仓式商场);商业街;各类中高档食肆酒楼、宾馆酒店等餐饮住宿网点;图书馆、博物馆、体育馆、大型文体娱乐设施等文化、体育、娱乐场所。

(5) 达到100万居民:应增加设置大规模的购物中心,内设有2个以上大型超市或百货店、150个以上中型专卖店和专业店、30个以上餐饮店及20个以上室内室外娱乐休闲场所;大型百货商厦;高级酒店等。

(六) 商圈的投资回报率分析

盈利与否是商店开办与否的最终决策标准。因此,商圈分析的核心部分就是投资回报率分析,其他分析都是为其服务的。商圈的投资回报率分析包括:销售额预测、投资预测、各项经费预测、盈亏均衡点销售额和投资回收期限。

1. 销售额预测

对于销售额的预测有多种方法,为了使其较为准确与科学,一般是几种方法同时采用,然后找到折中的数据。

(1) 购买力估算法。购买力估算法源自美国,被称为最原始的销售额预测法,具体可分为四个步骤:先划定商圈;然后调查商圈内人口数或居民户数,按人口数或按户数都可,只是注意单位的一致性;接着计算出商圈内相关商品的总支出额,通过调查或分析,找出平均每户居民家庭在相关商品上的支出额,用此乘以商圈内总户数,就得出该地区相关商品的购买总额;最后估算出新商店所能实现的销售额。通过分析和类比,用这个值与该地区的购买总额相乘,便可得出新商店预计的销售额。

(2) 商店业绩类比法。商店业绩类比法,有人称其为控制商店法。这种方法是依据本公司已有商店店面的市场占有率情况,推算新开商店店面的市场占有率,进而推算新店铺的销售额。具体分为三个步骤:首先确定相似的店铺,根据待开店铺的环境情况寻找一家本公司已开业一段时间的相似店铺,称为样本店铺;然后分析样本店铺的商圈,先划定样本店铺商圈,由店长调查求出商圈内购买力总金额,方法是用平均每人购买力乘以商圈总人

口,然后由样本店铺实现的销售额与之相比,算出市场占有率;接着与新店铺进行类比,将样本店铺的市场占有率视为待开店铺的市场占有率,进而可以推算出它的销售额。

这种方法比购买力估算法要准确些,但也有缺陷,主要是忽视了商圈内一些因素的不同。例如,竞争因素,旧有店铺的竞争店数与新开店的数量不同,市场占有率按旧有店铺占有率指标推算,显然不够科学。

（3）面积比较法。这种方法是美国超级市场专家凯思提出的,是以样本店的面积比例、市场占有率来推算待开超市店铺的市场占有率,进而推算出待开店铺的销售额的一种方法。

样本店的面积比例/样本店市场占有率＝新店的面积比例/新店市场占有率

2. 新建商店投资预测

开办商店是一种投资,投资需要回收并带来一定的利润。开店之前,一定要对投资规模进行预测。通常这种预测从两个方面着手:一方面明确投资项目,计算总投资。商店的投资一般包括:建筑物、内外装潢、设备、开发行为等方面的成本费用。列出投资项目明细,计算总投资。另一方面参考其他商店单位面积的投资,计算总投资。从我国的实际情况看,如果是新建零售商店的投资,一般为每平方米1万元人民币左右,因为零售商店现代化设备并没有一步到位。

3. 新建商店费用预测

商店的费用预测包括:人工费、房租、促销费、水电煤气费等。由于商店的具体环境不同,会有不同的费用水平,最为准确的预测方法是分项计算然后进行累加。

4. 新建商店的盈亏均衡点分析

盈亏均衡点又称为保本点,是待建商店必须实现的最低销售额。如果达不到该指标,表明该店没有建立的必要,必须放弃或另选地点,否则必须使销售额增加或是使费用率下降。

5. 新建商店的投资回收

在一股情况下,我们不仅要考虑费用与利润之比,还要考虑投资的回收。当然,建立商店不是暴利投机行为,不能指望一两年就把投资全部收回,而要进行较为长期的分析。从日本的店铺情况看,两三年后才有利润,平均7年才能收回投资。中国一些商店甚至要求2～3年收回投资,这是非常困难的。投资回报率的预测方法是将开业后若干年的销售额、费用、利润等情况列表,制订投资回收计划,评估投资是否理想。

任务二 零售店选址

导入案例

正确的选址是家乐福成功的重要因素

在国际商业界,家乐福不仅是一个举世闻名的国际零售业巨子,而且是一个响亮的品牌。这个来自法国的连锁商业企业,在短短40年间,就发展成为年平均销售额突破600亿美元的全球第二大零售商。目前,家乐福在世界26个国家和地区已拥有连锁超市9 500多家,其中在中国的近20个城市就开设有30多家超市,年销售额已突破60亿元人民币。

家乐福的成功取决于许多方面,而正确的选址可以说是成功的重要因素。家乐福每开一家分店,首先会对当地商圈进行详细而严格的调查,历时都在一年以上,涉及的调查范围包括文化、气候、居民素质、生活习惯及购买力水平、竞争情况诸多方面。

首先,家乐福对商圈内人口的消费能力进行调研。例如在中国,由于缺乏现有资料,家乐福不得不借助于市场调研公司的力量来收集各方面数据。具体做法是:以某个原点出发,分别测算5分钟、10分钟、15分钟步行到达的地方;根据中国的特色,还要测算自行车出发的小片、中片和大片半径,最后以车速来计算小片、中片、大片覆盖的地区。在此基础上,再对这些区域进一步细化,展示这片区域内各居住小区的人口规模和特征等详尽资料,包括人口规模、人口密度、年龄分布、文化水平、职业分布、人均可支配收入等多项指标。

其次,家乐福会对商圈内的城市交通情况进行研究。家乐福认为,如果一个未来的店址周围有许多公交车,或是道路宽敞、交通方便,那么销售的半径就可以放大。家乐福上海北古路店周围的公交线路不多,家乐福干脆自己租用公交车定点在一些固定小区间穿行,方便那些离得较远的小区居民上门一次性购齐一周的生活用品。

再次,由于未来潜在销售区域会受到很多竞争对手的挤压,所以家乐福也将未来的竞争对手计算进去。家乐福在开店前将周边的其他商店情况摸得很透,分析其优势和不足,并针对其不足进行突破。

家乐福的选址一般在城市的城乡接合部,以便靠近中心城区和大型居住区,因此,通常在十字路口。家乐福的第一家店就是开在法国巴黎南郊的一个小镇的十字路口,家乐福一火爆大家都说去十字路口,反而把店名省了。因此,十字路口就成为家乐福选址的第一要素。当然,随着市场环境的变化,家乐福选址的具体地点在变化,但不变的是选址过程中耐心的调研和慎重的决策。

资料来源:http://wenku.baidu.com

许多人把零售企业经营成功的秘诀的首要因素归功于选址,选址,最后还是选址。有些研究表明,零售企业的选址对开店成败的影响至少占70%以上,可见,零售企业是"地点位置产业"的说法一点都不为过。任何一家零售商的销售活动都受一定的地理条件制约,不论零售商的主观努力如何,其营业的地理区域、范围对零售商的经营效果有极大的影响。因此,零售企业选址正确会带来源源不断的顾客,选址失误则将招致门庭冷落,甚至落入"开门之日,就是关门之日"的尴尬境地。选址可以说是零售企业唯一难以改变的经营因素,一般店址确定后,有较长的租期并需要先期进行大量的投资,一经确定很难轻易变动。由于零售业选址的好坏直接影响到投资的收益,所以说它是零售业营销的关键。但是仍然有不少业内人士在开店过程中仅做一些笼统的可行性分析,不愿详细地立项调查,往往到开店运营以后,再想办法提高业绩,结果常常事倍功半,甚至蒙受较大损失,一蹶不振。

选址对零售店如此重要,甚至可以决定零售店经营的成败,那么,我们在选址时就要进行细致的分析,谨慎选址,具体做法可以通过以下几个步骤实现:首先,调查备选商圈并选择合适的商圈(这点在上一个任务中已经阐述);然后,必须确定哪类店址符合零售店要求;接着,确定大体的位置;最后,评价备选的具体店址。

一、确定哪类店址符合要求

(一) 店址类型

零售店址可分为三种类型：孤立商店、无规划商业区和有规划的购物中心，每种类型在竞争者构成、停车设施、与非零售机构(如学校、办公楼等)的密切关系等因素方面各具特点。确定哪类店址符合要求主要是确定采用哪种类型的店址。可供选择的店址类型有以下几个。

1. 孤立店

孤立商店是坐落在公路或街道旁的单独零售建筑，邻近没有其他零售商与之分享客流。它的优势是：无竞争对手，租金较低，具有灵活性，开店费用低，能见度高，有选择和扩大规模的潜力，有利于顾客一站式购物或便利购物；它的劣势是：如果商店规模不足够大，不易吸引远方顾客，商圈较小；广告费可能较高；在多数情况下，建筑不能租用而必须新建；通常情况下，顾客更愿意去多功能的商业中心区购物。

在孤立店区设店要形成和保持一个目标市场很不容易，所以通常最适合在独立店区开办商店的是大型零售商店，如北京的燕莎友谊商城。孤立的中小型零售商店不可能形成一批对它依赖的顾客，因为它没有花色品种齐全的商品，又没有较高的声誉，顾客也就不愿去光顾。

2. 无规划商业区

无规划的商业区是指有两家以上的商店坐落在一起，或相距极近，但不是事先规划的结果。商店的设置是根据各自的利益确定的，而不是从整个商业区来考虑的。非规划的商业区有四种类型，中心商业区、辅助商业区、街道商业区以及沿街小店群。

(1) 中心商业区。中心商业区是城市的零售中心，也就是闹市区。其核心区往往不超过1平方公里，其周围有文化娱乐场所、餐馆等服务商业。中心商业区至少有一家百货商店，还有大批的专业商店和方便商店，还有一些超级市场、连锁商店。中心商业区的优点是花色品种繁多、公共交通方便，有多种商店形象，有不同的价格水平，有各种服务性行业，中心商业区的缺点是停车场地紧张，人群拥挤，无法改进老店，租金较高，货物运输不便。

拓展案例

香港地区的时代广场

香港地区的时代广场购物中心是香港最大的购物中心之一，零售面积超过90万平方英尺，有商店230多家，包括Armani Exchange、百利、Bose、布克兄弟、寇兹、凯特·丝蓓、麦丝玛拉、巴塔哥尼亚和塔米。该购物中心是香港十大最受欢迎的旅游目的地之一。除了零售空间，该购物中心还有100万平方英尺的办公区、多屏幕电影院和各类饭店。

时代广场这样的垂直式购物中心的一大难题是如何吸引购物者去更高的楼层，因为许多消费者会对上上下下的电动扶梯感到厌烦。为了鼓励购物者光临相应的楼层，时代广场将销售类似商品的零售商安排在同一层。比如，在时代广场的顶层聚集着大量的电子产品零售商。

以前,时代广场的多数促销都集中在晚餐和一年一度的元旦前夜的倒计时晚会。现在,香港的购物中心开始采用一系列新的促销形式,比如,慈善销售、时装秀和时代广场直播(以业余表演为特色)。

(2) 辅助商业区。辅助商业区是在一个城市或集镇内邻近于两条主要街道交叉口的商店区。一个城市一般有几个辅助商业区,每个区内至少有一家较大的百货商店,还有一些其他商店。在辅助商业区出售的商品和劳务,类型上是和中心商业区相近似的。不过辅助商业区的商店较少或较小,商品的花色品种较少,它的商业圈也较小。

(3) 街道商业区。街道商业区是为了满足邻近地区对方便商品的需要而发展起来的商业区。这种商业区内有一些中小型商店,其中主要的商店一般是超级市场或杂货店,位置处于住宅区的主要街道上。这种商业区营业时间长,停车方便,环境不那么喧嚣。但是商品的选择性小,销售额也不大。

(4) 沿街小店群。沿街小店群是由一群小零售店组成的,这些小店坐落在沿街或公路旁,一般出售相近似的商品。在许多历史悠久的城市往往会自发形成一条条特色商品街,这是城市发展积淀下来的商业文化,极大地丰富和活跃了城市居民的消费生活。

3. 有规划的购物中心

有规划的购物中心是共同拥有、集中管理、相互协调的购买区,它以不同种类商店的平衡配置为基础,作为一个单位来规划,并在周围设有停车场。所谓平衡配置,就是在任何一个有规划的购物中心里,商店的类型和数量是根据商业圈人口对商品供应的全部需要来配置的。也就是说,有规划的购物中心是经过仔细规划设计并集中管理的商店群,通常是由房地产公司事先规划设计,兴建完工后再把各铺面出租或出售给零售商等。为了保持平衡配置,一个有计划的购物中心常常规定了各类零售商店可在总面积中所占的比例。此外,购物中心还对每家零售商店可以经营的商品种类设定限制。

一个典型的购物中心有一家或一家以上的主力商店(大型百货商店),以及各种各样较小的商店,还包括餐馆、快餐店、邮局、银行和一些游乐场所,适合家庭购物及闲游。它依规模大小分为:地区商业购物中心,主要向特定地理区域内的市场销售商品;社区购物中心,主要是向城市某区域和郊区某区域的居民出售方便商品;住宅区购物中心,主要出售方便商品。

有规划的购物中心的优势有:协调规划,商品和服务品种组合合理,拥有完善的设施,宽敞的停车场,各具特色又统一规划的购物中心形象,有较大的商圈,适合家庭购物及休闲娱乐。劣势是:这些地方通常租金较贵,营业管理易受限制,竞争也较激烈。一般来说,有规划的购物中心包括区域购物中心、社区购物中心和邻里购物中心。

(二) 零售店选址的原则

零售店选址的资金投入大,且长期受到约束,不可能轻易搬迁,也不太可能轻易改变经营模式,是零售商战略组合中灵活性最差的要素。那么零售商选址一般遵循什么原则呢?

1. 方便消费者购买

零售店地址一般应选择在交通便利的地方,尤其是以食品和日用品为经营内容的普通超级市场,应选择在居民区附近开店,应以附近稳定的居民或上下班的职工为目标顾客,满足消费者就近购买的需求,并且地理位置要方便消费者的进出。

2. 方便货品运送

零售店经营要达到规模效应的关键是统一配送,在进行网点设置时要考虑是否有利于货品的合理运送,降低运输成本,既要保证及时组织所缺货物的供给,又要与连锁店相互调剂和平衡。

3. 有利于竞争

零售店的网点选择要有利于发挥企业的特色和优势,形成综合服务功能,获取最大的经济效益。大型百货商店可以设在区域性的商业中心,提高市场覆盖率;而小型便利店越接近居民点越好,避免与大中型超市进行正面竞争。

4. 有利于网点扩充

零售店要取得成功,必须不断地在新区域开拓新网点。在网点布置时要尽量避免商圈重叠,避免在同一区域内重复建设。否则势必造成自己企业内部的相互竞争,影响各自的营业额,最终影响总店的发展。

二、确定零售店大体的位置

要确定零售店大体的位置,首先要了解零售店的店址应具备哪些条件,同时还要了解零售店的地址不宜选择在哪些区域。

(一)零售店址应具备的条件

一般来说,好的零售店地理位置,要具备以下条件。具有以下全部条件的是一流的店址,具备其中两条以上的是一般的店址。

1. 商业活动频率高

在闹市区,商业活动极为频繁,把零售店设在这样的地区,该店营业额必然高。这样的店址就是所谓的"寸金之地"。相反,如果在非闹市区,在一些冷僻的街道开店,人迹罕至,营业额就很难提高。

2. 人口密度高

居民聚居、人口集中的地方是适宜开设零售店的地方。在人口集中的地方,人们有着各种各样的对于商品的大量需求。如果商店能够设在这样的地方,致力于满足人们的需求,那就会有做不完的生意。而且,由于在这样的地方,顾客的需求比较稳定,销售额不会骤起骤落,可以保证商店的稳定收入。

3. 面向客流量最多的街道

因为零售店处在客流量最多的街道上,受客流量和通行速度影响最大,可使多数人就近买到所需的商品。

4. 交通便利的地区

可以在旅客上车、下车最多的车站,或者在几个主要车站的附近开店。也可以在顾客步行不超过20分钟的路程内的街道设店。

5. 接近人们聚集的场所

一般剧院、电影院、公园等娱乐场所附近,或者大型企业、机关单位的附近,还有人多的地方都可以开设零售店。

6. 同类商店聚集的街区

大量事实证明,对于那些经营选购品、耐用品的商店来说,若能集中在某一个地段或街区,则更能招徕顾客。因为经营的种类繁多,顾客在这里可以有更多的机会进行比较和选择。

拓展知识

零售业选择策略介绍

一、橡皮胶式"贴身"策略

众所周知,肯德基与麦当劳是一对欢喜冤家。人们一提到"肯德基"往往会联想到"麦当劳",这一对冤家几十年来一直相互竞争,试比高低,却又如棒打不散的鸳鸯,如影随形,哪里有"肯德基"和蔼可亲的山德士上校,哪里就有笑容可掬的"麦当劳"大叔。这种像橡皮胶一样的贴身选址策略在零售业里屡见不鲜,上海"好德"便利店就是利用这种策略迅速崛起的一个例子。21世纪初,上海人均GDP超过4 000美元,便利店进入了高速发展期。于是,联华便利、可的、良友、罗森等各种便利店风起云涌,雨后春笋般地发展起来。这时,新开设的农工商"好德"便利店就选用贴身结伴策略,发挥后起优势,一举崛起。"好德"基本上没做什么市场调查,也不去了解周围的购买情况如何,瞄准已经开的便利店哪里生意好,然后像橡皮胶开在它边上。因为凡是生意好的肯定有消费者,既然有消费人群,我就贴在你身边开一家,即便不能分一半,至少也可分三四成。因为是零起点,成本低,风险小,贴在人家旁边可以坐享别人市场开发的效应,尽管业内批评声不少,但对于"好德"来说,无疑是很成功的。

二、逆思考式"奇招"策略

零售业的经营者要有敏锐的洞察力,善于捕捉市场缝隙,采用出奇制胜的策略和与众不同的眼光来选择商场位置,常常会得到意想不到的收获。例如,全球最大的零售企业"沃尔玛"联合商场的总经理山姆·沃尔顿就是采用"人弃我取"的反向操作策略,把大型折价商场开到不被一般商家重视的乡村和小城镇去,因为那里的市场尚未被开发,有很大潜力,同时又可规避大城市商业日益激烈的竞争。沃尔玛开业之初不在任何一个超过5 000人的城镇设店,保障以相对领先的优势成为小城镇零售业的支配者。沃尔玛创始人山姆·沃尔顿说:"我们尽可能地在距离库房近一些的地方开店,然后,我们就会把那一地区的地图填满,一个州接着一个州,一个县接着一个县,直到我们使那个市场饱和。"沃尔玛走的是一条"农村包围城市"的道路,到20世纪80年代末它们羽毛丰满了,这才开始进军都市市场,并在各个市场全面称王称霸。

三、求兴旺式"人气"策略

每个零售业的经营者都知道,开店选址必须找客流兴旺的地方。客流多少是选址决策时必须考虑的重要问题,因为拥有足够的人流,才能保证商铺的利润回报,足够的人气才能支撑起商铺购买量。比如,坐落在上海南京东路的永安公司,其创办者郭氏兄弟当年在选择永安公司的店址时,是颇下了一番功夫的。1915年,香港永安公司经理郭泉先生兄弟两人携带港币50万元闯荡大上海,筹建永安公司。在繁华的闹市区南京路来回走了几次,两兄弟迟迟下不了决心,为把店址建在路南还是路北而犹豫不决。于是,他们便派两个人带了蚕豆和布袋分别站在路南和路北,只要各自身边走过一个人,就往口袋里放一粒豆子。通过比较口袋里的豆子数,结果显示路南的客流远远多于路北,郭氏兄弟茅塞顿开,再也没有犹豫就把永安公司的店址选在路南。公司开业后,客流果然比对面的先施公司多。在很长时间里,永安公司生意做得一直比先施公司更兴旺,这和他们的选址正确有很大的关系。

四、交叉点式"便利"策略

做生意讲流通,"通则不痛,不通则痛"。商店选在人流多的地方,更要选交通便利的地方,因为交通便利可以把较远地方的人带进来,又方便购物的人群走出去。随着汽车时代的到来,交通便利已成为现代零售业必须考虑的重要因素。比如,交通便利就是家乐福选址的首要因素,正如该公司上海地区总经理罗定中所说:"我们的法文名字'carrefour'正是'十字路口'的意思。"为了给顾客提供方便和带动周边商圈,家乐福倾向于在道路主干道、轨道交通出入口附近以及高速公路出入口处设店。所以,家乐福开店选址的条件有三:(1)交通方便。(2)人口集中。(3)两条马路交叉口。家乐福在上海的第一家门店曲阳店是利用联华超市原有场地改建的,面积虽然只有4 000多平方米,但基本上符合这一原则。因此,一举成功,成为上海超市业的领头羊。在以后开的5家门店,都坚持了这一原则,也都取得了成功。

(二) 零售店不宜选择的开店区域

1. 快速车道边

随着城市建设的发展,高速公路越来越多,由于快速通车的要求,高速公路一般有隔离设施,两边无法穿越。公路旁也较少有停车设施。因此,尽管公路旁有单边的固定与流动顾客群,也不宜作为新开店选址的区域。人们往往不会为购买某些商品而在高速公路旁违章停车。

2. 周围居民少或增长慢且商业网点已基本配齐的区域

这种区域不宜作为零售店的新店址,这是因为在缺乏流动人口情况下,有限固定的消费总量不会因新开商店而增加。

3. 同一地区,层高地方

这种地方不宜开设零售店,比如开在二楼甚至更高层的店铺。这不仅因为层高开店不便顾客购买,也因为层高开店一般广告效果较差,商品补给与提货都有不便。

(三) 零售店位置的确定

了解了零售店的店址应具备的条件和不宜选择的开店区域,就可以进行零售店位置的确定。零售商确定店址需要分两步进行:

第一步,确定商店位置的类型,是选择孤立店、无规划的商业区还是有规划的购物中心。

第二步,具体确定零售店的坐落场所。对一个孤立的商店来说,应选定一条具体的公路或街道；如果选择了无规划商业区，则需要确定是开在中心商业区、辅助商业区还是街道商业区，也就是说要选择一个具体的商业区；如果选择有规划的购物中心，就需要确定店铺开在哪个购物中心，是区域购物中心、社区购物中心还是邻里购物中心。

三、评价具体店址

在位置选定之后，零售商应该对所选的店址进行评价。评价店址和选择店址同样重要，特别是对于那些营业状况受交通方式影响的商店来说更是如此。在任何地区内，对一个特定商店最合适的店址，称为百分之百的位置。由于不同类的商店需要不同形式的位置，某一位置对某一零售商来说，可能评为100分，但对其他零售商来说可能并非如此。对商店位置的评价可按以下标准来进行。

（一）客流量

一个地点的客流量和客流类型是衡量一个商店位置的最重要因素。当各个位置的其他条件相同时，往来行人最密集的位置是最佳的。但是并不是每个走过店址的人都可能成为顾客。例如，在早晨上班的时间里，人是很多的，但这种高客流量对商店的销售没有太大的影响。每天平均有多少人从店前通过，一天中哪段时间最多，或者通过的速度、目的、停留时间、商店的吸收率等，这些都可通过市场调查获得。甚至还可以调查平日和周日、节日、四季的变化。

同样的客流量，具备以下各点，可以更多地增加销售额。
(1) 客流量和时间不大变动，而且是不间断的。
(2) 来店的顾客轻松自如，不是匆匆忙忙。
(3) 顾客虽是匆匆忙忙，但其目的是为了到商店来买东西。
(4) 客流量非常大时，其中有一部分顾客，确实能买相当数额的商品。
(5) 客流量虽然很少，但是以来买东西为目的的顾客却很多。
(6) 顾客购买兴趣很大。
(7) 从店前不断往返的人很多，特别是中心地区的顾客，有所需要时，更会增加购买。

（二）与邻近商店的关系

开设地点商店街的情况如何，周围商店的多少和规模大小是否相适应。一般来说，结成商店街是有利的。因为商店街搞得好，自己的商店也会兴盛起来。但是在繁华的商店街，也不是对所有的行业都有利。高级品商店及具有一定水平的商店，集中在一起当然很好，但是商品量很大，搬运不便，消费者进店频繁的商店，设在繁华的商店街，倒不如深入顾客的居住区更为有利。以少数顾客为对象的古董店或者加工销售业，也没有必要一定设在地价昂贵的商店街。

零售商还应考虑到拟开设的店铺和周围商店之间的亲和力。亲和力是一家商店对一个地区的吸引力，这种吸引力是由该店与本地区其他商店相互配合协调的能力产生的。因为它们共同坐落在一个特定地区内，所以各店的销售额比这些店在互相分散的情况的销售额要大。类似的或相互补充的商店位置彼此靠近的惯例以两个重要前提为依据：一是顾客喜欢在几家类似商店之间从商品的价格、式样和服务等方面进行比较;二是顾客喜欢"一揽子选购"。亲和力既可存在于相互补充的商店之间,也可存在于相互竞争的商店之间。

衡量商店间相容性的尺度之一是各店顾客的互换程度。假如一个零售商计划开设一家妇女用品商店,有两个可供选择的开设地点。一个是与床上用品商店及礼品商店为邻,另一个是与书店及五金店为邻居。显然,选择前者是有利的,因为前者的顾客与妇女用品商店顾客有较高的互换性。

一个地段的零售业平衡也是评价店址应考虑的问题。零售业平衡是指一个商业区或购物中心之内各类商店的最优组合。真正的平衡出现于以下各种情况:各类商品或各种服务业和商店数目与本地段的市场潜力相适应;提供各类广泛的商品或服务能满足顾客"一揽子选购"的需要,任何种类的商品或服务都有足够的花色品种;各种类型的商店有恰当的组合。

(三) 顾客质量

首先,一般来说,价格便宜的鲜果、鲜鱼、食品、糕点、山货、杂物、烟酒、饮料、肥皂等日用品,人们喜欢在就近的商店购买;价格稍高的服装、鞋帽、手提包、化妆品、电气用品等商品,愿意在稍远的商店购买。这样的顾客在该店的商圈内有多少,收入情况如何,收入高、愿意购买质量好的商品的人多,还是收入少、不想买太好的商品的人多,这对商店来说具有很大的意义,应认真地调查分析。

其次,要掌握商圈内顾客的收入水平,一般来说,要区分高级住宅区和收入比较低的区域。这种常识性的分法,能够估计出各类顾客所占的比重。但在最近经济变动激烈的时代,仅依靠这种概念的区分,用来判断每个顾客的平均购买力是很不够的,有时会出现错误。

(四) 交通条件

首先,应当统计店址附近的车辆交通数目,同时,还应当研究交通拥挤的程度和时间。驱车的顾客往往避开交通拥挤的地区,而到驱车时间较少和驱车较方便的地方去购物。

其次,要评价店址的停车设施,停车设施既包括设在开设地点的,也包括设在店铺地点附近的。停车设施一般是指小汽车停车场,但在一些以自行车为主要交通工具的发展中国家,也包括自行车的停车场。每一个良好的商店都应备有不占街道的停车场。一般来说,到一个地区购物中心的顾客不喜欢从停车处步行到购物中心的距离超过180米。停车设施太大也会产生问题,如果停车场停不满,会使人产生一种空洞的感觉,从而引起顾客的怀疑,认为这家商店不受人欢迎。确定一个规模合适的停车场可根据以下各种要素来研究:商店的商圈的大小,商店的类型,驱车购物的顾客所占的比例,同一地区是否有其他的停车设施,非购买者停车的多少,以及停车需求的波动等。

再次,在评价商店位置和具体的店址时,必须研究分析企业交通的利用率,是否接近主要公路,商品运至商店是否方便,交货是否方便等情况,调查交通网络对商店来回的重型运货车的负载能力,因为有许多大街是禁止货运车往来的。

（五）具体店址确定

具体店址确定应当按能见度、位置的布局、场地的大小与形状、房屋的大小以及房屋与场地的环境和使用年限等项目进行评价。

（1）能见度是指一个店址能被往来行人和乘车者所看到的程度。良好的能见度能使过路人知道这家商店的存在和营业状态。有许多顾客不愿意到小巷、街道或购物中心的尽头去购物。

（2）位置的布局是指商店在商业区或购物中心内的相对位置。拐角的位置往往是很理想的，它位于两条街道的交叉处，可以产生"拐角效应"。拐角位置的优点是：可以增加橱窗陈列的面积；两条街道的往来人流汇集于此，有较多的过路行人光顾；可以通过两个以上的入口缓和人流的拥挤。在布局方面，对超级市场来说，应重视以下各项决策：坐落在街道旁；相对于其他商店来说位置适当；停车场有足够的可容量；坐落在公共汽车站附近；与住宅区的距离适当。对于百货商店的重要决策事项有：靠近大量客运和车辆交通地点；相对于其他商店来说位置适当，停车场有足够的可容量等。

（3）对商店所处环境的分析与研究是店址评价的重要依据。通过环境分析来掌握第一手资料，有意识地用各种设计手段解决店址所面临的不足或矛盾，改善环境，创造新形象。环境分析主要应从自然和人文两个方面来进行。

首先，自然基础环境分析。全面系统地查看商店所在地区、位置同环境的关系，确认它原始的建筑构造、材料、立体形象以及同城市规划方面的必要联系，掌握可塑性的范围，弹性的空间能否利用；店前路面是否平坦，是水平还是斜坡，前边是否有隔挡及影响店面形象的建筑物；采光条件、噪音影响程度估计等。对室外空间做出正确的评价之后，商店设计工作才能有的放矢，或借用或隔离，或增大空间面积，或不设开启窗户等，这样才能建立起一个既有利于健康，又节省财力的店堂。

其次，人文环境分析。自然基础环境是商店选址设计的条件，人文环境是选址设计完善的前提。零售商应考虑商店是否受周围以某一功能为主的社区影响或人文环境影响。比如，这一地区是政府机关所在地，那么，它在规模、尺度、色彩、风格等方面就要同周围环境尽可能保持和谐，使其区域保持一定整洁、安静、祥和。再如，商店地处某一宗教场所或某一民族所在地附近，它在色彩方面、经营范围方面很可能要注意一些禁忌事项以保持某种严肃性。

（4）确定具体店址时，还应当评价场地大小和形状。比如，一家百货商店比妇女用品商店需要有大得多的场地。一家百货商店要一个方形店址，而妇女用品店可以是一块长方形店址。任何一个店址应当按以下需要来确定总面积：停车场、人行通道、营业场所和非营业场所等。不论是买来的房屋还是租的现成房屋，对它的规模和形状，对房屋和场地的周围环境和使用年限都应加以调查。然后，要对照零售商的需要来衡量店址的这些特征。

四、选址分析报告

我们在进行零售店选址工作的过程中，需要将前面所做的这些工作通过文字、图片、表格等形式表现出来，形成选址分析报告，这份报告才是零售商进行店铺选址的依据。零售

店选址分析报告应包含以下几个方面的内容:
(1) 新店周围地理位置特征表述(附图说明)。
(2) 被选店址周围商业环境和竞争店情况。
(3) 新店址周围居民及流动人口消费结构、消费层次。
(4) 新店开业后预计能辐射的范围。
(5) 新店的营业面积和商品结构。
(6) 新店的市场定位和经营特色。
(7) 新店址经营效益预估。
(8) 新店未来前景分析。

项目小结

本项目主要从商圈和商圈分析方法入手,告诉大家如何为零售店进行店址分析,如何为新零售店进行选址。

商圈也称零售交易区域,是指以零售商店所在地为中心,沿着一定的方向和距离扩展,吸引顾客的辐射范围。简言之,就是零售商吸引其顾客的地理区域,也就是来店购买商品的顾客所居住的地理范围。每个商圈都由三部分组成:主要商圈、次要商圈、边缘商圈。

影响商圈形成的因素是多方面的,可以归纳为企业外部环境因素和内部因素。主要有:商店规模、经营商品的种类、商店经营水平及信誉、促销策略、家庭与人口因素、竞争对手的位置、交通状况。商圈划定的方法包括雷利法则和赫夫法则,商圈分析的要点包括人口统计分析、经济基础和购买力分析、竞争状况分析和基础设施状况分析。

零售店选址的原则是方便消费者购买,方便货品运送,有利于竞争,有利于网点扩充。为零售店进行位置选择要考虑客流规律,周边商店聚集状况,竞争对手分析,交通地理条件,城市发展规划,周围环境,物业成本这些因素。

零售店选址分析报告可以从以下几个方面来撰写:(1) 新店周围地理位置特征表述(附图说明)。(2) 被选店址周围商业环境和竞争店情况。(3) 新店址周围居民及流动人口消费结构、消费层次。(4) 新店开业后预计能辐射的范围。(5) 新店的营业面积和商品结构。(6) 新店的市场定位和经营特色。(7) 新店址经营效益预估。(8) 新店未来前景分析。

项目实训练习

实训任务一:

1. 实训内容

选择本地或周边某一零售商圈进行走访调研,运用所学知识点(如商圈的含义、影响商圈分析的因素、商圈设定的方法等)对此商圈进行分析,学习相关商圈分析案例,包括商圈分析报告的格式和从哪几方面进行分析,每组学生最终完成一份商圈分析报告。

2. 实训要求

要求学生分组完成任务,任务成果要形成分析报告,分析报告以 PPT 形式上交,且要求图文并茂。

3. 任务考核

考核指标	考核标准	成绩(100 分)
商圈分析报告	语言表达清楚、有条理性(10 分)	
	分析有理有据(30 分)	
	观点鲜明、正确(20 分)	
	图文并茂(10 分)	
	PPT 制作细致、排版合理、有创意(20 分)	
	运用所学知识点进行分析(10 分)	

实训任务二：

1. 实训内容

选择本地或周边某一零售企业(如苏果超市)进行走访调研,假设这家零售企业要开设一家新门店,请运用所学知识点(如选址原则、选址方法等)为其进行选址并形成选址分析报告。同时还要学习零售店选址分析相关案例,包括选址分析报告的格式和从哪几方面进行选址分析等,每组学生最终完成一份零售店选址分析报告。

2. 实训要求

要求学生分组完成任务,任务成果要形成分析报告,分析报告以 PPT 形式上交,且要求图文并茂。

3. 任务考核

考核指标	考核标准	成绩(100 分)
选址分析报告	语言表达清楚、有条理性(10 分)	
	分析有理有据(30 分)	
	观点鲜明、正确(20 分)	
	图文并茂(10 分)	
	PPT 制作细致、排版合理、有创意(20 分)	
	运用所学知识点进行分析(10 分)	

项目习题练习

1. 商圈分析的重要性从哪几个方面体现？
2. 影响商圈形成的因素有哪些？
3. 什么是雷利法则？说明其优点。
4. 假设某地区零售市场已饱和,这一信息对该地区各家商店以及准备进入该地区的商店分别意味着什么？
5. 为什么礼品店通常位于购物中心或商业区,而便利店通常开在孤立位置？
6. 用本项目知识点来比较规划的购物中心和无规划商业区的位置的优点。
7. 简述中心商业区、次级商业区、邻里商业区和商业街之间的差异。

项目三

零售店内外环境规划

职业能力目标与学习要求

1. 知识目标：了解店铺看板和招牌设计要点，掌握出入口、橱窗、通道与店面布局设计，以及店内装潢、色彩、照明、音乐、气味等的设计
2. 技能目标：能够对店铺外观及店内环境进行正确评价，能够对零售店的店头、店面进行简单设计和布局
3. 任务分解：任务一　零售店外部环境设计
   任务二　零售店内部环境设计
   任务三　创造良好的购物环境

任务一　零售店外部环境设计

导入案例

家居饰品零售店LOGO及店面门头招牌设计征集

一、项目介绍

1. 公司名称是"稻田美屋"，寓意为"乡村稻田里温暖美丽的房屋"，是一种回归自然，让每一个奔波的人都找到属于自己的，心灵安静，放松，温暖，爱的家。

2. 公司主要经营零售出口欧美、日韩的乡村田园家居饰品，主要有装饰布艺、手绘小家具、仿真花、咖啡茶具、精致欧美摆件、油画、做旧地中海摆件、挂件、手绘陶瓷台灯等家居饰品。

二、设计要求

1. 颜色希望用乡村田园风景中的常见色彩，如大地的黄，树木的绿，也不排斥其他色彩，搭配得当，能突出乡村田园古朴、自然、清新的感觉，给人以美感。

2. LOGO图案要容易识别，醒目，为"稻田美屋　家居杂货"，可结合英文或拼音，希望能有一支可爱的小狗融入LOGO中。

3. 门店招牌与门头设计为"稻田美屋　家居杂货"。

4. 作品请提交完整的、可用的图形源文件(矢量),以便进行应用、印刷。应注明标准字体、标准色、辅助色、辅助字体等使用规范,最好能提供多种配色方案参考选择。

三、知识产权声明

1. 所设计的作品应为原创,LOGO 未在国家商标局注册过,为第一次发布,未侵犯他人著作权;如有侵犯他人著作权,由设计者承担所有法律责任。

2. 如中标,设计方必须提供以上要求设计作品完整的方案,包括各种矢量图形源文件和所用到的字体,以方便进行修改完善和印刷。

3. 中标的设计作品,我方支付设计制作费后,即拥有该作品知识产权,包括著作权、使用权和发布权等,有权对设计作品进行修改、组合和应用。

4. 设计作品一经采用,所有权、修改权和使用权均归我方所有,设计者不得在其他任何地方使用该设计作品,包括并不限于著作权、使用权、发布权以及对设计作品进行修改、组合、应用等权利。

5. 征集结果公布后,未采用的作品即可自行处理。

6. 参加此设计任务者被视为同意以上所有声明。

根据此零售店 LOGO 及店面门头招牌设计征集案为该店设计招牌和 LOGO。

资料来源: http://www.zhongguosyzs.com

开店做生意,店容店貌是仅次于商品的因素,店容包括零售店的招牌、门面、货架的摆设、商品的陈列美化、服务员的仪表、清洁卫生等。目前,随着商业竞争的日趋激烈,卖场给人的观感极为重要,要想在竞争中脱颖而出,就必须在各方面都表现得与众不同,树立自己的零售店形象。

"外观"可以说是零售店的"面子",外观是零售店所在位置的景观,如建筑体、招牌、骑楼,甚至遮阳棚都是零售店的外观。因此,"外观"是诱导吸引顾客的第一步。通常,零售店可依据其规模大小,并考虑邻近商圈之现况,以及本身建筑物之条件,来设计出具有自己风格的零售店外观,使零售店的外部环境别具一格,拥有自己的特色。我们这里所讲的零售店外部环境设计主要是针对店头的设计,好的店头设计能为零售店吸引更多的顾客。

❋、零售店外部环境设计注意事项

零售店外部环境是商店整体结构的一个有机组成部分,设计时应从整体效果出发,力求使之与商店整体建筑浑然一体、协调一致。主要设计要求有以下几个方面:

(一) 突出行业特点

零售店外部环境设计最基本的要求是能鲜明显示出它是商业建筑而非其他公共建筑物;其次是从店头的形象和风格上,要能反映出不同商店的经营特色,使路人在较远距离的不同方向都能清楚辨认,留下深刻印象。

(二) 形成独特风格

零售店的店头设计必须与周围商业设施环境相区别,向顾客显示一种特殊形象,以与竞争者有所区别。那种一味追求富丽堂皇的做法是文化格调不高的一种表现,容易流于俗气。一些店铺十分注重自己的品位与形象。例如,有些专售古董、玉器、字画的商店有意识地将中国古老的民族建筑风格融合到现代建筑形式中去,体现出悠久的历史风貌,与其所售商品相映生辉。有些儿童用品店面用米奇、唐老鸭和各种卡通形象来装饰,以吸引小朋友的注意和引发他们的好感。

(三) 与周围环境相互协调

店头设计虽然应有不同特色以显示其独特风格,同时也要注重造型与色彩的整体效果,不宜与周围商业环境的气氛相差过大。在消费者心中,对不同商店类型已有概括的印象,如果店头设计过于风格迥异,反而会使消费者难以接受。

(四) 有较高的能见度

店头的能见度,是指步行或驱车行人能清晰地看到零售店外观标志的程度。能见度差,即在较远的距离,有时甚至在近处都不易看清商店标志,不仅给消费者带来不便,而且也影响店内商品的销路。因此,如何提高店铺的能见度是店面设计的一个重要问题。一般能见度的提高主要依靠构成要素的独特性和鲜明性,如独特的建筑外形、鲜明的招牌、光彩夺目的照明装置、宽敞的商店入口、诱人的橱窗等,均能吸引路人的视线,形成深刻印象。

(五) 尽可能方便顾客

零售店除了要求外部结构美观、引人注目外,还要注意顾客的方便,要便于顾客行进或停车。如果夺目的零售店外观成功吸引了开车的过路者,却无足够的停车场所,也无法吸引顾客入店。

二、店头设计的基本要素

进行店头设计前,首先要明确零售店是卖什么东西的,同时还要明确你想展示给顾客一个什么样的店铺,然后围绕对零售店类型的定位进行店头设计,一般需要考虑两个基本要素。

(一) 商品的价格水平

销售廉价商品的零售店看上去要整洁、明亮、实用,不能把店头装饰得过于华丽,与廉价零售店的商品价格水平不相符,但这并不意味着零售店的装修一定要非常便宜,建议此类零售店避免使用昂贵和华丽的装饰。而高档的零售店与之相反,需要在设计中体现奢侈与精美,可以使用一些昂贵华丽的材料装饰店头。

(二) 零售企业的 CIS

CIS 系统是由理念识别(MindIdentity,简称 MI)、行为识别(BehaviorIdentity,简称 BI)和视觉识别(VisualIdentity,简称 VI)三方面所构成,三者缺一不可。零售店作为一个企业,在设计店头时,要突出企业的形象识别,也就是说要树立良好的企业形象。店头使顾客第一眼就能感受到企业形象,所以必须使零售店的店头设计与整个零售店的形象一致。如果是单店经营,作为零售店的标志性形象,店头设计要能体现出零售店的商品和服务特点,代表零售店独一无二的品牌;如果是连锁经营,每一个分店的店头都要与连锁总店的设计一致,不允许自行更改或按自己的意愿修饰店头。

在零售行业,店头设计往往代表了一个零售店铺的标志,就好像姓名一样,代表着该店铺的商品、价格和服务特色。一般便利店的店头设计比较简单,以直线条为主,体现了便利的特点;超市的店头以突出超市品牌为主,代表了超市的经营特色;专卖店的店头以突出商品品牌为主,借此来吸引顾客。换言之,店头就是店铺品牌的表达和象征。店头设计中最能体现零售店特点的是零售店前的看板设计和招牌设计。

三、零售店前的看板设计

零售店若要吸引过往顾客,就必须设立引人注意的标志。也就是说要在零售店前设立"看板",又要在预定的商圈内也设置引导"看板"。十字路口、公共汽车站、住宅出入口等都是设立看板的最佳选择。此外,若要保证夜间销售额,还要设置照明设施,只有这样,才能吸引顾客注意,引导顾客进入零售店。

四、招牌的设计

(一)招牌的含义

招牌主要是用来指示店铺的名称和记号,可称为店标(店铺的名称);招牌在法律上定义为商号(TRADE NAME),商号由文字和图案等构成。招牌不等同于其他任何形式发布、张贴的广告内容和广告;招牌可有竖招、横招,或在门前牌坊上横题字号,或在屋檐下悬置巨匾,或将字横向镶嵌于建筑物上;坐标是设置在店铺门前柜台上的招牌,明代以前坐地式招牌较为常见;墙招是店墙上书写本店的经营范围和类别。

(二)招牌的形式和设置方式

招牌的形式和设置方式比较固定,但其中题写的文字词语却变化多端。为了竞争的需要,店主制作十数字甚至数十字的字招也是有的。北京德爱堂药铺曾竖起一冲天招牌,就题写"德爱堂沈家祖传七代小儿珍丹只此一家别无二处"共21字。很多店主邀请名人题写匾,借以抬高店铺的身价。也有在店铺匾联上做文章,如采用我国传统的对联形式:"未完先投宿,鸡鸣早看天"(旅店);"生意如春草,财源似水泉"(商店)。明清时酒店多用对联,如九江浔阳楼就用"世间无此酒,天下有名楼"的对联。还有用数字作为字号,如六必居、双合盛等。还有在店门前悬挂楹招之类。

(三)我国古代的招牌

在我国古代,招牌实际上也成为经营者的品牌标识。如"全聚德"、"六必居"、"同仁堂"等,得到经营者的珍爱和承传。不少招牌还蕴含着丰富的人文故事,成为我国特色文化的一部分。唐代以后,商业日渐繁盛,商店逐渐普遍悬挂招牌,木刻的、铜铁铸造的、粉壁书写的,各式各样的招牌相继应运而生,并且加上店主的姓名或另取雅号,而形成了完整的招牌字号。

（四）招牌的类型

招牌是用来展示零售店名称的标记。为了产生效果,店牌应突出且能吸引注意力。从某种程度上说,店铺招牌的设计代表着该店铺的形象。能否吸引顾客进入店铺,招牌的设计有着很重要的作用。目前,国内流行的店头招牌大致有以下几种:

1. 屋顶招牌

即在屋顶上立一个广告牌,以便消费者从远处就可以看见店铺招牌,从而达到宣传自己店铺的目的。

2. 栏架招牌

栏架招牌一般装在店铺正面,其上的内容包括业务经营范围、店名、商品名、商标名等,可采用投光照明、暗藏照明或霓虹灯照明来引人注目。

3. 侧翼招牌

一般可位于零售店的两侧,其内容能够充分吸引两侧行人的注意。可以用来表示零售店的店名,也可用来表示零售店的经营方针、经营范围和商品广告。一般以灯箱或霓虹灯为主。

4. 路边招牌

可以用店铺的吉祥物、人物作为招牌,放在店铺前人行道上,用来增加店铺对行人的吸引力。此类招牌也可以是一个商品模型或一台自动售货机。

5. 墙壁招牌与垂吊招牌

墙壁招牌就是利用墙壁作为招牌,一般可以用来书写店名。垂吊招牌,一般悬挂在店铺正面或侧面墙上,其作用基本上与栏架招牌一样。

6. 遮阳篷招牌

一般是供应商提供的商品广告招牌。

招牌的种类虽然各异,在设计上也各有其独特性,但是在进行设计时,为了使消费者便于识别,不管店标是用文字还是用图案或符号来表达,其设计都要求做到五易:易见、易读、易记、易理解和易联想。

（五）招牌形式设计

1. 招牌的位置

一般情况下,店铺招牌的位置有三种情况。(1)平行放置。店铺招牌设置在店面正上方的平行位置。(2)垂直放置。有时候店铺的招牌与店面垂直而立于侧面。(3)纵横放置。也有的悬挂在零售店正面与侧面墙上。如果零售店处于交叉路口,最好每侧上方均应设置招牌,使来自不同方向的行人均能从远处看到。我们还经常可看到零售店的招牌被设计成两面或三面的,也是便于不同方向迎面而来的路人看到。

2. 招牌的造型

有的店铺别出心裁,以人物或动物的造型做招牌。这种招牌具有较大的趣味性,能更好地吸引消费者。同时,人物或动物的造型能明显地反映店铺的经营风格,使人在远处就可以看到前面是什么类型的商店。

3. 招牌的光照

在晚间,霓虹灯和日光灯招牌能使店铺明亮醒目,增加店铺在晚间的可见度。同时,这些招牌能制造热闹和欢快的气氛。霓虹灯和日光灯招牌可设计成各种形状,采用多种颜色。灯光巧妙的变换和闪烁能产生一种动态的感觉,比起一成不变的静态灯光来说,这种灯光能活跃气氛,更富有吸引力。

4. 招牌内容设计

招牌内容表达要做到简洁突出。简明扼要的招牌不但令消费者过目不忘,还能达到良好的交流目的。为达到最有效的传达效果,招牌上字的大小应适度,要考虑中远距离的传达效果,使其具有良好的可视性和传播效果。比如,如果你的卖场在车流量极大的街道或者公路旁,建议把招牌字体做到最大,内容尽量单纯,以方便开车的顾客在较快的行驶速度下也能看清。

5. 招牌颜色设计

店铺招牌的设计,除了注意在形式、用料、构图、造型等方面要带给消费者良好的心理感受外,招牌的色彩选择也不容忽视。消费者对招牌识别往往是先识别色彩再识别店标店徽,如果在色彩的选择设计上别具一格,那么会对消费者产生很强的吸引力,而当把这种设计一致推广到各个连锁分店时,更会使消费者产生认同感,从而有利于企业市场地位的提高。根据心理学研究表明,醒目诱人的色彩能产生强大的视觉冲击力,新颖独特的形象也有着不可抗拒的吸引力。所有这些,都能引起人们不同的特殊心理反应。招牌的色彩运用要温馨明亮、醒目突出。色彩在客观上起着吸引消费者的作用,因为人们总是先从视觉上感受色彩,再过渡到内容上的。醒目明亮的色彩能给人留下深刻的印象,如具有强烈穿透力的红、黄、绿,以及一些暖色和中色调的颜色,就很容易集中顾客的注意力。同时,各种色彩之间的搭配也很重要。交通指挥灯之所以用红、绿、黄三色,是因为这三色穿透力最强,从很远的地方就能看到,因此在店面招牌中使用得也很多。在图案、字体的选择上,也应充分考虑所从事的行业特征和目标消费群体,如经营儿童服装店的,其招牌的设计色彩应鲜艳明亮,在图案、字体上,应选择生动有趣的卡通形象和字体,既能明示经营特点,也可以吸引更多的小消费者的眼球。

6. 招牌情感设计

对店铺的招牌设计需要我们渗入对顾客忠诚的情感,这样顾客才会忠实于我们的品牌。在我们身边,这样成功的例子很多,其中麦当劳和肯德基就是我们非常熟悉的例子。在喧闹的城市中,许多人在不知到何处就餐时,其第一反应就是向四周看看有没有"M"或"KFC"的招牌,因为在那招牌的不远处就有麦当劳或肯德基在提供着香喷喷的汉堡和清凉爽口的可乐。很多时候,消费者之所以会来到一个卖场购物,就是因为在远处就看到了它的招牌。

(六)招牌的设计技巧

总的来说,招牌的设计技巧有以下几个方面:(1)以顾客最容易看见的角度来设置招牌,并以顾客看得到的位置来决定招牌的大小高低。(2)店名、业种、商品、商标等文字内容应准确,尤其是店名的选择以独特新颖为佳。(3)文字、图案、造型要适合零售店的经营内容和形象。(4)设计与色彩要符合时代潮流。(5)夜间营业的店铺,招牌应配置霓虹灯设备。(6)招牌不仅要根据自己店面的情况来设计,还要注意与周围环境的协调,如果只顾突出自己而忽略了周围环境,甚至可能收到相反的效果。(7)在设计时还要考虑安全因素,例如在沿海地区,台风的出现比较频繁,招牌不宜悬挂过高。灯箱的支架应邀请专业机构设计和安装,力求做到稳固安全。要定期对招牌进行清洗和照明线路检查,防止出现安全隐患。招牌整体设计的安全性与协调性,可以给进店的顾客提供良好的第一印象。

任务二 零售店内部环境设计

导入案例

Polo 店面设计,国际品牌本土化策略

资深设计师出身的梁显智认为,零售商铺的内部环境设计不能仅从美学角度考虑,因为卖的是商品,要刺激顾客消费欲而不是纯粹让其欣赏店铺美轮美奂的设计,所以设计要顾及零售商品买卖双方的利益,从整体确立品牌形象,并注重细节。例如,店铺设计与零售商品的搭配,不同款式、颜色、质料的零售货品的本身搭配,橱窗的设计与安排,店铺与橱窗的配饰运用对等,各独立的设计和配套都有其特色和效果,融合得当,可以营造广而深的市场吸引力。

以要打进亚洲市场的国际品牌Polo为例,除了就产品本身要针对来自不同地区消费者的身高特征、颜色喜好、消费习惯等展开详尽的调查外,在零售终端店铺这一环上也马虎不得。于是,针对香港地区这一重要市场,他们邀请到熟悉本土顾客口味的资深设计师梁氏为其进行店面陈列设计。梁氏及其团队为 Polo 店面设计了以下点睛之作。

1. 巧妙安排店铺装饰和橱窗装饰

采用深桃红木的店铺设计颜色,优美中见古雅,在推销夏天那些较色彩斑斓、朝气蓬勃的短袖衣饰时,利用更多耀眼的灯光营造更热、更活泼、更亮丽闪耀的效果,而橱窗设计上寻找一些代表夏天的用具,如海沙、海星、棕榈树、太阳伞、太阳帽、太阳镜等营造整体夏天的气氛。另外,Polo某夏季没有沙滩拖鞋推出,设计师便建议借调外来的资源,让顾客更完整地体验了夏天的滋味。独特的橱窗布局,成功吸引了不少路人进店消费。

2. 讲究货品陈列兼备美感和功能性

改变原有美国式陈列,按照中国人的身材,重新调整所有陈列设施的高度和阔度;根据店铺坐落位置调整陈列重点,如开设的店铺位于游客区,上衣会是主要陈列品,因为根据经验,游客多只买衣衫不买裤;合理安排货品陈列位置,将新上市的系列放在显眼及容易取放的位置;在头部以下陈列饰柜的商品销售率会高一点,放在墙上的容易被人忽视的情况,需用特别的灯光效果将墙上商品凸显。于是,不同程度刺激了消费者的购买欲。

梁先生总结道,零售业的对象始终是人,因而当销售量与客户对产品的需要挂钩时,设计必须以人为本,才能真正为客户创造价值。

资料来源:http://wenku.baidu.com

塑造良好的商店形象,不仅要做好零售店外部环境设计,还要做好内部环境设计。良好的内部环境设计还能构建和谐的购物环境。零售店内部环境设计就是要进行店面设计,主要包括出入口设计、橱窗设计、店面广告设计、店面通道设计和店面布局设计。

零售店内部环境设计应主要考虑经营的商品类型和主要顾客群的特点,力求创新,显示个性,力争让顾客产生好印象,做到既有精神上的美感,又能在现实中符合顾客的购物需要。在进行零售店内部环境设计之前,经营者应该全面了解本店销售商品的种类、规模、特点等,尽量使店面外观与这些因素相结合;同时还应了解周围环境、交通状况、建筑风格,使店铺造型与周围环境协调一致;了解现代国内外零售店外观的发展趋势,设计形式新颖、实用、结构合理的零售店门面。

一、出入口设计

在卖场商店设计中,第一关是出入口的设置。招牌漂亮只能吸引顾客的目光,而入口开阔才能吸引顾客进店。入口选择的好坏是决定零售店客流量的关键,不管什么样的零售店出入口都要易于出入。零售店的出入口设计应考虑商店规模、客流量大小、经营商品的特点、所处地理位置及安全管理等因素,既要便于顾客出入,又要便于零售店管理。一般情况下,大型商场的出入口可以安置在中央,小型零售店的进出位置设置在中央是不妥当的,因为店堂狭小,直接影响了店内实际使用面积和顾客的自由流通。小店的进出口,不是设在左侧就是右侧,这样比较合理。

(一) 出入口设计类型

1. 封闭型

此类设计的入口尽可能小些,面向大街的一面,要用陈列橱窗或有色玻璃遮蔽起来。顾客在陈列橱窗前大致品评之后,进入零售店内部,可以安静地挑选商品。在以经营宝石、金银器等商品为主的高级零售店,因为不能随便把顾客引进店内,又要顾客安静、愉快地选购商品,所以这种类型是很适用的。这些零售店大多店面装饰豪华,橱窗陈列讲究,从店面入口即可给顾客留下深刻印象,又可使到这里买东西的顾客具有与一般大众不同的优越感。封闭型出入口如图 3-1 所示。

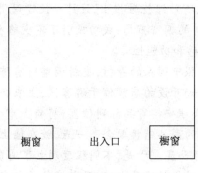

图 3-1　封闭型出入口

2. 半开型

半开型入口稍微小一些，从大街上一眼就可看清零售店内部。倾斜配置橱窗，使橱窗对顾客具有吸引力，尽可能无阻碍地把顾客吸引到店内。在经营化妆品、服装、装饰品等的中级商店，这种类型比较适合。购买这类商品的顾客，一般都是从外边看到橱窗，对零售店经营的商品发生了兴趣，才进入店，因而开放度不要求很高，顾客在零售店内就可以安静挑选商品。半开型出入口如图3-2所示。

图3-2　半开型出入口

3. 全开型

全开型出入口是把零售店的前面，面向马路的一边完全开放的类型，没有橱窗，使顾客从街上很容易看到零售店内部和商品，顾客出入商店没有任何阻碍，可以自由地出入。出售食品、水果、蔬菜、鲜鱼等副食品商店，因为是经营大众化的消费商品，所以很多都用这种类型。这种类型的出入口，前面很少设置障碍物，在零售店内要设置橱窗，前面的柜台要低些，不要把商店内堵塞得很满，不然会影响顾客选购商品。店前不要放自行车、摩托车等，不要把门口堵上，影响顾客出入。全开型出入口如图3-3所示。

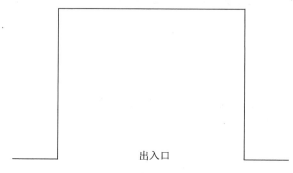

图3-3　全开型出入口

4. 出入分开型

出入分开型出入口是指出口和入口通道分开设置，一边是进口，顾客进来之后，必须走完全商场才能到出口处结算，这种设置对顾客不是很方便，有些强行的意味，但对零售商管理却是非常有利的，有效地阻止了商品偷窃事件的发生。这种出入口设置往往适用于经营大众化商品的商店（如超级

图3-4　出入分开型出入口

市场)。一些著名的外资零售企业,如沃尔玛等,便是采用这种方式。也有一些商场,由于商品陈列和营业厅的配置比较困难,一般都把一面堵起来,就像附近的超级市场那样,店内可以自由走动,到各个货架取货都方便。零售店的一面是入口,另一面是出口,顾客出入零售店也很自由,这种类型对顾客的接待效率也很高。出入分开型如图3-4所示。

(二) 出入口设计的注意事项

零售店内部环境的设计不仅要在美观上多下功夫,还要在如何方便顾客上做文章。

(1) 出入口选择应依据行人流动路线,车水马龙的大马路边不易设置出入口,行人穿流的步行街倒是开设出入口的好位置。所以,出入口设置务必以客流量、客流方向、行人目光辐射调查为基础,把门口开在行人最多、路径最顺杨、最引人注目的地方。

(2) 位于大型商业设施内的店铺,其入口要设立醒目而有特色的标志,并采取人员促销等方式弥补出入口的"先天不足"。此外,走廊要清洁、无障碍物,地形复杂的要设置指示牌。

(3) 对于能够清楚地看见店内商品的出入口,为了引起顾客的购买欲望,店内陈列一定要有强烈的吸引力。

(4) 顾客进店是以购物为主的,出入口一定要方便进出,所以必须排除店面前的一切障碍。如果店面前安排不好,顾客进入商店就很困难,对于需要人员接待的商店而言,店员要跟随顾客出入商店,那就更困难了。

(5) 为方便顾客购物,坡形的走道比台阶更合适。走道的坡度不易过陡,以方便购物车、婴儿车和助力车等进出为宜。坡面上要设置一些防滑措施。冬季北方城市的店面还要注意及时清扫积雪,以免形成冰面给顾客带来危险。

(6) 设计出入口时还要考虑阳光照射问题。既要有充分利用阳光带来的自然光线的优美与真实,又要避免因阳光照射而使商品发生变质、变形、变色等问题。

拓展案例

青岛的中山路有一家小便利店,位置在小区的一个拐角,横面、侧面和小区里面都可能有顾客光临,按照一般便利店的设计,一家店只有一个门,这家店却别出心裁地开了三个门,店内的自然采光和空气流通都很不错,布局也和出入口很适合,顾客在选购商品时很方便。而且青岛是一个沿海城市,台风出现的机会比较多,出现大风天气的时候可以适当关闭其中一个或两个门,而不影响营业。

(三) 常见的几种卖场类型出入口设计

1. 便利店

由于便利店的卖场面积较小,因此,一般只设置一至两个出入口,便于人员管理和防窃,也不会因太多的出入口而占用营业空间。因为行人一般有靠右走的潜意识习惯,所以入口一般设计在店铺门面右侧宽度为3~6米的地方,出口设计在店铺门面左侧宽度为3~6米的地方,入店和出店的人不会在出入口处堵塞。同时出入口处的设计要保证店外行人的视线不受到任何阻碍而能够直接看到店内。便利店的外观在留出了出入口空间之后,如果有剩余的平面,可以设计成广告灯箱,出售或租赁给生产商做产品宣传广告,或者可以做成连锁网络品牌形象的标志,加强宣传效果。

2. 专卖店

专卖店的外观要求精美豪华,要能给顾客足够的信任感;店内要美观,要使在这里购物的顾客具有与众不同的优越感;橱窗不必太突出,也不必从外面看到店内。所以,原则上专卖店应采取封闭型设计方案。但是对于服装、鞋帽、装饰品等专卖店而言,顾客希望从橱窗里能看到店内商品,因此进行橱窗的陈列还是必要的,原则上应采用半开放型设计,货架和柜台都要有利于活跃店面气氛。也有专家认为,店面的入口和卖场之间距离越近,卖场给人的感觉就越像一个低档廉价商店;如果卖场的档次较高,就至少要预留出6～8平方米的空间不陈列商品。

二、橱窗的设计

通过视觉来吸引和打动顾客的效果是非常显著的,商品橱窗展示的优劣决定着零售店铺的第一印象,使橱窗看上去整齐、美观是橱窗展示的基本原则。橱窗展示要采取不同的陈列方式相互对照,在一定程度上左右着商品的销售量。零售商店的橱窗是商品陈列宣传的重要方式,是零售企业向顾客展现所销售商品的窗口,也是零售企业风格的最佳展示。零售店经营者要充分利用橱窗这一特定空间,以商品实物为主体,配以灯光、道具和背景,经过艺术化处理,向顾客展示和介绍商品,使顾客透过橱窗感知零售店的文化特色,并被吸引进入零售店。

零售店铺的橱窗尺寸主要取决于店铺类型和门面长度。其长度和宽度的比例一定要符合人们的视觉习惯。一般橱窗的高、宽比例以1∶1.62为佳,符合人们常说的黄金定律。橱窗的设计、装饰装潢、陈列是一种艺术,一般由专业人员来制作。但是作为零售店的管理人员,一定要对橱窗进行正确和专业的分析,并提出修改意见。

(一)橱窗的作用

橱窗在展示零售店经营类别、重点推销商品、增强顾客购买商品信心、促进购买行为等方面起着很大的作用。其作用主要表现在以下几方面:

1. 传递信息,吸引顾客

零售店橱窗可以综合反映商店经营商品的范围和经营特色,其主要内容是介绍新商品、传递商品信息,以及进行换季商品预告等,以吸引顾客进店参观和选购商品。

2. 营造格调,反映店貌

零售店橱窗是经过艺术化处理的,用来烘托商店营业环境,塑造出属于商店独有的风格。利用橱窗设计的材质、色系与特色,可以营造出商店所拥有的特质,反映出店貌。

3. 加强促销,扩大销售

零售店的橱窗,把多种商品综合陈列在一起,组成一个完整的橱窗广告,能起到增加顾客购买欲望、扩大销售的作用,尤其是在繁华地段的商店,橱窗是重要的营销手段。

4. 树立形象,美化环境

科学合理地使用橱窗,能够激发顾客的购买欲望,并且能够在顾客心目中树立起相应的形象,橱窗的艺术展示,也从一个侧面反映了零售店的经营实力和成就,同时可以美化环境。

(二) 橱窗设计的原则

橱窗设计的好坏,对商店的业务活动和商品陈列有直接的影响,它可以通过商品的展示,向消费者介绍商店的经营特色和商品种类。因此,橱窗设计应遵循下列原则:

(1) 设计不同规格和形式的橱窗,全面反映商店的商品经营类别。
(2) 根据商店的建筑面积、地理位置,确定商店的橱窗位置在正面或侧面。
(3) 橱窗的形式要与商店的建筑结构相匹配,体现出店面设计的整体完美性。
(4) 设计的橱窗要有利于提供商品信息,橱窗内部结构与设施应能最大限度地起到宣传商品的作用,并有利于商品的陈列。
(5) 橱窗的设计要有氛围,有利于美化店貌和美化环境,促进精神文明建设。

(三) 橱窗设计的要求

零售店橱窗是特殊的立体空间,橱窗的设计要与橱窗整体的环境协调一致,衬托购物环境气氛,体现零售企业经营的性质和消费者的心理需求。

1. 背景设计

橱窗的背景类似于舞台的天幕,它与零售店的整体效果有着密切的联系,是衬托商品、烘托气氛的必要条件。在形状上,一般要求大而完整、单纯,避免小而复杂的烦琐装饰;在颜色上,尽量使用透明度高、纯度低的统一色调,统一风格,如粉、绿、天蓝等明快的色调。总之,背景设计的基本要求是通过设计,烘托气氛,引人注目,诱发联想,突出商品主题。

2. 道具设计

道具是指为橱窗陈列展示商品创造有利条件的特定道具,具有辅助陈列样品,渲染商品特点、式样和规格的装饰作用。一般常用的道具都是根据商品陈列需要和不同商品特点进行设计的。例如,服装用道具模特,其裸露部分如头、手臂、腿等部位的形状与颜色,和真人不完全一样,可以是简单的球体、灰白色,有的干脆不用头部,这样反而比人形的模特更能突出服装本身。无论采用何种造型,都要经过艺术设计,对物体形象进行简化。在结构装饰方面,要强调道具造型的表现力、韵律和色彩等,密切联系商品和橱窗构图,结构协调统一。滥用装饰和片面追求色彩,忽视道具对商品所起的真正作用,脱离了商品本质,即使造型、装饰、色彩都完美的道具,也是没有意义的,因为它不能起到应有的烘托展示商品的作用。

3. 灯光设计

光和色是不可分割的,按现代舞台灯光设计的要求,为橱窗配上适宜的灯光,不仅能起到照明作用,而且还能使橱窗原有的色彩产生戏剧性的变化,以达到吸引消费者的作用。橱窗中的灯光,因光源位置的高低、种类以及光源颜色等的不同,对商品本身的色彩有一定的影响,这就要求灯光设计者要慎重选用光源,做到尽量反映商品本来的面目,给人以良好的心理印象。例如,食品橱窗的灯光,宜用橙黄色的暖色光,这样能增强人们的食欲。而蓝、白等冷色光,适用于家用电器橱窗陈列,能给人以科学和贵重的心理感受。商品的固有色在不同颜色灯光的投射下,必然会产生不同的色彩反映。

现代橱窗设计更加强调立体空间感和空间布置的肌理对比。首先,因为商品大多陈列于橱窗的中下部分,而上部分空间常常利用不足,因此,设计者常用悬挂装饰物的办法来弥补,以增强空间的立体感。其次,装饰物、背景和橱窗底部的材料也讲究与商品的肌理对比。

此外,很多零售企业还利用滚动、旋转、振动的道具,真人模特等,给静止的橱窗设计增加了动感。总之,随着技术和材料的发展、现代橱窗广告设计思想的更新,橱窗设计在内容和形式等方面不断丰富,其对零售店的作用日趋提高。但值得注意的是,橱商设计者在设计时不能只注重形式变化而忽略广告宣传的目的,造成喧宾夺主的后果,这样的橱窗设计是不利于零售企业经营的。

(四) 橱窗的类型

国外学者称橱窗是"向消费者作最后一分钟的提示",由此可见橱窗的魅力。为了呈现精彩的橱窗,有必要对其进行周密的设计,因此,必须明确橱窗的类型。橱窗有多种类型,概括起来主要有以下几种。

1. 综合式

综合式橱窗是将许多不相关的商品罗列在一个橱窗内进行展示,所展示的商品之间差异较大,因此,设计者在设计时要小心谨慎,以免给人杂乱的感觉。这种类型的陈列方法主要包括以下几种:(1) 横向陈列。横向陈列是将商品分组横向摆放,引导顾客从左向右或从右向左观赏并挑选商品。(2) 纵向陈列。纵向陈列是将商品按橱窗容量大小,纵向陈列在几个部分,前后错落有致,方便顾客自上而下依次观看和购买商品。(3) 单元格陈列。单元格陈列是用分格支架把商品分类集中陈列,供顾客分类欣赏和挑选,多用于小商品。

2. 系统式

规模较大的零售商店,橱窗面积较大,可按照商品的类别、功能、材料、用途等因素分别组合陈列,具体又可分为以下几种:(1) 同质同类商品陈列。同质同类商品陈列是指把同种类型和由相同性质材料制造的商品组合在一起的陈列方法。例如,各种品牌的电视机、空调和自行车等的展示橱窗。(2) 同质异类商品陈列。同质异类商品陈列是指把由相同性质材料制造但类别不同的商品组合在一起陈列。例如,羊皮衣、羊皮包和羊皮手套等组合的羊皮制品系列橱窗。(3) 同类异质商品陈列。同类异质商品陈列是指把由同一类别但制造材料不相同的商品组合在一起陈列。例如,护手霜、润肤露和护肤霜等组合的化妆品系列橱窗。(4) 异质异类商品陈列。异质异类商品陈列是指把不同类别但用途相同的商品组合在一起陈列。例如,体育用品商店,把各种运动器材混合在一起陈列。

3. 专题式

专题式橱窗陈列,是以某一特定事件或节日,组合不同零售店或同一零售店不同类型的商品进行陈列,向顾客传递某一主题。比如,节日商品系列陈列、绿色商品系列陈列等,这种橱窗陈列的实质是一个专题广告。

专题式橱窗陈列大多设计为以一个特定环境或特定事项为中心的商品组合陈列,又可细分为以下几种:(1) 环境专题陈列。环境专题陈列是指按照商品的用途,把有关联性的多种商品,利用道具和装饰,布置成一个特定环境橱窗,以诱发顾客的购买欲望。例如,旅游景点的旅游品专卖店,将有关旅游用品组成一个特定的旅游专题展示橱窗。(2) 节日专题陈列。节日专题陈列是指以庆贺某个节日为主题而组合的节日专题商品陈列橱窗。比如,在我国传统的端午节,以各式粽子、黄酒等组成的节日橱窗;圣诞节以圣诞礼品组合的圣诞橱窗等。节日专题陈列既介绍宣传了商品,又烘托了节日的气氛。(3)事件专题陈列。事件专题陈列是指以社会上某项重大活动为主题,将有关联的商品组成专题橱窗,如大型运动会期间的体育用品橱窗陈列等。(4)科技专题陈列。科技专题陈列主要是将市场上出现的新产品及其先进生产工艺等组合橱窗陈列,以及时向顾客宣传推广,反映当今科技成果,吸引潜在顾客购买。

4. 特写式

特写式商品橱窗陈列是指专业设计人员运用不同的艺术形式和处理方法,在特定的橱窗内集中介绍某一零售店的商品。这类陈列适用于特色商品和新产品的广告宣传。具体包括两种形式:(1)单一商品特写橱窗。单一商品特写橱窗就是在一个橱窗里只陈列一件商品,且该商品一般是新商品或顾客不熟悉的商品,目的是对其进行大力宣传和推销,如只陈列一台新款电视机或电冰箱等。(2)商品模型特写橱窗。对于体积过大或过小的特殊商品,用实物陈列有诸多不便,可用商品模型代替实物展示,如汽车模型、手机模型特写橱窗等。

5. 季节性商品陈列

根据季节变化将季节商品组合陈列,满足顾客购买时令商品的需要,以扩大销售。例如,冬末春初的羊毛衫、风衣展示;春末夏初的夏装、凉鞋、凉帽展示;夏末秋初的毛线服装展示;秋末冬初的皮衣展示等。

零售店的橱窗陈列形式多种多样,有底座式橱窗、斜坡式橱窗、暗箱式橱窗和封闭式橱窗等。不论何种形式,橱窗规格应与商店整体建筑和店铺营业环境相适应。零售店经营者可根据经营规模的大小、橱窗结构、商品特点及顾客需求等因素,选择具体的橱窗陈列设计形式。

三、店面广告设计

店面广告又称售点广告,是指设置在店铺购物场所的周围、入口及陈列商品区域的广告。

(一)店面广告的功能

商店的橱窗内、陈列架上,各厂商竞相争夺较好的陈列位置与较多的陈列空间。其实,陈列架以上到天花板的空间也非常重要,虽然不实际摆上产品,但挂上一个富有创意的店面广告,也会对销售效果大有好处。总的来说,店面广告具有以下几个方面的功能:

1. 确实掌握消费者的购买行为

店面广告是大众传播广告的补充工具。厂商可以运用各种大众传播媒体传达企业印象及商品印象给消费者,但在消费者走入商店,考虑购买与否的一刹那紧要关头,店面广告能更有效地唤起消费者的再记忆,使之形成最终购买决定,以免消费者临时变卦,功败垂成。

2. 无声的忠实推销员

店面广告被张贴在墙壁上或被吊挂在天花板下,传达厂商商品的信息,忠于职守,永不擅离工作岗位。

3. 提高厂商商品的知名度

店面广告摆设在零售店最显眼的位置,能快速、大幅度提高广告商品的知名度。

4. 新产品的告知

店面广告能及时向消费者传达最新产品的消息,提示顾客购买、尝试。

5. 诱使消费者产生购买欲望

许多店面广告的设计色彩鲜亮、形象生动、图文并茂,可对消费者形成强烈的感官刺激,诱使消费者产生购买欲望。

6. 争取零售店的销售空间

店面广告可以张贴、悬挂,在宣传、促销的同时,可以节省店内的有效空间,增加实体商品的陈列面积。

(二) 店面广告的设计原则

店面广告设计时必须注意广告的独特性。无论采用发放形式,还是采用陈列形式,都必须独特、新颖,能够迅速让顾客注意到并且激起他们"想要了解"和"想要购买"的欲望。一般情况下,零售店的店面广告设计应遵循以下原则:

1. 简练、醒目

店面广告要想在琳琅满目的商品中引起顾客的注意,必须以简洁的风格、新颖的格调、协调的色彩突出自己的特色。否则,就会被消费者忽视。

2. 重视陈列设计

店面广告不同于节日的点缀。店面广告是商业文化中企业经营环境文化的重要组成部分。因此,店面广告的设计要有利于树立企业形象,借助商品陈列、悬挂以及货架的结构等,加强和渲染购物场所的艺术气氛。

3. 强调现场效果

由于店面广告具有直接促销的特点,因此设计者必须深入实地了解店内的经营环境,研究经营商品的特色。比如,商品的档次、零售店铺的知名度、质量、工艺水平、售后服务状况等,研究顾客的心理特征与购买习惯,以求设计出最能打动消费者的店面广告。

(三) 店面广告的种类

店面广告可以分为室内店面广告和室外店面广告两种。

1. 室内店面广告

室内店面广告是在经营场所内部的各种广告。室内店面广告的设计十分注重展示商品的质地、服务的周到,通过现代声像技术可以营造出一种温馨的购物氛围,以便更好地唤起消费者的消费意识,激发消费者的消费欲望,最终促使消费行为产生。室内广告比任何其他形式的广告更能接近消费者,因而对消费者购买行为的影响也是最大、最直接的。通常出现在店内的店面广告方式有以下几种:

(1) 悬挂式广告。这类广告从天花板梁柱上垂吊下来,印有各种品牌图案,容易引起顾客注目,而且从各个角度都能看清楚。

(2) 柜台广告。柜台上的店面广告陈列,主要展示各类商品实物,最能吸引消费者的注意力。因此,最能激发购买欲望。

(3) 壁面广告。壁面广告以海报、装饰旗为主,除具有商品告知的功能外,亦能美化商店的壁面。

(4) 落地式广告。放置在地板上的广告,材料可使用纸、厚纸板、塑胶、金属等。

(5) 吊旗广告。一般在短期内使用,以各种布、塑胶布为主要材料,装饰在商店内,最适合用于促成广告活动的高潮及塑造季节气氛。

(6) 动态广告。利用店面广告里面隐藏的马达产生动作,如上下、回转等,造成一定的动态效果,充满乐趣。

(7) 光源广告。在广告内部放入荧光灯,利用其光源将商品的介绍文字、图形照亮。

(8) 价目表及展示卡。价目表上写明标价,展示卡上说明商品的特性。此种属于小型的POP,放置在商品旁、橱窗内,或直接与商品附着一起,视觉效果极佳。

(9) 贴纸。粘贴在商品表面、橱窗玻璃、车辆玻璃上的小型印刷物。大多以平面印刷,或以合成纸压成凸型。小巧、不占空间、价格便宜,极具广告效果。

(10) 橱窗式广告。放置在橱窗内的广告,在商品陈列时可分成综合式、系统式、季节性、特写式、专题式五种类型。

2. 室外店面广告

室外店面广告是相对室内店面广告而言的,泛指零售店门前及附近的一切广告形式。例如,招牌、店面装饰、广告牌、橱窗设计等。在繁华的商业闹市里,最能吸引消费者注意力的便是室外广告,因而室外店面广告在设计上应注重突出零售店的外部特征,具有鲜明、独特的个性,以引导和强化消费者的差别意识。

(四) 各类广告材料的选择

纸是设计店面广告最常用的材料之一。它的优点是成本低廉、质地稳固、便于印刷、更换方便等。广告策划者可以在纸上调配各种颜色,印刷各种图案,用来突出广告宣传的视觉效果,把商品的特色充分地展示出来。

除了纸以外,布料也是店面广告的主要材料之一。布料也具有纸质广告的优势,易于染色,便于携带运输,成本较低,但是布料存在着在印刷过程中图案效果不明显的缺点,因此布料只适合设计"写意"式广告,不宜设计"工笔"式店面广告。

在店面广告设计中,金、银、铜、不锈钢等金属具有不透水、硬度大、陈列时间长的优点,也可以作为店面广告设计的材料来选择。但是金属的缺点是视觉效果较差,而且一旦遭到风吹雨淋后,加上保养不当,将严重影响店面广告的效果。

除了上面介绍的三种材料之外,皮革也是制作店面广告的常用材料。皮革具有质地稳定、便于雕刻等特点,所以会给人以雅致、高贵的感觉,能够充分体现某些商品的个性,增强商品的文化附加值。在皮革上雕刻会使店面广告具有一种立体感,是中高档商品店面广告设计的主要材料。

四、店面通道设计

(一) 店面通道设计原则

在对零售店的店面通道进行设计时,要遵循五个原则,分别是:开放畅通,无障碍,使顾客轻松出入原则;曲径通幽,使顾客停留更久原则;通道笔直,少拐角,使顾客行走方便原则;通道照明要明亮清洁,使顾客心旷神怡原则;卖场与后场衔接紧密,使补货更加容易原则。

1. 开放畅通,无障碍,使顾客轻松出入

如果一家零售店门面局促、人口拥挤,即使店内商品丰富、价格便宜,依旧无法招徕顾客。商店很可能在开门之日就走向灭亡。成功经营的第一步是让顾客进门。所以,通道要足够宽,即要保证顾客提着购物篮或推着购物车时,能与别的顾客并肩而行或顺利地擦肩而过。良好的通道设置要能引导顾客按照设计的自然走向,通往卖场的每一个角落,接触所有的商品,消灭死角和盲点,使卖场空间得到最有效的利用。连锁店的通道一般设计为既要"长"的留住顾客,又要"短"的一目了然,还要考虑顾客走动的舒适性和非拥挤性。

2. 曲径通幽,使顾客停留更久

据调查显示,在购物的消费者中,有明确购物目标的顾客只占总购物顾客的25%,而75%的顾客属于随机购买和冲动性购买。因此,为了吸引顾客在店里停留更长时间,必须增强商品的存在感,使店内商品最大限度地与顾客亲密接触,使顾客伸手可得,最终产生购买刺激并实际购买该商品。理论上,当商品丰富、店面宽阔时,会扩大消费者的选择余地,加强对消费欲望的刺激,卖出更多的商品。而实际上,这样一来企业将会为店面租金和进货成本付出更多,所以科学的通道设计,合理安排淡旺季商品,才能真正起到留住顾客、扩大销售的效果。

3. 通道笔直,少拐角,使顾客行走方便

要尽可能避免出现"迷宫式"通道,尽可能进行笔直的单向通道设计。在顾客购物过程中,尽可能通过科学合理的货架排列方式,避免顾客走回头路。即使在通道途中有拐角,也要尽量少,而且可以借助连续展开不间断的商品陈列线来进行调节。

4. 通道照明要明亮清洁,使顾客心旷神怡

明亮清洁的卖场通道和优雅轻松的购物环境,往往会使顾客对店内商品产生一种新鲜优质的感觉。在设计通道时,要在整洁与顾客心中的优质之间建立心理连接,合理运用有效的空间和内部的灯光、音响、摆设、色彩,使之互相配合,营造出令顾客心旷神怡的购物氛围。

5. 卖场与后场衔接紧密,使补货更加容易

卖场与后场的通道联系,是卖场通道设计必须注意的一个问题。后场包含仓库、办公区、更衣室等,主要功能是进行商品的补给。所以在设计通道时,要寻找最合理、最经济的商品补给路线,一般选择最短的距离;采取单行道方式,减少多种商品补给线的交叉或共用;地板平整一致,保证商品补给的平稳顺畅,避免出现台阶、门槛等;建议后场使用推拉门,这样可使出入口宽敞,节约开门空间,美观又实用。对于实行正规配送制的商店,按照国外卖场的经验,后场与卖场面积之比约为2∶8,商品库存与上架之和是前一天销量的1.5倍。

(二) 零售店通道的种类

零售店的通道是指顾客在卖场内购物行走的路线。通道设计的好坏直接影响到顾客能否顺利地进行购物,影响到零售店的销售业绩。零售店卖场中的通道可以分为直线式通道和回型通道两类。

1. 直线式通道

直线式通道也被称为单向通道。这种通道的起点是卖场的入口,终点是卖场的收款台。顾客依照货架排列的方向单向购物,以商品陈列不重复、顾客不回头为设计原则,它使顾客在最短的线路内完成购买行为。

2. 回型通道

回型通道又被称为环型通道,通道布局以流畅的圆形或椭圆形按从右到左的方向环绕零售店的整个卖场,使顾客依次浏览商品,购买商品。在实际运用中,回型通道又分为大回型和小回型两种线路模式。

(1) 大回型通道。这种通道适合于营业面积在1 600平方米以上的零售店。顾客进入零售店卖场后,从一边沿四周回型浏览后再进入中间的货架。它要求卖场内部一侧的货位一通到底,中间没有穿行的路。

(2) 小回型通道。它适用于营业面积在1 600平方米以下的零售店。顾客进入零售店卖场,沿一侧前行,不必走到头,就可以很容易地进入中间货位。

在设计零售店或卖场的通道时,应注意通道要有一定的宽度。一般来讲,营业面积在600平方米以上的零售店,卖场主通道的宽度要在2米以上,副通道的宽度要在1.2～1.5米之间。最小的通道宽度不能小于0.9米,即两个成年人能够同向或逆向通过(成年人的平均肩宽为0.45米)。在设计通道时还应注意不能给卖场留有"死角"。"死角"就是顾客不易到达的地方,或者顾客必须折回才能到达的地方。顾客光顾"死角"货位的次数明显少于其他地方,非常不利于商品销售。

(三) 主、副通道设计方法

卖场通道一般分为主、副通道,主通道是顾客从店门进入店内的通道,是诱导顾客行动的主线。副通道是辅助的通道,可以帮助顾客进入店内的各个角落。零售卖场流动线布局应充分考虑主副通道的宽度、商品布局及路线选择、非营业场所与营业场所连接等各个方面。主、副通道不是根据顾客的随意走动来设计的,而是根据店内商品的配置位置与陈列来进行设计的。

1. 主、副通道要相适宜

主通道的形状一般以"凹"字形为代表,可以让顾客顺利并明显地看到陈列的各大类商品,并能走过店内主要的商品陈列区,较快找到目标商品。大中型卖场的主通道宽度一般在2米以上,副通道在1.2～1.5米。最窄的通道也不能小于0.9米,因为这是两个人并行或逆行非侧身避让的最小宽度。由于结算台前集中了大量购物袋和购物车,最容易形成排队拥挤的情况,所以也是最容易成为使顾客产生厌购心理的区域,在通道设计时应考虑到这一因素,适当加大收款台前的通道宽度。

2. 主、副通道要有层次感

主、副通道要错落有致,把不同商品陈列在不同空间,在顾客感受上加以显著区别。一般卖场的主力商品尽量放在主通道,而连带商品和辅助商品安排在副通道,但也要考虑整体商品布局。为了消除卖场"死角",有的店铺也将特价商品或畅销品摆放在最里面或副通道上。

3. 主通道要保证畅通

主通道内应尽量少放置广告牌、尝试台等设施,少采用商品突出陈列,更不能陈列与所售商品无关的器具用品,以免阻碍客流,影响销售。

总之,通道的走向设计和宽度设置是根据卖场规模、预计客流、商品品种、性质等综合确定的。既不能形成阻塞感,又不能造成空间使用的不经济,这是通道设计不断探索的目标。

五、店面布局设计

零售店是企业与顾客以货币和商品进行交换的场所。不同的商品布局带给来店顾客的感受是不相同的,对商品销售所起的作用也是不同的。从商场的经营方针来看,卖场的布局是非常重要的一环。顾客是零售店布局的最终评判员,他们对卖场感觉的好坏直接影响着商店货品的销售状况。顺应顾客的感觉,抓住顾客的心理是商店布局的中心指导思想。

 拓展案例

沃尔玛、沃尔格林、CVS、健安喜、Kerr Drug 等主流药品零售商纷纷改变店面布局

光顾店面时间缩短、交易量减少和对价值关注持续升温是消费者购物习惯改变的三个显著方面。为了迎合这种改变,零售商需要付出更多努力,以达到维护顾客忠诚度、吸引新型消费者加入的目的。

从店面布局入手的改变已经在美国蔚然成风,沃尔玛、沃尔格林、CVS、健安喜、Kerr Drug 等主流药品零售商为了提供更方便、愉悦的购物体验,纷纷改变店面布局。

一、沃尔玛推出"影响力计划"

为了给消费者提供"快速、干净和友好"的服务,缓解店内的陈列混乱状况,改善购物环境,沃尔玛正在执行一项为期五年、名为"影响力计划"的项目。项目的内容如下:

1. 扩展店面,以使店内更敞亮。

2. 走道设计更合理,使消费者停留在店内的任何地方都能容易找到自己所需产品的陈列区域。

3. 健康和美丽产品陈列区临近日常杂货用品区,便于目的明确的购物者快速找到产品,且有利于关联性购买。

4. 药房将设立在多数店面的中心位置。

5. 重新装配的店内智能网络电视的垂直屏幕靠近药房和两端通道,播放特色产品信息

和促销活动信息,推动消费者在店内做出购买决策。

6. 淘汰花车式的陈列方法。

7. 将销量最佳的产品种类陈列在最醒目的位置。放弃传统的、鼓励消费者穿越于货架之间,寻找他们渴望的产品的模式。

公司计划对美国近3 600家店中的70%进行"影响力计划"改造,并在2014年之前完成。随着多数消费者购买私有品牌,沃尔玛也改变了其经营方式:

1. 延伸并加强其生活日用自有品牌惠宜(Great Value)的产品线。

2. 对OTC自有品牌Equate旗下系列产品进行降价。

3. 增加了销售表现好的品类的空间面积,以更好地展示品类,减少了效益不好的品类的品项数(部分情况下削减了80%)。

4. 为了避免消费者因在店内找不到被撤下的商品而感到失望,沃尔玛通过网络为消费者提供广泛的选择,消费者可在网上购买,随后在最近的沃尔玛店面取货。

二、沃尔格林强化便利和专业

沃尔格林可以称为门店改造的先行者,其CCR门店改造早已为业界所熟悉和称赞。除此之外,为应对消费者更加关注价值的改变,现在,沃尔格林65%的过道货架都陈列着自有品牌。

作为沃尔格林旗下的区域连锁,Duane Reade新的品牌广告语"Duane Reade令纽约生活更简单"就能体现其改变方向。2009年11月在纽约开设的新店则具体阐释了改变细节:

1. 将食品、美容品和药房设立在同一区域,为消费者提供便利性。

2. 实施"处方改变"计划,改善药房服务,迎合城市消费者需求。

3. 通过设立私人诊疗区域,以及在药房柜台内设立私人通道来扩大私密空间。

4. 增强医疗服务。新店的诊所内推行无需预约服务,为多种病症提供治疗和保健方法。同时,消费者还可以从自然疗法医师那里获得维生素和矿物质补充剂的服用建议,此项目是与维生素、矿物质补充剂厂家InVite的合作项目。

三、CVS传递关怀与价值

CVS已对其于2008年收于麾下的541家Longs Drugs的经营模式进行重新调整和改善:

1. 2009年11月的促销活动期间,新店地面全面铺上了Longs Drugs象征性的地毯。

2. 女性为该店的核心消费群体,按照女性的平均身高160厘米,调低货架高度,让货架上的商品一览无余。

除了聚焦新近收购的店面,CVS始终坚持向消费者传递价值理念。

1. 2009年年初,公司推出一个新的营销项目,数千款产品全部低于4美元,并以主题陈列的形式推出。

2. 货架标签和海报宣传鼓励消费者对多种大的全国性品牌和其自主品牌的活性成分进行对比,发现价值。

3. 扩展店内诊所MinuteClinic,为消费者提供价格可承受的健康管理产品。据市场调研集团Kalorama Information称,MinuteClinic目前是领先的零售诊所,并保持着迅速增长的势头。

四、健安喜兼顾丰富与独特

此前致力于与体重控制辅助食品和运动营养补充剂的零售商健安喜,在2009年9月揭开了新店格局的面纱,其中的显著变化如下:

1. 新店给促进全身健康的天然、替代疗法以更多的重视和关注。
2. 店内产品的数量比以前的店翻了三倍。
3. 全店划分了四个区域,其中两个区域仍专供其核心的减肥和运动营养产品;其他区域则陈列了种类繁多的品牌保健品,以及包括益生菌、顺势疗法和天然口腔护理产品等自有品牌产品。

这是继健安喜在2009年5月推出自有品牌WELLbeING(为涉及女性健康方方面面问题提供解决方案的产品线)之后的又一成功举动,增强了健安喜与其他零售药房的竞争力。另外,与Rite Aid 达10年的"店中店"合作使它获得了诸多方面的专业经验。

五、Kerr Drug 专注细分市场

区域药店Kerr Drug在其传统药房中加入了替代医学和顺势疗法的产品,并将旗下数家店面转型为"天然Kerr"(Naturally Kerr)店。三家Naturally Kerr店于2009年开业,采用的是"店中店"模式,占据了近四分之一的零售空间。

随着健康教育的普及,消费者对身心全面保健的意识逐渐提高,Kerr Drug店内天然、顺势疗法和有机产品逐渐替代了传统药店中的便利类商品。

(一) 店面布局的原则

科学合理地设计零售店内部环境,对顾客、对企业自身都是十分重要的。它不仅有利于提高零售店的营业效率和营业设施的使用率,而且还有利于为顾客提供舒适的购物环境,满足顾客精神上的需求,使顾客乐于光顾本店购物消遣,从而达到提高零售店经济与社会效益的目的。在设计零售商店的布局时,应遵循以下几条原则。

1. 便利顾客,服务大众

零售店布局设计必须坚持以顾客为中心的服务宗旨,满足顾客的多方面要求。今天的顾客已不再把"逛商场"看作是一种纯粹的购买活动,而是把它作为一种集购物、休闲、娱乐及社交为一体的综合性活动,因此,零售店不仅要拥有充足的商品,还要创造出一种适宜的购物环境,使顾客享受到最完美的服务。

2. 突出特色,善于经营

零售店布局的设计应依照经营商品的范围和类别以及目标顾客的习惯与特点来确定。以别具一格的经营特色,将目标顾客牢牢地吸引到零售店里来。使顾客一看外观,就驻足观望,并产生进店购物的愿望;一进店内,就产生强烈的购买欲望。例如,日本品川区的一家茶叶店在店前设置了一个高约1米的人偶像,其造型与该店老板一模一样,只是进行了漫画式的夸张,它每天站在门口笑容可掬地迎来送往,一时间顾客纷至沓来。

3. 提高效率,增长效益

零售店布局的科学设计,能够合理组织商品经营管理工作,使进、存、运、销各个环节紧密配合,使每位工作人员都能够充分发挥自己的潜能,节约劳动时间,降低劳动成本,提高工作效率,从而增加企业的经济效益和社会效益。

 拓展知识

日本便利店的店面布局

便利店各门店的结构与内容是基本一致的,其建筑格式与招牌也整齐划一。这是因为要在顾客的心目中形成便利店有着共同的形象的印象,而便利店也正是立足于这种顾客认同之上的商业形式。日本的便利店在门店内商品的布局情况如下:

入口处一般摆放杂志和读物。周刊是每周更换、月刊是两周一次,这里常常聚满"白看杂志的顾客"。它的意义在于吸引回头客。同时,这些白看的客人也给商店带来"顾客喜欢的店"和"好进的店"等印象。

迎门两排货架是日用品、化妆品、文具。为避免日光直射引起变质,这里一般不放食品。收款台跟前放着热饮料和日本人喜欢的卤煮菜与热包子。这些是即兴购买的商品,放在手边能引人食欲,店员也好招呼。再往里或两侧靠墙是轻食品、点心、便当和包装蔬菜,还会有一台投币式复印机。

最里面一般是冷饮柜,有卖酒执照的还有冰镇啤酒。这些是畅销品,顾客会专门来买,所以放在里面。顾客往里走走也许会看到别的想要的商品。

(二) 零售店布局的指导理论

目前,比较流行的商店布局的指导理论是磁石理论。磁石理论就是指在配置商品时,在各个吸引顾客注意力的地方陈列合适的商品,来诱导顾客逛完整个营业现场,并刺激他们的购买欲望,扩大零售营业现场的商品销售。以超市为例,卖场磁石可分为五类(见表3-1),应按不同的磁石点来配置相应的商品。

表3-1 五个卖场磁石点

磁石点	位置	特点	配置商品
第一磁石点	位于卖场主通道的两侧,是顾客的必经之地,也是商品销售的主要地方	由于特殊的位置优势,不必刻意装饰即可达到很好的销售效果	购买频率高、采购力强的商品,如牛奶、面包、蔬菜、肉类等
第二磁石点	位于主通道外侧靠近卖场底部的位置,如主通道入口处、电梯出口等	引导消费者走到卖场各个角落,需要突出照明和陈列装饰	流行商品、容易抓住消费者眼球的商品、季节性强的商品
第三磁石点	卖场中央陈列货架两头的端架位置	顾客接触频率最高的位置,营利机会多	特价商品、高利润商品、促销商品
第四磁石点	位于卖场中副通道两侧	以单项商品吸引消费者,需要在陈列方法和促销方式上加强	热销商品、需大量陈列的商品、广告宣传商品
第五磁石点	位于收款处前的中间卖场,是非固定卖场	能引起顾客集中,烘托门店气氛	用于大规模展销、特卖活动、节假日促销商品

1. 第一磁石点

第一磁石点位于卖场中主通道的两侧,是顾客必经之地,也是商品销售最主要的地方。此处配置的商品主要是:主力商品、购买频率高的商品、采购力强的商品。这类商品大多是消费者随时需要,又时常购买的,如蔬菜、肉类、日用品等。对于百货商店,可布置最有吸引力的商品,如珠宝首饰、化妆品等。

2. 第二磁石点

穿插在第一磁石点中间,一段一段地引导顾客向前走。主要配置流行商品、季节性强的商品、色泽鲜艳且引人注目的商品。第二磁石点需要特别突出照明和陈列装饰,让顾客一眼就能辨别出其与众不同的特点。第二磁石点上的商品应根据需要每隔一段时间便进行调整,以保持其对顾客的吸引力和新鲜感。

3. 第三磁石点

第三磁石点是指中央陈列架两端的端架位置。端架是顾客接触频率最高的地方,可配置下列商品:特价商品、高利润商品、厂家促销商品。

4. 第四磁石点

第四磁石点通常是指卖场中副通道的两侧,是充实卖场各个有效空间的陈列,也是在长长的陈列线中引起顾客注意的位置。在商品布局上以单品规划为主,突出商品的品种繁多,可挑选性强。为使这些单项商品引起顾客的注意,应在商品陈列和促销方法上对顾客做刻意的表达诉求。主要配置商品是流行、时尚商品,有意大量陈列的商品,广告效应强的商品等。

5. 第五磁石点

第五磁石点位于收款区前的中间卖场,是组织大型展销、特卖活动的非固定场所。通过在此处进行部分品种的大量陈列,造成一定程度的顾客集中,烘托门店气氛。同时,展销主题的不断变化,也能给消费者带来新鲜感,从而达到促进销售的目的。

(三) 常见的布局类型

为了使卖场布局突出商品的针对性,商店常常会根据销售情况对卖场进行布局。这种布局既是相对稳定的,又并非一成不变。比较经典的店面布局类型主要有格子式布局、岛屿式布局和自由流动式布局三种。

1. 格子式布局

这是传统的商店布局形式。超市卖场一般呈格子式布局,格子式布局是商品陈列货架与顾客通道都成长方形状分段安排,而且主通道与副通道宽度各保持一致,所有货架相互呈并行或直角排列。这种布局在国外或国内超级市场中常可以看到,当购物者在走道上推着购物车,转个弯就可以到达另一条平行的走道上,这直直的走道和90°的转弯,可以使顾客以统一方向有秩序地移动下去,犹如城市的车辆依道而行一样。

格子式布局的优点是可以创造一个严肃而有效率的气氛;走道依据客流量需要而设计,可以充分利用卖场空间;由于商品货架的规范化安置,顾客可轻易识别商品类别及分布特点,便于选购;易于采用标准化货架,可节省成本;有利于营业员与顾客的愉快合作,简化商品管理及安全保卫工作。格子式布局的缺点是商场气氛比较冷淡、单调;当拥挤时,易使顾客产生被催促的不良感觉;室内装饰方面创造力有限。

2. 岛屿式布局

岛屿式布局是指柜台以岛状分布，用柜台围成闭合式，中央设置货架，可布置成正方形、长方形、圆形、三角形等多种形式。这种布局是在营业场所中间布置成各不相连的岛屿形式，在岛屿中间设置货架陈列商品，一般用于百货商店或专卖店，主要陈列体积较小的商品，有时也作为格子式布局的补充。现在国内的百货商店在不断改革经营手法，许多商场引入各种品牌专卖店，形成"店中店"，于是，岛屿式布局被改造成专业店布局而被广泛使用。实践证明，这种布局是符合现代顾客要求的。专业商店布局可以按顾客"一次性购买钟爱的品牌商品"的心理设置。例如，在顾客买某一品牌的皮革、西装和领带时，以前需要走几个柜台，现在采用专业商店式布局，在一个部门即可买齐。

岛屿式布局的优点是可充分利用营业面积，在消费者畅通的情况下，利用建筑物特点布置更多的商品货架；采取不同形状的岛屿设计，可以装饰和美化营业场所；环境富于变化，使消费者增加购物的兴趣；满足消费者对某一品牌商品的全方位需求，对品牌供应商具有较强的吸引力。岛屿式布局的缺点是由于营业场所与辅助场所隔离，不便于在营业时间内临时补充商品；存货面积有限，不能储存较多的备售商品；现场用人较多，不便于柜组营业员的相互协作；岛屿两端不能得到很好利用，也会影响营业面积的有效使用。

3. 自由流动式布局

自由流动式布局是以方便顾客为出发点，试图把商品最大限度地展现在顾客面前。这种布局有时既采用格子形式，又采用岛屿形式，是一种顾客通道呈不规则分布的卖场设计。

自由流动式布局的优点是货位布局十分灵活，顾客可以随意穿行于各个货架或柜台；卖场气氛较为融洽，可促使顾客的冲动性购买；便于顾客自由浏览，不会产生急迫感，增加顾客的滞留时间和购物机会。自由流动式布局的缺点是顾客难于寻找出口，难免心生怨言；顾客拥挤在某一柜台，不利于分散客流；不能充分利用卖场，浪费场地面积；这种布局方便了顾客，但对商店的管理要求却很高，尤其要注意商品安全的问题。

除了上述三种经典店面布局以外，还有几种常见的布局形式：

（1）沿墙式。沿墙式是将柜台、货架等设备沿墙布置，由于墙面大多为直线，所以柜台货架也呈直线分布。这是最基本、最普通的设计方式。采取这种方式布置，其售货柜台较长，能够陈列和储备较多的商品，有利于减少店员、节省人力，便于店员互相协作，并有利于安全管理。

（2）斜角式。斜角式是将柜台、货架等设备与营业场所的支撑物体呈斜角布置，斜向布置能使店内视距拉长，形成更为深远的效果，使店内既有变化又有明显的规律性，从而使营业场所获得良好的视觉效果。

（3）陈列式。陈列式是把销售现场敞开布置，形成一个商品展示陈列出售的营业场所，店员与顾客没有严格界限，在同一范围内活动。它利用不同造型的陈列设备，分类分组，随着客流走向和人流密度变化而灵活布置，使店内气氛活泼。这种布局的特点是便于顾客参观选购商品，充分利用营业面积，疏散顾客流量，也有利于提高服务质量，是一种比较先进的设计形式，也正被越来越多的专卖店经营者所采用。

任务三 创造良好的购物环境

导入案例

Tattered Cover 书店的环境就像一只舒适的旧拖鞋

Tattered Cover 书店的店主 Joyce Meskis 将她的书店比喻成"一只舒适的旧拖鞋"。顾客们也很有同感,他们可以舒舒服服地躺在那些点缀在商店里的沙发和安乐椅上。但是如果你用零售商的一双行家的眼睛来看时,你就会发现这只"舒服的拖鞋"简直是由纯金打造的。

Tattered Cover 书店的总经理 Linda Millemann 说,他们书店的年营业额至少在 1 000 万美元以上,并且仍在增长。自从 Meskis 1974 年开设这家书店以来,就非常受欢迎。这家书店成功的秘密在于将家庭的气氛与书香气息有效地结合起来。书店的氛围有点像古典式的书店,书籍整齐地排列在用温暖的深色油漆漆成的松木书架上面。地毯是平和的深绿色,布局有致的椅子和沙发,便于顾客自由地休息和阅读。书店的员工坐在老式的图书馆用的木桌旁,使用深棕色的计算机工作。

书店也采取了一些营销技巧。例如,在烹饪书籍部,购书者可以在一个木制餐厅里翻阅最新的菜谱;心理学书籍部有一个"柔软的沙发椅",类似于那只曾在弗洛伊德办公室里使用过的椅子;宗教书籍部有一个类似教堂里的那种木制长凳。

Millemann 说:"整个书店提供了一种'请进、请坐和请阅读'的真诚邀请的氛围。我们的唯一追求是使顾客在这里对书籍产生兴趣,为此我们不惜付出汗水和眼泪。"

资料来源:任锡源.《零售管理》[M].北京:首都经济贸易大学出版社,2012.

对顾客来说,逛商店不仅具有完成购物计划的功用性价值,还具有使顾客感到放松、愉悦的享乐性价值。所以,零售企业不仅应提供适当的商品,满足顾客的购物需要,而且应利用服务设施及背景音乐、色彩、图案为顾客营造良好的购物环境,增强顾客在购物过程中的正面消费情感,从而提高顾客对零售企业的满意度和信任感。零售店购物环境的构成要素包括以下几个方面:

1. 零售氛围

它是影响人们对自己周围环境的看法与反应的一个重要因素。零售氛围包括人们的听觉、视觉、触觉和嗅觉等感觉系统感受到的音乐、光线、气味和颜色等物质性环境因素。音乐是人们情感产生和形成的一个重要刺激因素。人们常常在广告中和商店里使用音乐,以影响听众的情绪。快节奏的音乐主要表现人们的正面情感,而慢节奏的音乐主要表现人们的平静或悲伤之情。光线、颜色和气味也是影响商场形象和顾客选购行为的重要因素。店内的灯光分为基本照明光和装饰光,颜色分为主色调和点缀色。商场可以通过光线和色彩的合理运用,营造舒适、和谐、鲜明的环境氛围。气味也会直接影响消费者对商场的接近或回避行为。例如,蛋糕店散发出的香喷喷的气味,常常会吸引消费者进店选购。

2. 空间布局与设计

空间布局是指商店的服务设备、客流路线、商品陈列位置的安排方式及商店场地的分配。商店的设计因素包括企业的视觉形象设计系统和店内装饰装修风格。商店的VIS系统包括企业标志、标准字体、色彩应用等,它可以通过商店的招牌、商店内使用的包装袋、POP及商品陈列方式等直观信息表现出来。店内的装饰装修风格反映商店的个性特点。例如,商店内墙、地板、天花板色彩的运用,店内装饰物的使用都可以向消费者暗示该商店的定位,独特的装饰装修风格可以对顾客形成强烈的视觉冲击,使顾客形成深刻的印象。

3. 社交性环境因素

1988年,美国学者贝克、贝里和潘拉索拉曼等人首先提出了"社交性环境因素"的概念。他们认为,社交性因素是指顾客在服务场所与其他顾客和员工之间的交往,但他们并没有明确社交性环境因素的具体含义。近年来,欧美许多服务管理学者认为,社交环境类变量包括服务场所顾客的拥挤程度、顾客的特点和员工的特点等变量。许多欧美学者研究服务场所顾客拥挤程度对顾客行为的影响,他们的研究结果表明,顾客感知的拥挤程度对他们的购物经历有负面影响,即拥挤的环境会降低他们的满意程度和感知的服务质量与购物兴趣,减少他们购买的商品数量,增大他们推迟购物或到其他商店购物的可能性。他们认为,商店通道的宽窄、客流路线是否合理、商店内各品类场地的划分等都会影响顾客感知的拥挤程度。商店服务人员的性别、仪态仪表也是构成商店社交性环境的重要因素。贝克等人发现,商店营业员人数,营业员是否穿围裙,是否主动问候顾客,会影响顾客感知的服务质量。商店服务人员的仪态仪表是商店视觉形象系统的一个组成部分,如果服务人员统一着装,不但有利于企业形象塑造,也能方便顾客需要服务就能准确地辨认服务人员。服务人员是否热情、是否乐于为顾客服务是影响顾客购买决策的一个重要因素,与一个对顾客不理不睬的服务人员相比较,一个能主动与顾客沟通、积极为顾客提供所需服务的服务人员更能促成顾客的购买行为,同时,也更能给顾客留下良好的印象。

其中第二个要素空间的布局与设计,我们前面已经基本给大家做了阐述。第三个要素社交性环境因素我们在后面会给大家具体介绍。下面主要学习第一个要素——零售氛围,了解如何通过设计良好的零售氛围来营造良好的购物环境。零售氛围包括人们的听觉、视觉、触觉和嗅觉等感觉系统感受到的音乐、光线、气味和颜色等物质性环境因素,所以我们将对这几个方面进行介绍。

❋ 一、照明

零售店照明的目的就是正确地传达商品信息,展现商品的魅力,吸引顾客进入零售店,达到促销的目的。设计零售店照明的目的主要有两个:向目标顾客传输商品信息的"商品照明";营造良好购物气氛,增强陈列效果的"环境照明"。下面是零售店照明设计中常用的一些专业术语(见表3-2)。

表 3-2　零售店照明相关术语

术语名称	定义	单位名称	具体含义
光束	光亮	流明(lm)	光源整体的亮度
光度	光的强度	卡登拉(cd)	光源指向地面时,光的放射强度
辉度	光辉	每平方米卡登拉·纽特(cd/m·nt)	光源周围 1 平方米的光的强度
照度	场所的明亮度	勒克斯(lx)	1 平方米所照的光亮,100 瓦的白炽灯的正下方 1 米距离处的亮度为 100lx
光束发散度	物的明亮度	辐射勒克斯(rlx)	每平方米发散的光量

在设计零售店的照明时,经常按照基本照明、重点照明和装饰照明三种来具体设计。

(一) 基本照明

基本照明是确保整个零售店的卖场可以获得一定的能见度而进行的照明。在零售店里,基本照明主要用来均匀地照亮整个卖场。例如,天花板上的荧光灯、吊灯和吸顶灯就是基本照明。基本照明是用来营造一个整洁宁静、光线适宜的购物环境。一般来讲,自然光是最好的基本照明光源,它对人眼没有任何刺激,又可以展现商品的本色和原貌。

(二) 重点照明

重点照明也称为商品照明,是为了突出商品好的品质,增强商品的吸引力而设置的照明。常见的重点照明有聚光照明、陈列器具的照明以及悬挂白炽灯照明等。在设计重点照明时,要将光线集中在商品上,使商品看起来有一定的视觉效果。在零售店里,食品尤其是烧烤及熟食类食品应该用带红灯罩的灯具照明,以增强食品的诱惑力。

(三) 装饰照明

装饰照明是零售店为求得装饰效果或强调重点销售区域而设置的照明。装饰照明是零售店塑造其视觉形象的一种有效手段,被广泛地用于表现零售店的独特个性。常见的装饰照明有:霓虹灯、弧形订、枝形吊灯以及连续性的闪烁灯等。

在设计零售店的照明时,并不是越明亮越好。在零售店的不同区域,如橱窗、重点商品陈列区、通道与一般展示区等,其照明光的强度是不同的。具体要求如下:

(1) 普通走廊、通道和仓库,光度为 100~200 勒克斯。
(2) 卖场内一般性的展示,光度为 500 勒克斯。
(3) 店面、卖场内重点陈列品、POP 广告、商品广告、重点展示区及商品陈列橱柜等,光度为 2 000 勒克斯,其中对重点商品的局部照明,光度最好为普通照明度的 3 倍。
(4) 橱窗的最重点部位、即白天面向街面的橱窗,光度为 5 000 勒克斯。

二、色彩

色彩可以对消费者的心情产生影响和冲击。从视觉科学上讲,彩色比黑白色更能刺激视觉神经,因而更能引起消费者的注意。彩色能把商品的色彩、质感、量感等表现得极近真实,因而也就增强了顾客对商品的信任感。

红色、黄色和橙色被认为是"暖色",这是在希望有温暖、热情与亲近这些感觉时使用的色彩。餐馆应该运用这些色彩以及烛光和壁炉,以便对顾客的心境产生影响,使他们感到温暖、亲切。蓝色、绿色和紫罗兰色被认为是"冷色",通常用来创造雅致、洁净的气氛。在光线比较暗淡的走廊和休息室,以及零售店中希望使人感到舒畅的其他场所,使用这几种色彩效果最好。棕色和金黄色被认为是泥土类色调,可以与任何色彩配合,它们也可以给周围的环境传播温暖与热情的气氛。

通过不同商品各自独特的色彩语言,顾客更易辨识商品和产生亲近感。这种作用在零售店里特别明显。暖色系统的货架,放的是食品;冷色系统的货架,放的是清洁剂;色调高雅、肃静的货架上,放的是化妆用品。这种商品的色彩倾向性,可体现在商品本身、销售包装及其广告上。在设计零售店内部环境色彩时,应注意以下几个问题:

(一) 色彩感觉

人们对色彩的感觉来自于物理的、生理的及心理的等几个方面。由于人们从火和太阳那里获取温暖,自然就形成了一种直觉的心理反应:红色给人以温暖的感觉;蓝色给人清冷的感觉;白色使人想到冰天雪地,给人冰冷的感觉;而黑色则是吸收光热的,能给人以暖和的感觉。色彩的冷暖是人类最基本的心理感觉,加入了人们复杂的思想感情和各种生活经验之后,色彩也就变得十分富有人性和人情味儿。我们从零售店营销的角度进行简要介绍(见表3-3)。

表3-3 不同色彩的色彩感觉与色彩情感

色彩种类	色彩感觉	色彩情感
红色	热	刺激
绿色	凉	安静
蓝色	较冷	较刺激
紫色	中性	少刺激
橙色	暖	较刺激
黄绿色	中性	较安静
青绿色	冷	很安静
紫绿色	较冷	较刺激
紫红色	稍暖	较刺激

一般情况下,暖色给人以温暖、快活的感觉;冷色给人以清凉、洁净和沉静的感觉。如果将冷暖两色并列,给人的感觉是:暖色向外扩张,前移;冷色向内收缩,后退。了解了这些规律,对零售店购物环境设计中的色彩处理、装饰物品的大小、位置的前后、色彩的强弱等问题,都是很有帮助的,可以提高零售店购物环境的整体效果。

拓展案例

以"色"悦人

美国人亨利的餐馆开在闹市区,服务也热情周到,价格便宜,可是前来用餐的人却很少,生意一直不佳。一天,亨利去请教一位心理学家,那人来餐馆观察了一遍,建议亨利将室内墙壁的红色改成绿色,把白色餐桌改为红色。果然,前来吃饭的人士大增,生意兴隆起来了。亨利向那位心理学家请教改变色彩的秘密,心理学家解释说:"红色使人激动、烦躁,顾客进店后感到心里不安,哪里还想吃饭;而绿色却使人感到安定、宁静。"亨利忙问:"那把餐桌也涂成绿色不更好吗?"心理学家说:"那样,顾客进来就不愿离开了,占着桌子,会影响别人吃饭;而红色的桌子会促使顾客快吃快走。"色彩变化的结果,使饭店里的顾客周转快,从而使食物卖得多,利润猛增。

一些企业在产品制造、包装装潢上也运用色彩的感召力来促销。例如1987年,日本厂商根据市场调查,改变了铅笔红蓝黑三种固定色彩,推出了30多种中间色,制成轰动一时的"彩色铅笔",这就是善用色彩变化取悦消费者的成功事例。

在商品的包装上,像高档礼品包装用金银色并扎以色带,能给人以雍容华贵的感觉,受礼人也有情谊深重的感受,可以产生促销效果。

的确,色彩是一把打开消费者心灵的无形钥匙。以"色"悦人营销法则的有效运用,能产生一种既无形又非常有效的沟通作用,能很自然地引起消费者的购买行为。

(二) 商品形象色

商品形象色是指在不同大类商品上,经常使用的能促进销售的色彩或色调。商品色虽没有强制性的规定,也称不上标准色,但在零售店经营环境设计中不可轻易违反。

不同的色彩,会给人以酸、甜、苦、辣等不同的味觉感受,以及不同的嗅觉感受。比如,淡红色、奶油色和橘黄色,再点缀少量的绿色,是促进食欲的颜色,因而食品类商品的陈列普遍采用暖色系的配色;如果硬要标新立异,用青绿色调设计饼干的陈列,用银灰色设计午餐肉的陈列,势必使人产生误解,细看之后会产生厌恶感,食欲减退。在美国一家无人售货商店发现,肉类销售量下降了很大一部分,经过调查发现,罪魁祸首是该商店新安装的一扇蓝色的玻璃窗,而蓝色会使消费者对肉类感到反胃。

在消费者的消费习惯中,不同的商品具有不同的色彩形象。对此,在设计零售店的内部环境时一定要考虑到,并给予正确处理(见表3-4)。

表3-4 商品陈列的习惯色彩

产品命名方式	商品陈列的习惯色彩
以水果命名的产品	橘色、李子色、桃红、苹果绿、葡萄紫、柠檬黄
以植物命名的产品	咖啡色、茶色、豆沙色、柳绿色、嫩草色、玫瑰红、花青色
以动物命名的产品	鹦鹉色、黄鹂色、银灰色、鼠灰色
以金属矿物命名的产品	铁锈色、银灰色、炭黑色、金铜色、紫钢色、青铜色、铜绿色等

三、声音与音乐

　　声音的种类和密度既可以对零售店的气氛产生积极的影响,也可以产生消极的影响。音响可以使顾客感到愉快,也可以使顾客感到不愉快。令人不愉快的或令人难以忍受的音响,会使顾客的精神受到影响,甚至毁坏零售店刻意营造的购物气氛。这些噪音通常来自外部,除非采用消音或隔音设备,否则,零售店是很难予以控制的;而零售店内部产生的噪音,是可以控制和消除的。然而,在某个场所被视为嘈杂声或令人不愉快的声音,在另一个场所可能是令人愉快的声音。例如,舞会的摇滚乐、保龄球场的声音,都是令人愉快的。

　　正常的、令人愉快的声音,可以吸引人们对商品的注意。实践证明,钟表的滴答声,微风中的钟鸣声,立体声录音机、收音机以及电视机播放的声音,在各有关的售货场所均是正常的声音,它们确实可以吸引顾客对这些商品的注意。另外,有一种柜台上的嘈杂声,是零售店有意引入的背景声音,目的是为了压下其他声音,克服死一样的沉寂,这种声音可以分散消费者的注意力。

　　音乐非常有益于产品促销,如果一家零售店在入口处播放悦耳的音乐,门外的顾客也许会喜欢进入店内,不管是否有中意的商品需要采购。一项调查研究显示,在美国有70%的人喜欢在播放音乐的零售店购物,但并非所有种类的音乐都能达到此效果。调查结果显示,在零售店里播放柔和而节奏慢的音乐,会使销售额增加40%,快节奏的音乐会使顾客在商店里停留的时间缩短且购买的商品减少。这个秘诀早已被零售店的经营者熟知,所以每天快打烊时,零售店就会放快节奏的音乐,促使顾客离开,好早点下班。

　　在零售店中使用最广泛的是背景音乐,因此,它成为零售店可以控制的最重要的声音之一。背景音乐有助于消除不想要的声音,并可同时对雇员的工作予以配合。但是,这种音乐如果把握不好,声音过高,则会令人反感;声音过低,则不起作用。因此,音乐的响度一定要与零售店力求营造的店内环境相适应。在播放音乐时,需要考虑的另一个重要因素是音乐的种类,这对零售店想要营造的气氛是至关重要的。

四、气味

　　零售店的气味,对零售店来说,也是至关重要的。如果零售店内气味异常,那么,就会对商品的销售产生负面影响。人的味蕾会对某些气味做出反应,以致只是凭借嗅觉就可以感觉出某些商品的滋味。例如,巧克力、新鲜面包、橘子、爆米花和咖啡等。气味对增进人们的愉快心情是有帮助的。花店中花卉的气味,化妆品柜台的香味,面包店的面包和点心的香味,糖果店的糖果香味,皮革制品部的皮革味,烟草部的烟草味,均是与这些商品相协调的,会促进顾客的购买行为。

　　美国国际香料公司采用高科技人工合成了许多令人垂涎的香味剂,包括巧克力饼干、热苹果派、新鲜的比萨饼、烤火腿的香味,甚至还有不油腻的薯条香味等。美国国际香料公司将各种人工香料装在精美的罐子中用来销售。利用定时设置装置,香料罐子每隔一段时间就会将香味喷在零售店内,以吸引顾客上门。结果表明,这种方法效果奇佳。这种喷香味的罐子在美国的销路非常好,许多零售店经营者用它们来吸引顾客、留住顾客。

正如有令人不愉快的声音一样,也有令人不愉悦的气味,这种气味会把顾客赶走。令人不愉快的气味,包括地毯霉味、烟草的烟气、强烈的染料味、残留的尚未完全熄灭的燃烧物的气味、汽油、油漆和保管不善的清洁用品的气味、洗手间的气味等。邻居的气味如果与零售店的环境、气氛不协调,也会给零售店带来不好的影响,比如巧克力和糖果的气味飘入保健食品部,诊室很浓的药品气味飘入面包店,等等。总之,零售店里的气味,一定要能够促进顾客购买。如果是不好的气味,零售店应当用空气过滤设备降低它的强度;对正常的气味,要适当控制,使它不致扰乱顾客,使顾客厌恶。例如,化妆品柜台周围,香水的香味会促进顾客对香水或其他化妆品的消费,但是,香水的香味过于强烈,也会使人厌恶,甚至引起反感,这样,反而会把顾客赶走。

对于不好的气味,我们还可以使用通风设施,加强通风系统的建设,来保证店内空气清新通畅,冷暖适宜。零售店内顾客流量大,空气极易污浊,应定期采用空气净化措施。通风可以分自然通风和机械通风。采用自然通风可以节约能源,保证零售店内部适宜的空气,一般小型零售店大多采用这种通风方式。而有条件的现代化大中型零售店,在建造之初就应该普遍采用紫外线灯光杀菌设施和空气调节设备,用来改善零售店内部的环境质量,为顾客提供舒适、清洁的购物环境。

拓展案例

好莱坞 Frederick 商店的香气

气味正在日益成为商店氛围中的一个重要组成部分,一些商店设计者将它与选择合适的背景音乐进行了比较,发现顾客待在商店里的时间越长,气味就比背景音乐更容易造成快乐氛围。研究者认为,香气还可以直接影响购买行为。

关键的决策在于选择什么样的气味而不是气味的浓度。一种选择错误的香气,尽管令人愉快,却可能抑制顾客的消费支出。几年前,Frederick 商店引进了一种浓郁的花香——类似于在"维多利亚的秘密"商店里成功运用的那种香气。然而,几乎就在同时,Frederick 商店的销售额下降了,接着其各个连锁店纷纷放弃了这种香气。专家认为,失败是源自于对目标顾客群的误解。"维多利亚的秘密"商店的销售目标是那些在闺房粉红的轻柔灯光下,穿着讨人喜欢的睡衣的女性购买者,浓郁的花香在那里闻起来感觉很好。而 Frederick 商店吸引的是为女性购物的男士。在这种氛围中,浓郁的花香起到了相反的作用。这种气味可能会令男士不悦。

某一特定的商店,比如 Frederick 这样的商店,是否应该放弃所有的香味设计,这样是否会更好?为一家特定的商店或部门选择促进销售的最合适的香气需要考虑一系列因素,这些因素不仅包括顾客和商品,而且还包括顾客是为谁购买这种商品。因此,Frederick 商店应该尝试一种更容易引起男性认同的香气。

总而言之,女性较喜欢花香,而男性较喜欢辛辣的气味。实际上,Frederick 商店已经发现当男性顾客为自己的母亲购买某种礼物时,有一种气味会使他们感到很愉快,但是同样的气味,当他给自己的妻子或女朋友购买内衣时,会把顾客吓跑。

五、地板

在零售店中,地板的选择也是十分重要的。地板在图形设计上有刚和柔两种选择。以正方形、矩形、多角形等直线条组合为特征的图案,带有阳刚之气,比较适合经营男士商品的零售店使用;而以圆形、椭圆形、扇形和几何曲线形等曲线组合为特征的图案,带有柔和之气,比较适合经营女士商品的零售店使用。

地板的装饰材料,一般有瓷砖、陶砖、石材、木地板以及地毯等,可根据需要选用。选材时主要考虑的是零售店形象设计的需要、材料的费用大小及材料的优缺点等几个因素。

首先应对各种材料的特点和费用有清楚的了解,才有利于做决定。瓷砖的品种很多,色彩和形状可以自由选择,有耐水、耐火及耐腐蚀等优点,并有相当的持久性;其缺点是保温性差,对硬度的保有力太弱。陶砖轻盈、平滑、纹理细腻;优点是能够创造出一种异国风情的气氛,适用于档次较高的商店;缺点是会有裂纹和磨损,在陶砖表面移动商品时,要特别小心。石材有花岗石、大理石以及人造大理石等,都具有外表华丽、装饰性好的特点,有耐水、耐火和耐腐蚀等优点;但由于价格较高,只有在营业上有特殊考虑时才会采用。木地板虽然有柔软、保温与光泽好的优点,可是易被弄脏和损坏,故对于顾客进出次数多的零售店不大适合。地毯的优点是质感好,在上面移动商品相对容易,缺点是不耐磨,容易脏,从开始使用不到三年就需要更换。一般只是用它作为边界分割的标志,而不作为广泛使用的地面材料。除此以外,还有价格低廉的油布等多种地板材料可供选择,零售店可以根据需要和经济情况来选择合适的地板材料。

 拓展案例

服务厅内地板锃亮

斯堪的纳维亚航空公司总经理简·卡尔岑根据下面这条原则使他的公司发生了重大的变化:"我们不追求在任何一件事上比别人强百分之一千,而要在一千件事上比别人强百分之一。"同样是由于采取了这条原则,卡尔·休厄尔和达拉斯市经营凯迪拉克汽车的休厄尔村在对顾客讲信用的程度上(包括销售情况、维修情况以及可否作为你向朋友推荐的情况)居通用汽车公司的所有凯迪拉克牌汽车经销商之首。(按美元计算,休厄尔公司的销售总额在全国名列第三,维修收益名列第一。)

首先是从外观着手,使人一看就知道这是行家里手的天下。展览室内的灯光给人一种恬静的感觉。展览室中央陈放着一大束鲜花,每天更换一次。办公室里摆着高雅的台灯,客厅里摆着古玩。卡尔·休厄尔雇用的设计师就是在达拉斯为特拉梅尔·克劳建造了豪华的洛·阿拉托尔旅馆的同一设计师,而且这位设计师还是不断为尼曼—马库斯公司的前任董事长斯坦利·马库斯提供咨询意见的人。展览室旁边的一间房间别具风格,那是预展室,里面摆着各种古玩。人们正是从这里开始了解经营凯迪拉克汽车的休厄尔村的:首先是放映一部录像,这部录像在对凯迪拉克汽车作过一番介绍后,重点介绍休厄尔村的工作人员及其服务思想。换言之,这是在欢迎人们加入这个未来的家庭。

未来的买主几乎是在被迫的情况下参观维修间的。假如这个买主是从火星上来到这个房间的话,恐怕还会以为这个地方是硅谷的"清洁室"哩。如果说休厄尔村车间的地板光洁如镜,这并没有言过其实。卡厄尔的维修部经理介绍说,这样做并不仅仅是为了顾客的利益。"如果我们要求我们的维修人员的工作达到训练有素的专业人员的水平,我们就必须为他们提供专业人员所拥有的工作条件。"

一件件小事积聚起来所起的作用就非同小可了。令人惊讶的是,休厄尔村的手头上总是各有150辆"租货车"(当顾客的小汽车送去保养时可租用这些汽车),每年营业额达50万美元。这个地方有着上千条不同凡响的"小事",汤姆的介绍又为这个地方增添了一分光彩。1984年11月,汤姆在一个寒冷的早晨到达这里,所有225名职工都被请了出来。清晨6时30分整,一支演奏流行乡村音乐的乐队开始奏起雄壮的乐曲。在临时腾出来的维修间的天花板上用网兜着几千只气球。乐队在7点停止演奏,由汤姆向全体人员讲话,听众中有接待员、清洁工和公司总裁。讲话结束时,把天花板上的气球都放了,就像举行政治集会一样,人们也各自回到自己的工作岗位上去。这种仪式可不是一般汽车行业里能够常见到的!(不是以为这是对汤姆的特殊礼遇,像这种早晨7点钟听"演讲"在休厄尔是常有的事。在汤姆之前来这里做报告的是斯坦利·马库斯。)

出色的企业有哪些与众不同之处?这就是不同之处!

 拓展知识

商务部《超市购物环境标准》
(2006年10月1日起执行)

1. 范围

本标准规定了超市卖场环境、营销设施设备、附属设施等的基本要求。

本标准适用于超市、大型超市,以及其他以开架售货、集中收款、销售日常生活用品为特点的零售业态店铺,包括便利店、折扣店、仓储会员店等业态的店铺。

2. 定义

2.1 超市购物环境

由超市的内部经营空间及与经营相关的设施设备和附属场所组成,包括商品陈列、营销设施和设备布局、安全通道设计、停车场规划等。

2.2 营销设施设备

与超市经营直接相关的机器、设备、工具,如电梯、照明系统、收银机、货架、冷柜、手推车、购物筐等。

2.3 附属设施设备

对经营管理起到支持和辅助作用的场所、机器、设备、工具,如停车场、库房、收货区、消防系统、防盗设备、更衣柜等。

2.4 专柜(外租区)

在商品类别和布置方式上相对独立的柜台和空间,包括面包间、主食间、加工间等。

2.5 生鲜区域

在超市中经营蔬菜水果、肉禽蛋、水产、熟食等生鲜商品贮存、加工、销售的经营区域。

3. 出入口的基本要求

3.1 入口

3.1.1 企业标志应统一、明显、清晰、整洁。

3.1.2 营业时间应指示清楚,表达方式一致。

3.1.3 入口处设有台阶的,坡度应缓和,并设有残疾人的坡道。雨雪天气,出入口应有防滑提示标志。

3.1.4 顾客入口应与商品进口区分,营业面积小于200平方米的折扣店和便利店除外。

3.2 出口

3.2.1 出口处应有明显的指示标志。

3.2.2 出口与入口应有区分,并便于人员的疏散。

3.3 出入口在晚间营业期间应有足够的照明度。

4. 收银区域的基本要求

4.1 应配有使用条码识读的收款机。

4.2 收银台应设有足够的收银通道,每千平方米卖场设有的收银台不少于5个。

4.3 收银台中刷卡通道与非刷卡通道的比例不低于1:4。

4.4 收银通道间的距离要以能够同时通过两辆购物车为宜。

4.5 收银通道前的距离要以能够同时通过三辆购物车为宜。

5. 食品、百货区的基本要求

5.1 地面、墙壁

5.1.1 地面应平整,无凹凸不平,确需分出高低层次的,高低部分应平缓过渡;台阶式过渡的,应有醒目提示。

5.1.2 应选择防滑、防压、承重、耐磨、易清洗的地面铺设物。

5.1.3 采用固定式货架的,应区分通道、称重台、其他区域使用标志等。

5.1.4 地面应考虑承重要求,保证货架在陈列商品后的稳定性。

5.1.5 墙壁进行张贴海报、布景等装饰的,应考虑墙壁的承重能力。

5.1.6 地面应平整,与灯光、装饰的色调协调。

5.1.7 墙壁的电源线应采用暗装或套管明装并符合《消防法》的要求。

5.1.8 必要位置应有对顾客的提示性标志,如安全提醒、儿童提醒等。

5.2 通道、货架

5.2.1 通道应符合卖场整体动线要求,营业面积小于200平方米的折扣店和便利店宽度应保持在0.9米以上,仓储会员店、大型超市应在1.6米以上(超市不少于1.5米)。

5.2.2 通道应垂直平行交叉布局,保持各方向畅通。

5.2.3 通道应设有明显的消防疏散标志、购物导向标志、称重台标志及商品分类标志。

5.2.4 货架应由易清洗、有韧性且环保的材料制作,并符合环保和消防标准。

5.2.5 包装应采用密封型包装袋或包装盒,散装食品售卖应符合《散装食品卫生管理规范》条例的要求。

5.3 称重、包装设备

5.3.1 称重设备应采用符合国家标准的计量器具,按期到计量部门进行年检。

5.3.2 包装设备要采用有国家安全认证标志的设备,如打包机、封口机等设备。

5.4 标志

5.4.1 商品标签要采用符合国家物价部门规定的式样,并标有"物价局监制"字样。所有电子秤计价包装或盒装食品标签必须有生产日期和保质期,标签表面保持干净、整洁,无错别字。

5.4.2 标志要清晰、明确,张贴平整,使用的标志架要干净平稳。

5.4.3 标志要做到统一,公共标志应符合国际标准。

5.4.4 预包装食品标签应符合 GB7718—94《食品标签通用标准》的要求。

6. 生鲜区域的基本要求

6.1 陈列设备:包括店铺用于生鲜商品销售的陈列道具、货架、保温柜、冷藏柜和冷冻柜等。

6.1.1 按照生鲜品的保鲜温度要求选择陈列设备进行商品陈列。

6.1.2 陈列设备应保持清洁,无积水和污渍。

6.1.3 贮存生鲜区域的商品和原材辅料应配置必要的低温贮存设备,包括冷藏库(柜)和冷冻库(柜),冷藏库(柜)温度为 $-2℃\sim5℃$,冷冻库(柜)温度低于 $-18℃$。

6.2 加工间:是店铺经营生鲜产品,进行现场加工的作业空间。

6.2.1 畜禽产品加工要按照原料和半成品进行工作区域划分,工作台和加工器具要专管专用,避免病菌交叉污染。

6.2.2 店铺生鲜区域应配有专门清洗区,工作人员使用的洗手池和器具清洗消毒池应分别配置使用。鲜食区应保持清洁卫生,上下水不堵塞。

6.2.3 店铺生鲜加工区应保持地面墙面整洁,高温和有异味产生的区域要保证足够的通风,地面无积水,下水道口定期进行消毒除臭处理。

6.2.4 加工区域墙壁要用浅色、不吸潮、不渗漏、无毒材料覆涂,并用瓷砖或其他防腐材料装修墙裙,高度不低于1.5米。

6.3 加工和卫生设备

6.3.1 加工区域的各类大型加工设备应随用随开随即清洁,完成一个批次的加工处理之后,应立即进行清理卫生工作,洗刷机器的外表,清除内部的残渣和血渍。

6.3.2 配备大型生鲜设备(制冷设备和加工设备)的,应定期进行维护保养,对设备内部进行彻底清洁。

6.3.3 店铺从事现场食品加工的,应遵守《中华人民共和国食品安全法》和食品生产卫生加工企业的有关规定,取得所在地区卫生行政部门颁发的《餐饮服务许可证》。

6.4 卫生环境

6.4.1 店铺在生鲜商品加工和经营过程中应坚持低温、清洁、覆盖原则,保证生鲜商品质量。

6.4.2 店铺生鲜区域员工(包括供应商促销人员)应健康状况良好,持有有效健康证明,并定期进行身体检查。

6.4.3 生鲜区域当班员工(包括供应商促销人员)应保持工服清洁,头发、手和指甲清洁,不留长指甲。熟食和面点的销售人员应戴一次性口罩、帽子和一次性手套,上岗前要在专用洗手池洗手。

6.4.4 店铺应定期对员工(包括供应商促销人员)进行卫生检查,并进行专项培训,建立完整的卫生检查记录。

6.4.5 清洁工作中所使用的化学清洁用品和清洁工具应定点专项密封保管,避免污染食品、器具、工作台和工作环境。

6.4.6 生鲜区应采取有效的驱蝇、驱虫、灭鼠措施,配备足够的消杀设备(灭蝇设备和紫外线杀菌设备),并保证设备处于正常工作状态。定期进行防鼠和空气熏蒸等消杀工作。

6.5 供应商管理

6.5.1 店铺应选择证照齐全、管理规范的专业经销商或者厂家作为生鲜商品供应商。供应商应具备以下证照:(1)生产经营许可证;(2)卫生防疫站颁发的产品卫生检验报告;(3)其他必备证明文件,如工商登记、税务登记等。

6.5.2 店铺应核验包装材料供应商的相关证照,确保采购和使用的生鲜食品销售包装材料达到卫生检疫标准。

6.5.3 采购和使用的食品加工辅料和添加剂应符合国家的有关标准。

6.5.4 店铺内不得经营保质期标志不清、不明或缺失的产品,以及无合格证的产品。

6.6 垃圾处理

6.6.1 每天产生的垃圾要在非食品销售区域内定点暂放,并及时进行清理。

6.6.2 存放垃圾时,应在垃圾桶内套垃圾袋,并加盖密闭,防止招引飞虫和污染其他食品和器具。

6.6.3 垃圾暂存地周围应保持清洁,定期做好清洁和消毒。

6.6.4 所有废料废品要进行破碎处理,严禁将过期或变质生鲜商品再次包装销售。

6.7 熟食:包括在店铺内经营的所有包装或者散装冷熟食、热熟食、快餐食饭、主食厨房产品、蛋糕、面包和点心等。

6.7.1 熟食制作和加工过程应有严格的卫生管理制度,熟食凉菜制作和蛋糕裱花应配备专用加工间。

6.7.2 散装熟食的售卖应符合《散装食品卫生管理规范》,散装熟食陈列要用专用陈列柜或者网罩遮盖,以防来自购物环境的污染。

6.7.3 散装食品销售应用防尘材料覆盖,设置隔离设施,以防二次污染。

6.8 水产品:包括在店铺内经营的所有水产品及其加工制作的食品,如淡水鱼、海水鱼和虾贝类,以及干制产品和盐腌制品等。

6.8.1 应及时捡出货架上的鲜度不良商品(变色、有血丝渗漏的、有异味等)和破损商品(包装破损、日期不明、真空包装漏气等),及时更换破损的商品包装。

6.8.2 水产品销售陈列冰台应有足够的碎冰,随时检查冰墙质量,及时补充碎冰,以确保水产品保鲜温度。

6.8.3 经营鲜活水产品的,应保持工作区域清洁,并对案板、刀具等加工器具进行定期消毒。

6.9 蔬果:包括在店铺内经营的蔬菜类产品、水果类产品和其他农产品,及以其为原料加工制作成的食品。

6.9.1 销售人员应按照先进先出原则进行商品陈列,并控制陈列量,必要时对水果和蔬菜进行保鲜和补水处理,延长蔬果产品的货架周期。

6.9.2 及时捡出破损和变质商品,及时更换破损的商品包装。

6.9.3 设有鲜榨果汁和果盘展示冰台的店铺,应保持足够的冰量,管理人员应随时检查冰台质量,及时补充冰块,并进行温度检查记录,以确保果汁和果盘的保鲜温度,加工完成后应及时在商品包装上标明生产日期。

6.9.4 卖场内的切片蔬菜应用保鲜膜进行包装。

6.10 肉禽蛋:包括在店铺内经营的畜产品、禽肉产品和蛋类产品,及以其为原料加工制作的食品。

6.10.1 畜禽类商品均应来源于非疫区,且证照齐全。

6.10.2 分割和加工处理过程中,工具不得重复交叉使用,以避免交叉感染。蛋类商品不得与肉类商品同库贮存,以避免病菌交叉感染。

6.10.3 畜禽类商品应经过预冷排酸处理。

6.10.4 慎选肉禽类商品废料回收商,审核回收商对废料的用途,确保废料不被用于人类食用。

6.10.5 冷柜中散装陈列的畜禽类肉品和调理制品要经常翻动,以保持商品透气,防止肉品变色和调理制品表面干燥脱水。

6.10.6 冷柜中散装陈列的畜禽类肉品应采用托盘陈列,不宜直接在冰块上陈列,避免融化的冰水降低肉品质量。

6.10.7 卖场内禁止现场宰杀活禽。

7. 库房

7.1 库房应做到商品分类贮存。

7.2 库存的商品应隔墙离地,并按先进先出、生熟分开的原则存放。

7.3 库房应具有防火、防虫、防鼠设施。

7.4 冷库的货架、地面及各种商品包装箱和容器应保持清洁,不留异味,没有异常的积水和结冰。有专人定时检查贮存冷库(柜)温度。库存生鲜品应保留必要的间隔和回风空间。

7.5 库房中应设立专门的残损商品区域,及时清理变质、已过期或将要过期的商品。

8. 附属设施设备

8.1 应配备电力应急设备,在出入口、紧急通道、购物主要通道装置应急灯。

8.2 停车场车位应标志清楚,便于车辆进出。

8.3 上下水设施及污水处理设施应与经营管理规模相匹配。

8.4 应配备防盗设施,保证卖场商品和现金的安全。

8.5 店铺应保持适宜的温度条件(冬季18℃~22℃、夏季22℃~26℃)和湿度条件(卖场销售区相对湿度≤55%,冷冻食品销售区相对湿度≤40%),楼层高度不低于2.5米,并有良好的通风条件,一般每150平方米卖场应加装1台排风扇,风量150立方米/小时左右。

8.6 超市内防火应符合GB50222—95(建筑内部装修设计防火规范)、GB50045—95(高层民用建筑设计防火规范)、GBJ16—87(建筑设材防火规范2001年版)和GB15630—1995(消防安全标志设置要求)的相关要求。

8.7 超过1000平方米以上的店铺,应设有客用卫生间、广播室和客用电话设施。

8.8 超市内应该设有顾客服务中心及相关投诉电话。

9. 环保

9.1 保持店内空气流通、清新,并符合《室内空气质量标准》的要求。

9.2 保持店内顾客数量的安全性,客流的畅通性。

项目小结

本项目主要从零售店内外部环境设计和如何营造良好的购物环境等方面介绍零售环境设计。

零售店外部环境设计包括店头设计、店铺外的看板设计、招牌设计等内容。

零售店内部环境设计包括出入口设计、橱窗的设计、店面广告设计、店面通道设计、店面设计和布局等内容。

良好的购物环境可以通过店内装潢、店内色彩搭配、商品展示照明设计、店内音乐设计和店内气味美化等来营造。

项目实训练习

实训任务一:

1. 实训内容

选择本地某一零售店(如苏果超市或苏果便利店)进行走访调研,对其店头或招牌设计进行简单分析。可以从招牌的类型、内容、颜色和设计技巧等方面进行分析,边分析边用视频记录,形成现场评价分析报告。学习零售店店头或招牌分析案例,了解什么样的招牌更吸引顾客,每组学生最终完成一份零售店店头或招牌现场分析的视频。

2. 实训要求

要求学生分组完成任务,任务成果要形成现场评价分析报告,学生要进行实地调研,在调研场所进行视频录制,边介绍边分析,任务成果以视频形式上交。

3. 任务考核

考核指标	考核标准	成绩(100分)
店头或招牌现场分析视频	语言表达清楚、有条理性(10分)	
	分析有理有据(30分)	
	观点鲜明、正确(20分)	
	视频有创意或具有创新性(10分)	
	视频的视觉和听觉效果良好(20分)	
	运用所学知识点进行分析(10分)	

实训任务二：

1. 实训内容

选择本地某一零售店(如苏果超市或苏果便利店)进行走访调研,对其整体店面设计和店面布局进行简单分析。可以从店铺的出入口、橱窗、店面广告、通道以及店面布局等方面进行分析,边分析边用视频记录,形成现场评价分析报告。学习零售店店面设计和布局分析案例,了解什么样的店面设计和布局更吸引顾客,每组学生最终完成一份零售店店面设计和布局现场分析的视频。

2. 实训要求

要求学生分组完成任务,任务成果要形成现场评价分析报告。学生要进行实地调研,在调研场所进行视频录制,边介绍边分析,任务成果以视频形式上交。

3. 任务考核

考核指标	考核标准	成绩(100分)
店面设计和布局现场分析视频	语言表达清楚、有条理性(10分)	
	分析有理有据(30分)	
	观点鲜明、正确(20分)	
	视频有创意或具有创新性(10分)	
	视频的视觉和听觉效果良好(20分)	
	运用所学知识点进行分析(10分)	

实训任务三：

1. 实训内容

选择本地某一零售店(如苏果超市或苏果便利店)进行走访调研,对其店内购物环境(主要是店内美化)进行简单分析。可以从店内装潢、色彩、照明、音乐等方面进行分析,边分析边用视频记录,形成现场评价分析报告。学习零售店购物环境分析案例,了解什么样的店面美化更吸引顾客,每组学生最终完成一份零售店购物环境现场分析的视频。

2. 实训要求

要求学生分组完成任务,任务成果要形成现场评价分析报告。学生要进行实地调研,在调研场所进行视频录制,边介绍边分析,任务成果以视频形式上交。

3. 任务考核

考核指标	考核标准	成绩(100分)
店面购物环境现场分析视频	语言表达清楚、有条理性(10分)	
	分析有理有据(30分)	
	观点鲜明、正确(20分)	
	视频有创意或具有创新性(10分)	
	视频的视觉和听觉效果良好(20分)	
	运用所学知识点进行分析(10分)	

项目习题练习

1. 招牌的设计技巧有哪些?
2. 店面设计的原则是什么?
3. 橱窗的作用是什么?橱窗有哪些类型?
4. 店面广告设计的原则有哪些?
5. 什么是卖场磁石?卖场磁石点有哪些?
6. 零售店购物环境的构成要素包括哪几个方面?
7. 常见的店面布局设计类型有哪些?各自的优缺点是什么?

项目四

商品陈列

 职业能力目标与学习要求

1. 知识目标：了解商品配置表的功能及制定，掌握陈列的概念、作用、基本原则和方法
2. 技能目标：能对零售店的商品陈列做出正确评价，能较好地利用商品陈列方法提高销售额
3. 任务分解：任务一：商品配置
   任务二：商品陈列的相关概念和原则
   任务三：商品陈列的要求和方法

任务一 商品配置

导入案例

红叶超市的困境

　　红叶超级市场营业面积260平方米，位于居民聚集的主要街道上，附近有许多各类商场和同类超级市场。营业额和利润虽然还过得去，但是与同等面积的商场相比，还是觉得不理想。通过询问部分顾客，得知顾客认为店内拥挤杂乱，商品质量差、档次低。听到这种反映，红叶超市经理感到诧异，因为红叶超市的顾客没有同类超市多，每每看到别的超市人头攒动而本店较为冷情，怎会拥挤呢？本店的商品都是货真价实的，与别的超市相同，怎么说质量差、档次低呢？

　　经过对红叶超市购物环境的分析，发现了真实原因。首先，红叶超市为了充分利用商场的空间，柜台安放过多，过道太狭窄，购物高峰时期就会造成拥挤，顾客不愿入内，即使入内也不易找到所需要的商品，往往是草草转一圈就很快离去；其次，商场内灯光暗淡，货架陈旧，墙壁和屋顶多年没有装修，优质商品放在这种背景下也会显得质量差、档次低。为了提高竞争力，红叶超市的经理痛下决心，拿出一笔资金对商店购物环境进行彻底改造，对商店的地板、墙壁、照明和屋顶都进行了装修；减少了柜台的数量，加宽了走道，仿照别的超市

摆放柜台和商品,以方便顾客找到商品。整修一新开业后,立刻见到了效果,头一个星期的销售额和利润比过去增加了70%。可是,随后的销售额和利润又不断下降,半个月后降到了以往的水平,一个月后低于以往的水平。为什么出现这种情况呢?

观察发现,有些老顾客不来购物了,增加了一批新顾客,但是新增的顾客没有流失的老顾客多。对部分顾客的调查表明,顾客认为购物环境是比原先好了,商品档次也提高了,但是商品摆放依然不太合理,同时商品价格也提高了,别的商店更便宜些,一批老顾客就到别处购买了。听到这种反映,红叶超市的经理再次感到诧异,因为红叶超市装修后商品的价格并未提高,只是调整了商品结构,减少了部分微利商品,增加了正常利润和厚利商品,其价格与其他超市相同。究竟怎样才能适应顾客呢?

资料来源:http://zhidao.baidu.com

商品陈列是零售店营业现场的门面,是顾客购买商品的向导,因为顾客进店后,首先看到的是各种商品的陈列。陈列就是把具有促进销售机能的商品摆放到适当的地方,目的是创造更多的销售机会,从而提高销售业绩。它的促销作用要比电视、报纸广告更为直接、有效。成功的商品陈列可迅速将商品信息(包括外观、性能、特征、价格等)传递给顾客,减少询问,加速成交过程,并能改善店容、店貌,创造良好的企业形象,给顾客带来美的享受。要做好商品陈列工作,需要先进行商品配置,制作商品配置表,根据商品配置表进行陈列工作。

一、商品配置的依据

商品通常是消费者进入商店后最关心的。商品摆放的位置如何,直接影响消费者的心理感受,对商品销售关系重大。如果零售店的商品杂乱无章、堆积如山、通道受阻,就会在消费者心里形成和累积消极情绪,久而久之,造成商店生意清淡。许多零售店所谓的经营死角,无外乎是那些商品陈列无序、光线暗淡的地方。所以,商品配置必须讲究方法,使消费者感觉新颖、舒适,便于寻找。

(一)根据商品性质进行配置

商品根据其性质和特点的不同可以分成三类:方便商品、选购商品、特殊商品。

1. 方便商品

方便商品大多属于人们的日常生活用品,价值较低,需求弹性不大,消费者比较熟悉。购买这类商品时,消费者大多希望方便快捷地成交,而不愿意花长时间进行比较挑选,因而这类商品应放在最显眼、容易速购的位置,如零售店前端、入口处、收款机旁、自动电梯两侧等,以便利顾客购买,达到促销目的。

2. 选购商品

选购商品比方便商品的价值高,需求弹性较大,挑选性强,消费者对商品信息掌握不够。对这些商品,大多数消费者希望获得更多的选择机会,以便对其质量、功能、样式、色彩、价格等方面进行详细比较。因而,这些商品应相对集中地摆放在零售店宽敞、明亮的地方,以便消费者在从容的观察中产生购买欲望。

3. 特殊商品

特殊商品通常是指有独特功能的商品或名贵商品,如珠宝首饰、录像机、空调、工艺品等。购买这类商品,消费者往往经过了周密考虑,甚至预定购买计划后才采取购买行为。因而,这些商品可以放置在店内较远处、环境比较优雅、客流量较少的地方,或设立专柜,以显示商品的名贵、高雅和特殊,迎合消费者的心理需求。

(二) 根据顾客购物行走特点进行配置

要合理地分布商品,还要研究分析顾客在商店内的行走特点。一般来说,顾客进门后的走动有以下特点:不愿走到角落里,喜欢曲折弯路,不愿走回头路,有出口马上要出去,不愿到光线幽暗的地方。因此,零售店尤其是超市,应该设计多条长长的购物通道,避免有捷径直接通往收款处和出口。这样可以吸引更多顾客在主通道行走时,能转入各个副通道,有顺序地浏览全场,产生较多冲动性购买。另外,考虑到大多数人习惯用右手,喜欢拿取右边的东西,商店一般把利润高的商品陈列在通道右边。从我国情况来看,消费者逛商店多是自觉或不自觉地沿逆时针方向行走,因而,一些购买频率高的商品可以摆放在逆时针方向的入口处。而一些挑选性强的商品则可以摆放在离此较远处。此外,零售店商品配置要根据消费者商品采购顺序的规律做出规划。

(三) 根据商品盈利程度进行配置

大多数零售店在进行商品配置时,都事先对商品的盈利程度进行了分析。因而将获利较高的商品摆放在零售店最好的位置上,以促其销售,而将获利较低的商品摆放在较次的位置上。通常,商店的前端和入口处是顾客流动最频繁的地区,因而也成为零售店摆放高盈利商品的最佳地点。不过,有时也有例外。比如,为了扶持部分不太赚钱的商品,零售店也会考虑将这些商品配置在最好的地点;还有些零售店将新商品放置在最佳位置,以便引起顾客注意;还有些零售店为了树立良好形象而将外表美观、华丽的商品放置在入口处。

(四) 配合其他促销策略进行配置

有些零售店在研究商品配置时,还注意与店内其他促销策略结合起来。例如,香港地区的百佳超市每周都推出一系列特价商品。他们通常将最吸引人的特价货放置在入口处特设的第一组陈列架上,其余的特价货则分散陈列在店内各处,使顾客走完整个卖场,才能看到全部特价商品。同时,他们还注意在入口处陈列各种新鲜、干净、整齐的水果、蔬菜,设置现场烘烤面包、制作饮料的专柜,用这些色、香、味的引诱,促使消费者流连忘返、争相购买。广州新大新公司每年都要进行一次过季大降价活动,吸引了不少顾客。他们有意识地将降价商品放置在商场最高的第九层,诱使顾客在购买降价商品时,顺便逛完商场的一至八层。

 拓展案例

合理的商品配置和陈列可以提升销售额

故事一:一位女高中生在7—11的店铺中打工,由于粗心大意,在进行酸奶订货时多打了一个零,使原本每天清晨只需3瓶酸奶变成了30瓶。按规矩应由那位女高中生自己承担损失,这意味着她一周的打工收入将付之东流。这就逼着她只能想方设法争取将这些酸奶赶快卖出去。她冥思苦想,把装酸奶的冷饮柜移到盒饭销售柜旁边,并制作了一个POP,写

上"酸奶有助于健康"。令她喜出望外的是,第二天早晨,30瓶酸奶不仅全部销售一空,而且出现了断货。谁也没有想到这个小女孩戏剧性的实践带来了7—11新的销售增长点。从此,在7—11店铺中酸奶的冷藏柜同盒饭销售柜摆在了一起。

故事二:沃尔玛超市的营销分析家在统计数据时,发现店内的啤酒和尿布的销售量总是差不了多少。一经分析,原来是做了父亲的年轻人在经常给小孩买尿布的同时,自己也捎带上几瓶啤酒。这就是零售管理中著名的"啤酒与尿布法则"。于是,这家超市的老板就把啤酒和尿布这两样看起来风马牛不相及的商品摆放在一起。

这两个小故事告诉我们:合理的商品配置和陈列可以起到展示商品、刺激销售、方便购买、节约空间、美化购物环境的各种重要作用。据统计,零售店如能正确运用商品的配置和陈列技术,销售额可以在原有基础上提高10%。

二、商品配置表的制定

商品配置表是把商品在货架上的陈列作最有效的分配,以书面、表格形式画出来。工作中,很多超市企业利用电脑来制作、修改和调整商品配置表。在设定的区域内配置和陈列什么商品,怎样配置和陈列商品主要是通过商品配置表的运用来具体实施的。商品配置表是门店商品陈列的基本标准。在我国,这种技术管理方法运用的普遍性程度较低,这是因为我国商品供应链标准化程度较低,存在供货持续性差、品种数量控制难度大等问题,若使用配置表须频繁调整。因此,商品配置表主要在部分标准货架商品的陈列中使用。对于其他商品的陈列就需要营业现场的管理人员进行规划,由货区主管安排这些商品的陈列位置和形式。

(一)商品配置表的功能

1. 商品陈列定位管理

商品陈列定位管理可以使每一种商品在货架上的陈列方位、陈列位置以及所占的排面数确定下来,达到商品定位的作用;可以加强陈列的规则性,防止胡乱陈列和盲目陈列;可以通过事前规划给仓储式超市中的周转快、毛利高的主力商品留有较好的陈列位置、较多的排面数,提高卖场销售效率。

2. 畅销商品保护管理

畅销商品销售速度较快,若没有商品配置表对畅销商品排面的保护管理,常常会发生这种现象:当畅销商品卖完了,又得不到及时补充时,就易导致较不畅销商品甚至滞销商品占据畅销商品的排面,形成了滞销品驱逐畅销品的状况,使商品陈列背离了原来的设想和初衷。这种状况一方面会降低商店对顾客的吸引力,另一方面会使商店失去售货机会并降低竞争力。有了商品配置表,畅销商品的排面就会得到保护,滞销商品驱逐畅销商品的现象会得到有效控制和避免。同时,畅销商品排面的空缺和不足也可以成为检查与反映门店商品补货和商品陈列质量好坏的"重点",成为发现和分析畅销商品断档原因并加以改进的"关注点"。

3. 商品销售目标管理

仓储式超市短期经营目标有两个:一是追求利润最大化,一是追求市场占有率最大化,即尽量扩大销售额,成功的经营应是在追求销售额增长的前提下追求利润增长。一个企业不论选择侧重于追求利润还是销售额增长的目标,它都必须通过商品合理的配置陈列来实现。如某企业销售额很高了,但是利润不高,这时超市应把利润高的商品更多地放在好的陈列位置销售,利润高的商品销售量提高了,企业的整体营利水平就会提高;如企业毛利率较高,但销售额太小,这时应把周转快的商品放在好的陈列位置销售,以提高企业的市场占有率。这种陈列位置随销售目标的不同而进行的调整,就需要依靠商品配置表来给予商品妥当贴切的配置陈列。

4. 连锁经营标准化管理

连锁公司有众多的分店,保持分店的商品陈列一致、促进陈列工作的高效化,是连锁公司标准化管理的重要内容。有一套标准的商品配置表来对分店进行陈列管理,整个连锁体系内的陈列管理就比较易于开展,有利于包括商品陈列在内统一的经营风格的形成。同时,商品陈列的改进、调整和新产品的增设以及滞销品的淘汰等管理工作,就会有计划、有蓝本、高效率的开展。

(二)制作商品配置表的准备工作

1. 商品陈列货架的标准化

超级市场所使用的陈列货架应尽量标准化,这对连锁的超级市场尤为重要,货架的标准视每个超市的场地和经营者的理念而定。使用标准统一的陈列货架,在对所有门店每一分类的商品进行配置与陈列管理时,不至于出现一个门店一种配置或一种陈列的现象。

各种业态模式的超级市场应该使用符合各自业态的标准货架。例如,传统食品超市和标准食品超市使用的是小型平板货架,高度为1.6米左右,大型综合超市使用的是大型平板式货架,高度为1.8~2.0米,仓储式商场使用的则是高达6~8米的仓储式货架。便利店使用的是高度仅1.3米的货架,货架标准化的一个世界性趋势是降低高度,以增加消费者的可视度和伸手可取度。在我国一些超市和便利店中使用货架的非标准化情况也较普遍,如便利店使用的是超市的货架,这直接影响了顾客的购买速度。而对许多仓储式商场来说,应考虑增强陈列段的灯光亮度,因为由于陈列货架的高度太高,遮挡了通道灯光对陈列段的照射,从而影响了顾客的可视度。货架标准化使业务部门制定调整商品配置表的效率大大提高,而目前我国现实情况是多数超市没有做到货架标准化,这是商品配置表陈列难以推行的原因之一。

2. 确定商品分类清单

无论是采购部人员或是卖场的货区主管在做商品配置表或是进行现场配置陈列前,都要清楚地确定哪些是主力商品(其中哪些是盈利商品,哪些是形象商品),哪些是辅助商品等。

3. 单品项商品资料卡的设立

每一个单品项商品都要设立资料卡,商品的品名、规格、尺寸、重量、包装材料、进价、售价、供货量等。这些资料对做商品配置表是相当重要的。从这些资料中可以分析确定商品周转率的高低、商品毛利的高低以及高单价高毛利的商品。

4. 配备商品配置实验架

商品配置表的制作必须要有一个实验阶段,采购部人员(许多超市公司已设置了专门负责此事的货架管理员)在制作商品配置表时,应先在实验货架上进行试验性的陈列,从排面上来观察商品的颜色、高低及容器的形状是否协调,是否对顾客具有吸引力,缺乏吸引力可进行调整,直至协调满意为止。

(三) 商品配置表的制作程序

商品配置表的制作始于市场调查研究,终于卖场销售效果评估。其程序如下:

(1) 通过消费者需求调查,决定要卖什么商品,使用多大的卖场面积以及卖场的形状。

(2) 对决定要卖的商品进行分类,并把商店卖场面积分配给商品大类、中类,使每一类商品都在卖场中占有一定面积的比例。

(3) 根据商品的关联性、需求特征、能见度等因素,决定每一类商品的平面位置,制作商品平面配置图。

(4) 根据商品的平面位置配备陈列设备,使其与前场设备、后场设备构成一个有机整体。

(5) 收集商品品项资料,包括价格、规格、尺寸、成分、包装材料、颜色、需求程度、毛利、周转率等,并决定经营品项。

(6) 用商品布局表详细列出每一个单品项商品的空间位置。有一个货架、柜台就应有一张商品布局表。例如,卖场有陈列设备20台,就应有20张商品布局表。表4-1是一个商品配置表的实例设计,货架标准是:高180厘米,长90厘米,宽45厘米,五层陈列面。

表 4-1 商品配置表样

| 商品分类 No. 洗衣粉(1) |
| 货架 No.12 制作人:×××|

180 170 160	白猫无泡洗衣粉 100 克 4F 12001 12.2	奥妙浓缩洗衣粉 750 克 4F 12005 18.5	奥妙浓缩洗衣粉 500 克 4F 12006 8.5
150 140 130	白猫无泡洗衣粉 500 克 2F 12002 6.5		奥妙超浓缩洗衣粉 500 克 3F 12007 12.5
120 110 100	白猫无泡洗衣粉 45 克 2F 12003 2.5		奥妙手洗洗衣粉 180 克 6F 12008 2.5
90 80 70	佳美两用洗衣粉 450 克 4F 12004 2.5		碧浪洗衣粉 200 克 6F 12009 2.8
60 50 40	地毯洗衣粉 500 克 4F 12011 12.8		汰渍洗衣粉 450 克 4F 12010 4.9
30 20 10			

续表

商品代码	规格	售价(元)	单位	位置	排面	最小库存	最大库存
12001	1000	12.2	桶	E1	4	3	8
12002	500	6.5	袋	D1	2	15	30
12003	450	2.5	袋	C1	2	20	32
12004	450	2.5	袋	B1	4	32	50
12005	750	18.5	盒	E2	4	12	40
12006	500	8.5	盒	E3	4	8	20
12007	500	12.5	袋	D2	3	15	45
12008	180	2.5	袋	C2	3	25	90
12009	200	2.8	袋	B2	6	35	90
12010	450	4.9	袋	A2	4	4	40
12011	500	12.8	袋	A1	4	12	42

说明：(1) 位置是最下层为 A，二层为 B，三层为 C，四层为 D，最高层为 E，每一层从左至右，为 A1、A2、A3……B1、B2、B3……C1、C2、C3……D1、D2、D3……E1、E2、E3……

(2) 排面是每个商品在货架上朝顾客陈列的面，一面为 1F，二面为 2F……

(3) 最小库存以一日的销售量为安全存量。

(4) 最大库存为货架放满的陈列量。

(7) 按商品布局表把商品陈列到指定位置，并贴好价格卡。最好还能把实际陈列的结果拍下来。

(8) 观察记录顾客对商品布局与商品陈列的反应，以便对商品布局图和商品配置表进行修正。

（四）商品配置表的修正

商店一旦制定了标准化的商品配置表后，就必须严格执行。但商品配置表也不是永久不变的，要根据市场和商品的变化定期做出调整。

(1) 通过卖场观察以及销售资料对比分析，发现有些大类的商品布局和有些商品的空间位置明显不利于销售时，就要及时修正商品配置表。

(2) 季节、时令、促销等因素也是决定商品布局时应考虑的因素。商品配置表应随季节的变换进行更新，让消费者产生不同的季节感受。

(3) 商品淘汰或临时性缺货都要用现有商品或新商品来填补空缺货位。

(4) 新商品导入、畅销品品项的变动以及商店在商品布局上形成的新思路，都要对原有商品配置表进行修正。

任务二 商品陈列的相关概念和原则

导入案例

啤酒加尿布法则

对世界各地的零售商而言,使用 POS 系统已经很久了,在积累了足够多的客户数据之后,下一步的发展似乎是水到渠成。零售商应如何充分利用 POS 机里的数据,实现对顾客的个性化服务。数据挖掘提供的最有趣的例子是啤酒加尿布的故事。

一般来说,啤酒和尿布是顾客群完全不同的商品,但是数据挖掘的结果显示,在居民区中尿布卖得好的店面啤酒也卖得很好。原因其实很简单,购买这两个产品的顾客一般都是年龄在 25~35 岁的青年男子,由于孩子尚处在哺乳期,所以他们经常下班后会遵照太太的指示到超市为孩子购买纸尿裤,每当这个时候,他们大多会为自己顺便买回几瓶啤酒,这就是商品陈列关联性的体现。

当年沃尔玛的管理者就针对此现象采取了行动,将卖场内原来相隔很远的妇婴用品区与酒类饮料区的空间距离拉近,以减少顾客的行走时间。当然关联性陈列的应用要根据地区、时间、季节等的变化做适当调整,关联陈列不是一成不变的。

资料来源:http://zhidao.baidu.com

商品陈列是不说话的售货员,它一天 24 小时工作,不用上下班、换班,不用休息,不用请假,不去洗手间。一旦你精心地将商品陈列好,它们将一如既往地执行它们的促销作用,因此万万不可忽视。那么在进行商品陈列工作过程中除了掌握商品配置表的制作,还要掌握与商品陈列相关的概念和商品陈列的原则。

一、与商品陈列相关的概念

(1)理货。理货就是把凌乱的商品整理整齐,使其美观,符合标准。

(2)补货。补货就是零售人员依照商品各自规定的陈列位置,定时或不定时地将缺货商品补充到货架上去。

(3)排面。排面是指某种商品在货架陈列时,视线内能看到的商品陈列的最大数量。

(4)黄金陈列线。黄金陈列线是指与人水平视线基本平行的范围内的货架陈列空间,一般高度在 90~120 厘米之间。

(5)端架。端架是指整排货架的最前端或最后端,即在顾客转弯处所设置的货架,常被称为最佳陈列点。端架通常用来陈列一些高毛利商品、新品、促销商品或要处理的滞销商品。

(6)堆头。堆头就是指促销区,通常用栈板、铁筐或周转箱堆积而成。

(7)零星散货。零星散货是指被顾客遗弃在非此商品正确陈列位置的商品,如遗留在收银台、其他货架和购物车等地方的商品。零星散货必须及时收回,特别是生鲜的散货。

（8）陈列图。陈列图用来表示某一货架上所有单项商品的陈列方式,包括具体的位置、占用的空间及陈列的方式等。陈列图由营运部门制定。陈列图的具体内容包括货架的号码、商品大组、商品小组、陈列商品的明细(包括商品的品名、条码、货号、型号等)、具体陈列的位置、每种单品的陈列排面数量、商品摆放的方式、所采用的陈列方式、所使用的陈列道具、商品销售包装的尺寸和代码、制表人、审核人、生效日期以及第几次更正等。

（9）商品配置表。商品配置表是指把商品的排面在货架上做一个最有效的分配,并以书面表格规划出来。商品配置表的用意十分简单,即将商品的排面在货架上做最有效的分配,以求有效控制商品品种,做好商品定位,适当管理商品排面,防止滞销品驱逐畅销品,使利润保持在一定水准。

二、商品陈列的主要工作

零售商品陈列的主要工作包括:补货、理货、贴价签及条码、清洁和整库与盘点等。下面详细介绍这几方面所包含的主要内容。

（一）补货

补货的主要工作是:（1）检查商品有无条码。（2）检查价格卡是否正确,包括促销商品的价格检查。（3）商品与价格卡要一一对应。（4）补完货要把卡板送回,空包装送到指定的清理点。（5）新商品须在到货当日上架,所有库存商品必须标明货号、商品名及收货日期。（6）必须做到及时补货,避免在有库存的情况下出现空货架的现象。（7）要做到先进先出。（8）检查库存商品的包装是否正确。（9）补货作业期间,不能影响通道顺畅。

（二）理货

理货的主要工作是:（1）检查商品有无条码。（2）检查货物的正面是否面向顾客。（3）确保货品与价格卡一一对应,整齐靠外边线码放。（4）不补货时,通道上不能堆放库存商品。（5）不允许随意更改排面。（6）及时处理破损和拆包货品。（7）及时回收零星商品。

（三）贴价签及条码

贴价签及条码的主要工作是:（1）按照规范要求打印价格卡和条形码。（2）价格卡必须放在排面的最左端,缺损的价格卡必须即时补上。（3）剩余的条形码及价格卡要统一收集销毁。（4）条形码应贴在适当的位置。

（四）清洁

清洁的要求是:（1）通道上要无空卡板、无废纸皮及打碎的物品残留。（2）货架上无灰尘、无油污。（3）样品干净,货品无灰尘。

（五）整库与盘点

整库与盘点应做到：（1）库存保持清洁，库存商品必须有库存单。（2）所有库存要封箱。（3）库存商品码放有规律、清楚、安全。（4）盘点时保证盘点的结果正确。

三、商品陈列原则

（一）分区定位原则

所谓分区定位，就是要求每一类、每一项商品都必须有一个相对固定的陈列位置。在商店，尤其是超市的卖场中有几千种商品，为使顾客容易判别陈列商品的所在地，必须向顾客公布卖场商品分布图，设置各类商品指示牌，并随商品分布的调整及时修改。每家商店每天总有一些顾客是初次光顾的，及时修正分布图和商品指示牌，可以让初次光顾的顾客准确地找到商品陈列位置，也可以让老顾客感觉到商品配置与陈列的新变化。指示牌的制作可采取不同的颜色，这可使顾客产生强烈的感官印象，顾客可以根据不同颜色的标记来识别各类商品的陈列位置。

（二）易见易取原则

顾客看不清楚什么商品在什么位置是陈列之大忌。让顾客看清楚的同时，还必须让顾客对所有看清楚的商品做出购买与否的判断，并促使顾客购买计划以外的商品。要使商品陈列显而易见，要做到以下三点：（1）每一种商品不能被其他商品挡住视线。（2）贴有价格标签的商品正面要朝向顾客。在使用了 POS 系统的超级市场中，一般都不直接在商品上打贴价格标签，所以必须要重视该商品价格牌的制作和位置的摆放。（3）货架下层不易看清的商品，可以采用倾斜式陈列。

商品陈列在做到"易见"的同时，还必须能使顾客自由方便地拿到手，也就是"易取"。在超市陈列的商品，一般不能将带有盖子的箱子陈列在货架上，因为这样顾客要打开盖子才能拿到放在箱子里的商品，十分不便。另外，对一些挑选性强、又易脏手的商品，如分割的鲜肉、鲜鱼等，应该有简单包装或配有简单的拿取工具，方便顾客挑选。要使顾客一伸手就可取到商品，还要注意商品陈列的高度。超市中需要量感陈列的商品往往堆得很高，这就需要在近旁再陈列一些该种商品，以方便顾客取放。商品陈列伸手可取的原则还包含商品放回原处也方便的要求，如果拿一个商品可能会打坏或碰翻另外的商品或不容易再放回去，顾客就不愿意去拿，使销售由于陈列不当而受阻。

（三）满陈列原则

货架上的商品要经常、充分地放满陈列。因为如果货架常常空缺，说明卖场有效的陈列空间被白白地浪费了；同时，货架上的商品没有放满，也会降低商品的表现力，容易使顾客认为这些商品是卖剩下的商品。有些商品在数量上是丰满的，但由于陈列方法不对，商品给人一种"躺着"的感觉，没有"站起来"，其销售效果也会不理想。如果货架上的商品都放满，可以给顾客商品丰富、挑选余地大的好印象，起到吸引顾客注意力的效果。调查资料表明,做不到满陈列的超市与放满陈列的超市相比较,其销量平均相差24%。许多商品从缺货到订货到达,存在着一定的时间差。这时可用销售率高的其他商品来填补空缺的货架空间。但要注意临时填补空缺的商品,要和相邻的商品在品种和结构上相协调。

(四) 先进先出原则

随着商品不断地被销售出去,就要进行商品的补充陈列。补充陈列的商品要依照先进先出的原则来进行。其陈列方法是先把原有的商品取出来,然后放入补充的新商品,再在该商品前面陈列原有的商品。一般商品尤其是食品都有保质期限,因此消费者会很重视商品出厂的日期,用先进先出法来进行商品的补充陈列,可以在一定程度上保证顾客买到商品的新鲜度。

(五) 关联性原则

一般来说,顾客是根据货架的陈列方向行走并挑选商品的,很少再回头选购商品。所以,关联性商品应陈列在通道的两侧,或陈列在同一通道、同一方向、同一侧的不同组货架上,而不应陈列在同一组双面货架的两侧。除此之外,把不同分类但有互补作用的商品陈列在一起,也体现了关联性陈列的原则。其目的是使顾客在购买商品 A 的同时也顺便购买陈列在旁边的商品 B 或 C。例如,卖场生鲜区的芹菜、莴苣、胡萝卜旁边经常会陈列沙拉酱,在牛排旁常会陈列牛排酱,这些都是典型的关联陈列。关联陈列既可以提高卖场活力,也可以使顾客的平均购买数量增加,是一个很有效的陈列技巧。关联陈列性原则以料理相关联者最具效果,客户层相关联者其次,用途相关联者位列第三。

 拓展案例

关联性陈列的应用

一些超市在夏季到来之际,往往会将一些夏天用的商品陈列在一起,但目前在国内,顶多是将蚊帐、枕席、凉席等放在一块儿做一个关联陈列,而在国外的超市里,往往要辟出一个夏凉区。在这个区域里,那些度夏的一些基本用品,从凉席到遮阳伞,从避蚊剂到防晒霜,乃至清凉饮料,几乎应有尽有,让消费者们足不出"区"便可一次性地解决问题。调查显示,这种按使用目的辟出的专卖区(实际上是设立了一个新的品类)的销售额,往往要高于将商品散放于超市的各个区域。

一般超市都是这样陈列的:婴儿奶粉和成人奶粉一起陈列、纸尿裤和卷纸放到一块儿、婴儿洗发水又陈列在洗发护发品类中等。根据对购物者的研究,这种陈列方式越来越不能让年轻的妈妈们满意,于是,现在大部分卖场已经将婴儿护理类产品作为一个单独的品类集中陈列,即把婴儿(一般指0~3岁)的吃、穿、用、玩相关联的产品集中起来,包括婴儿的食品、日化品、纸尿裤、玩具、服饰、书籍、家具,甚至提供专家建议及宝宝玩耍的地方。这种陈列不仅给消费者提供了一个温馨、舒适的购物环境,而且真正做到了"一站式购齐"。北京华联早在2001年年底就进行了婴儿护理这个新品类的尝试,在21间门店实施3个月后,婴儿护理品类销售增长33%,利润增长63%。

（六）同类商品垂直陈列原则

因为人的视线上下移动方便，而横向移动其方便程度要较前者差，因此同类商品要垂直陈列，避免横向陈列。另外，同类商品垂直陈列会使得同类商品平均享受到货架上各个不同段位（上段、黄金段、中段、下段）的销售利益，而不至于产生由于同类商品的横向陈列，而使同一商品或同一品牌都处于一个段位上，因而带来销售要么很好，要么很差的现象，也不会因此降低其他类别的商品所应享受的货架段位的平均销售利益。

任务三　商品陈列要求和方法

导入案例

麦德龙重点商品策略：花心思重点陈列

在麦德龙，其"支柱商品"的销售排名总是比较靠前的。麦德龙把重点商品分为超值商品、敏感商品、自有品牌及支柱商品，包括葡萄酒、咖啡、肉及半片猪肉的批发等业务都是其支柱商品。麦德龙为支柱商品的销售也是颇费苦心，其最具特色的是葡萄酒。在万泉河店中设置了专门的 humidor（精品酒廊），储存精品酒。精品酒廊温度控制在 13℃～15℃，保持着恒温恒湿。在精品酒廊中，大家可以看到有来自世界知名葡萄酒庄园的红酒，有专供酒吧用的酒，也有自有品牌的红酒，这些酒的价格从每瓶几十元到几百元不等。酒廊多为高档酒类，像上万元一瓶的轩尼诗、路易十三等赫然在列。

一、商品陈列的基本要求

（一）确保商品安全

排除非安全性商品，如超过保质期的、鲜度低劣的、有疤痕的及味道恶化的商品等，保证陈列的稳定性，保证商品不易掉落，给顾客一种整洁有序的感觉。

（二）坚持分类陈列

商品陈列分类要方便选购。目前，国内营业面积在 100 平方米以上的便利店所经营的商品一般在 2 000～25 000 种。店内商品的大分类、中分类和小分类表示要清楚，不要混乱，使顾客进入商店内很容易找到自己想要购买的商品。

使顾客容易看得见、容易理解是商品陈列的基本原则。为了达到这个目的，首先，要加以分类展示。分类陈列时，按相互关联使用的原则，将不同但相互关联的商品集中在一起进行销售。其次，使商品能一目了然地放置于分隔的展示空间。最后，要尽可能地方便顾客寻找所需商品。

（三）处处体现顾客的方便性

顾客越方便拿取商品,商品实现销售的机会就越多。增加商品的可得性,就是增加商品的销售机会。这就要求商品陈列要做到易见易取。所谓易见,就是要使商品陈列容易让顾客看见,一般以水平视线下方20度点为中心的上10度、下20度范围,为容易看见的部分;所谓易取,就是要使商品陈列容易让顾客触摸、拿取和挑选。

与此关系最密切的是陈列的高度及远近两个问题,依陈列的高度,可将货架分为三段:（1）中段为手最容易拿到的高度,男性为70~160厘米,女性为60~150厘米,有人称这个高度为黄金位置,一般用于陈列主力商品或公司有意推广的商品。（2）次上、下段为手可以拿到的高度,次上端男性为160~180厘米,女性为150~170厘米,次下端男性为40~70厘米,女性为30~60厘米,一般用于陈列次主力商品,其中次下端须顾客屈膝弯腰才能拿到商品,所以次下端较为不利。（3）上下端为手最不易拿到的高度,上端男性为180厘米以上,女性为170厘米以上,下端男性为40厘米以下,女性为30厘米以下,一般用于陈列低毛利、补充性和体现量感的商品,上端还可以有一些色彩调节和装饰陈列。

有关远近的问题,那一定是放在前面的东西要比放在后面或里面的东西容易拿到手,为使里面的商品容易拿取,常用的办法是架设阶层式的棚架,但要考虑到其安全性,以免堆高的商品掉落下来。

顾客在购买商品的时候,一般是先将商品拿到手中从不同的角度进行确认,然后再决定是否购买。当然,有时顾客也会将拿到手中的商品放回去。如果所陈列的商品不易取和不易放回的话,也许就会丧失将商品销售出去的机会。

（四）让顾客感觉良好

要让顾客在购物过程中对零售店感觉良好,必须做好以下几个方面工作:（1）保持整个店铺的清洁。不要将商品直接陈列到地板上,注意去除货架上的锈迹和污迹,有计划地进行清扫,对通道、地板也要时常进行清扫。（2）保证商品的新鲜度。保证商品质量良好,距超过保鲜期的日期较长,距生产日期较近。保证商品上不带有灰尘、伤疤和锈迹。使商品的正面朝向顾客。提高商品魅力的POP也是一个让顾客感觉良好的重要手段。（3）保持卖场的新鲜感。不同的促销活动使卖场富于变化,零售店应不断创造出新颖的卖场布置。比如,富有季节感的装饰;设置与商品相关的说明看板,相关商品集中陈列;通过照明和音乐渲染购物氛围;演绎使用商品的实际生活场景;演示实际使用方法促进销售等。

（五）陈列要丰富、品种多、数量大

在商品陈列中,不管是柜台,还是货架,都应显示出丰富性。从顾客的购物心理来看,任何一个顾客买东西都希望从丰富多彩的商品中挑选,如看到货架上只剩下为数不多的商品时都会有疑虑,唯恐买的是剩下的商品。因此,商品陈列应尽可能地将同一类商品中的不同规格、花色、款式的商品品种都展示出来,既扩大顾客的选择面,也给顾客留下商品丰富的好印象,从而提高零售门店商品周转的效率。从商店本身的利益来看,如货架常常空缺会白白浪费卖场有效的陈列空间,降低货架的销售与储存功能,增加商店库存的压力,降低了商品的周转率。由此,商店应尽可能缩短商品库存时间,做到及时上柜和尽快上柜,以达到最好的销售效果。美国的一份零售超市调查报告表明,商品满陈列的超市与非满陈列的超市相比较,销售量按照商品的种类,可分别提高14%~130%,平均可提高24%。

要使商品陈列做到丰富、品种多而且数量足,并不是一下子将所有商品毫无章法地摆在卖场上,将柜台、货架塞得满满的,而是要有秩序、有规律地摆放。商品之间可留有适当的间隔,也可在摆放商品时组合成一定的图形或图案(如米字线的形式等),达到商品丰富的效果。即使由于某些客观原因造成某些品种缺货或断货,在陈列中也要努力消除这些不利的影响。例如,可以将众多同类商品摆放出来或适当加大陈列商品的间隔,或补上其他类型的商品。但要注意,一般超市不允许用相邻的商品来填补空缺,除非该相邻商品也是销售率较高的商品,应该用销售率高的其他商品填补空缺,同时这个商品与相邻商品要有一个品种和结构之间的配合。

(六)考虑陈列成本

为了提高收益,要考虑将高品质、高价格和收益率较高的商品与畅销商品搭配销售;做好关联商品的陈列及商品的适时性;降低容器、备品的成本,同时要提高效率,防止商品的损耗。

二、商品陈列的方法

实践证明,人的视线上下移动夹角25%,左右移动夹角50%,消费者站在离货架30~50厘米处挑选商品时能清楚地看到1~5层货架上摆设的商品,却只能看到横向1米左右内摆设的商品。消费者站在离货架30~50厘米处,就可清楚地看到整个货架从上到下摆放的商品,从而起到很好的营销效果,所以现在的超市一般都采取纵向摆设法为主,辅之以横向摆设法。纵向摆设法可将更多的商品同时显现于客人面前。例如,某超市原来好多奶粉成品都是横向摆设,即一个品牌占一层货架,这样突出的只能是1~2种品牌,营销成绩不理想。而采用纵向排列将几种品牌的脱销品种置于黄金层后,同时增多了几种品牌奶粉的营销量,总利润也显然升高。但是超市商品摆设为纵向摆设法为主,不相当于横向摆设法没有用场,一般在超市为了突出某一主力商品时采用该办法比较有用。

商品陈列的方法基本上可以分为两类,即柜台式陈列和开放式陈列。柜台式陈列是指利用柜面和柜内陈列商品。柜台式陈列时可以放置一些小架子,也可以直接摆放有造型的商品,一般以香水和小商品为多。现今的商品陈列以开放式陈列为主,但对一些价值较高、体积较小或容易丢失的商品仍使用柜台式陈列。商品陈列的基本方法主要有以下几种。

(一)集中陈列法

集中陈列法是把同一种商品集中陈列于一个地方,这种方法最适合陈列周转快的商品。下面以目前普遍使用的高度为165厘米的货架为例,将商品的陈列段位做4个区分,并对每一个段位上应陈列何种商品做一个设定。

1. 黄金陈列段

黄金陈列段的高度一般在90~120厘米之间。它是货架的第二层,是人们眼睛最易看到、手最易拿取商品的陈列位置,因此是最佳陈列位置。此位置一般用来陈列高利润商品、自有品牌商品、独家代理或经销的商品。该位置最忌讳陈列无毛利或低毛利的商品,否则对零售企业来讲是一个重大损失。

2. 上段

上段是货架的最上层,高度在 120～160 厘米之间。该段位通常陈列一些推荐商品,或有意培养的商品。该商品经过一定时间后可移至下一层即黄金陈列段。

3. 中段

货架的第三层是中段,其高度为 50～90 厘米。此位置一般用来陈列一些低利润商品或为了保证商品的齐全性及因顾客的需要而不得不卖的商品,也可陈列原来放在上段和黄金段上的已经进入衰退期的商品。

4. 下段

货架的最下层为下段,高度一般在离地 10～50 厘米。这个位置通常陈列一些体积较大、重量较重、易碎、毛利较低但周转相对较快的商品,也可陈列一些消费者认定品牌的商品或消费弹性小的商品。

(二) 整齐陈列法

整齐陈列法是按货架的尺寸,确定单个商品的长、宽、高的排面数,将商品整齐地堆积起来以突出商品量感的方法。整齐陈列的货架一般配置在中央陈列货架的尾端,陈列的是企业想大量推销给顾客的商品、折扣率高的商品,或顾客因季节性需要而购买率高、购买量大的商品,如夏季的清凉饮料等。整齐陈列法有时会令顾客感到不易拿取,必要时可作适当变动。

(三) 盘式陈列法

盘式陈列法是将装商品的包装纸箱底部作盘状切开后留下来,然后将商品以盘为单位堆积上去的方法。这样不仅可以加快商品陈列的速度,而且在一定程度上提示顾客整箱购买。有时只在上面一层作盘式陈列,而下面的则不打开包装箱整箱地陈列上去。盘式陈列架的位置,可与整齐陈列架一致,也可陈列在商店进出口处。

(四) 量感陈列法

量感陈列法又称为堆箱陈列法。量感陈列利用大面积和大空间来陈列单一的商品或系列的商品,体现量感,给顾客一种强烈的廉价感和热销感。通常用端架、大面积货架、堆头和网篮等进行量感陈列。在营业现场开出一个空间或将端架拆除,将单一商品或两到三个品种的商品作量感陈列。进行量感陈列的诉求是:价格诉求、季节性诉求、活动或节庆的诉求,以及新产品上市的诉求等。

(五) 随机陈列法

随机陈列法是为了给顾客一种特卖品就是便宜品的印象,而在确定的货架上将商品随机堆放的方法。采用随机陈列法使用的陈列用具,一般是一种圆形或四角形的网状筐,另外还要带有表示特价销售的牌子。随机陈列的网筐配置位置基本上与整齐陈列一样,但也可配置在中央陈列架的通道内,紧贴在其中一侧的货架旁;或者配置在营业现场的某个冷落地带,以带动该处商品的销售。

随机陈列法如果与整齐陈列法共同使用就会形成一种新的陈列法,也就是兼用随机陈列法。这是一种同时兼有整齐陈列和随机陈列特点的陈列方法,其功能也同时具备以上两种方法的特点。但是兼用随机陈列架所配置的位置应与整齐陈列一致。

(六) 岛式陈列法

在卖场的入口处、中部或底部不设置中央陈列架,而配置特殊的展台,这样的陈列方法叫作岛式陈列。其用具一般有冰柜、平台或大型的网状货筐。除此之外,还有一些在空间不大的通道中进行随机的、活动式的岛式陈列所需的投入台、配上轮子的散装筐等陈列用具。

(七) 突出陈列法

突出陈列也是为了打破单调感、吸引顾客进入中央陈列架,而在中央陈列架的前面用特殊陈列的方法。例如,在地面上做一个突出的台,并在其正面堆积商品,或将中央陈列架下层的隔板做成一个突出的板,然后将商品堆积在此板上。

(八) 端头陈列法

所谓端头,是指双面的中央陈列架的两头,是客流量最大、往返频率最高的地方。端头一般用来陈列要推荐给顾客的新商品以及利润高的商品。端头陈列的商品如果是组合商品,会比单件商品更有吸引力,因此端头陈列架应以组合式、关联性强的商品为主。

端头陈列的可以是单一商品,也可以是不同商品的组合。单一商品常是知名品牌商品,具有较高的知名度,消费者常常会认牌购买,流转速度快、利润高。几种不同商品的组合,在包装图案与颜色上相互搭配,能产生良好的视觉效果;在效用上互为补充或替代,有时也可以产生陪衬效果。不同商品的组合可以很好地刺激消费者的购买欲望,实现扩大销售的目的。

(九) 槽沟陈列法

在定位陈列的连续货架中,把几块棚板除去,挑选一到两个品种做圆形或半圆形的量感陈列,陈列量是平常的四到五倍,以吸引顾客的眼球,这种陈列即为槽沟陈列。不过这种陈列手法虽可使卖场活性化,却不宜在整个卖场过多出现,最多不得超过3个。这样才能使新上市的商品或高利润的商品产生最好的陈列效果。

(十) 悬挂式陈列法

将无立体感、扁平或细长形的商品悬挂起来陈列的方法称为悬挂式陈列法。它能使这些无立体感的商品产生良好的立体感效果,并且能增添其他特殊陈列方法所没有的变化。目前,许多商品制造商都采用可用于悬挂式陈列的有孔型商品包装,如糖果、剃须刀、铅笔和儿童玩具等。

(十一) 比较陈列法

比较陈列是把相同的商品按不同规格或不同数量进行分类,然后陈列在一起,供顾客选购。举例说明,如果单个易拉罐咖啡卖 20 元,而 6 罐包在一起只卖 100 元,这时若把单罐装及 6 罐装陈列在一起,就可以比较出 6 罐装比较便宜,从而刺激顾客买 6 罐装。但需要注意的是,营销的目的是卖 6 罐装咖啡,所以在陈列量上 6 罐装的数量要比较多,而单罐装的数量应比较少。再举一个例子,把同一品牌的 1 千克听装奶粉和 800 克听装奶粉陈列在一起,并把 1 千克听装奶粉的售价定得很接近 800 克听装奶粉,那么就可以衬托出 1 千克听装奶粉价格的便宜,从而刺激顾客购买 1 千克听装奶粉,达到促销目的。一般而言,比较性陈列只有经过价格和包装的良好规划,才能达到最佳效果。

拓展知识

陈列口诀

以童装陈列为例,陈列的口诀可以归纳为:划中心、分陈列、重点展、叠图案、挂人样、正侧错、色彩配、动感化。

1. 划中心:客户第一眼看到的形象墙是陈列中心,黄金位置位于腰部和头顶稍高范围,不能过高或过低,要照顾我国女性的身高。

2. 分陈列:以形象墙为中心分男、女童区,或童装、用品区。童装再细分婴童、小童、大童区等。婴童装要接近内衣和用品(如奶瓶、奶嘴、奶粉、吸乳器、磨牙器等)陈列位置,促进连带销售。

3. 重点展:厂家每季着重推荐的服装,要穿在模特身上或正挂在黄金位置或做叠装,模特身上或黄金位置的服装易销售。

4. 叠(摊)图案:冬装中羽绒服不能做叠装,其他衣服都可做,用 2~3 件衣服把衣服上的图案叠出来,一件衣服上有米奇图案,三件衣服分叠脑袋、躯干、腿,叠成"豆腐块",三件衣服颜色可同可异。还可将上衣和裤子分别摊开摆放在展示台上,或把数件同款衣服按大码在下、小码在上的方法摊开摆起来,颜色上可深浅相间或同颜色,给人货卖一堆山的感觉。

5. 挂人样:正挂第一件衣服要内衣、衬衣、毛衣、羽绒、裤子搭配好,像真人穿着。内衣袖口、毛衣要拉伸出来,领口要分别立起来,制造"酷"感,把其中一条裤腿挽起,对称陈列男童装或女童装,如男童挽右裤腿,女童则挽左裤腿。

6. 正侧错:正挂侧挂错开,上面正挂上衣、下面侧挂和上衣配套的背心、内衣、衬衫、毛衣、裤子等。

7. 色彩配:色彩上下、左右呼应,正挂或模特身上穿的一套衣服,如上衣领口或袖口是花边的,那裤子最好是花边牛仔裤或其他花边裤;左边正挂或模特身上是红内衣配白外套,右边就白内衣配红外套。左边藏青外套,右边就配藏青裤子。

8. 动感化:正挂或模特身上的外套袖口要塞到外套或裤子口袋里,似儿童手插衣兜状;裤腿里塞单光纸,裤腿用大头针在胭窝处别起来,做小孩曲膝盖状。

项目小结

本项目主要介绍了零售店的商品配置、商品陈列的相关概念和原则、商品陈列要求和方法。

进行商品配置是商品陈列的基础,进行商品配置首先要了解商品配置的依据,包括根据商品性质进行配置,根据顾客购物的行走特点进行配置,根据商品盈利程度进行配置,配合其他促销策略进行配置。

进行商品配置要制作商品配置表,商品配置表是把商品在货架上的陈列进行最有效的分配,以书面、表格形式画出来。很多超市企业利用电脑来制作、修改和调整商品配置表。商品配置表的制定包括以下几个程序:(1)通过消费者需求调查,决定要卖什么商品,使用多大的卖场面积以及卖场形状。(2)对决定要卖的商品进行分类,使每一类商品都在卖场中占有一定的面积比例。(3)根据商品的关联性、需求特征、能见度等因素,决定每一类商品的平面位置,制作商品平面配置图。(4)根据商品的平面位置配备陈列设备,使其与前场设备、后场设备构成一个有机整体。(5)收集商品品项资料,包括价格、规格、尺寸、成分、包装材料、颜色、需求程度、毛利、周转率等,并决定经营品项。(6)用商品布局表详细列出每一个单品项商品的空间位置。

零售商品陈列的主要工作包括:补货、理货、贴价签及条码、清洁和整库与盘点等。

商品陈列的原则包括分区定位原则,易见易取原则,满陈列原则,先进先出原则,关联性原则。

商品陈列时,要求确保商品安全;坚持分类陈列;处处体现顾客的方便性;让顾客感觉良好;使商品看起来丰富、品种多、数量大;考虑陈列成本。商品陈列时可以按照以下商品陈列方法来进行操作:集中陈列法、整齐陈列法、盘式陈列法、量感陈列法、随机陈列法、岛式陈列法、突出陈列法、端头陈列法、槽沟陈列法、悬挂式陈列法、比较陈列法。

项目实训练习

实训任务一:

1. 实训内容

选择本地苏果超市或苏果便利店(任意一个)进行走访调研,对其店内的商品配置进行简单分析。可以运用商品配置的依据、磁石理论等知识点进行分析,调研时收集相关资料,回来对资料进行筛选整理,形成该店商品配置分析报告。学习零售店商品配置相关案例,了解什么样的商品配置适合什么类型的零售店,每组学生最终完成一份苏果超市或便利店的商品配置分析报告。

2. 实训要求

要求学生分组完成任务,任务成果要形成分析报告。学生将任务成果以 PPT 形式上交,且要求图文并茂。

3．任务考核

考核指标	考核标准	成绩(100分)
商品配置 分析报告	语言表达清楚、有条理性(10分)	
	分析有理有据(30分)	
	观点鲜明、正确(20分)	
	图文并茂(10分)	
	PPT制作细致、排版合理、有创意(20分)	
	运用所学知识点进行分析(10分)	

实训任务二：

1．实训内容

选择本地某一零售店(如苏果超市或苏果便利店)进行走访调研,对其店内的商品陈列进行简单分析。可以从商品陈列原则、陈列方法等方面进行分析,边分析边用视频记录,形成现场评价分析报告。学习零售店商品陈列相关案例,了解什么样的商品陈列更吸引顾客,每组学生最终完成一份零售店商品陈列现场分析的视频。

2．实训要求

要求学生分组完成任务,任务成果要形成现场评价分析报告。学生要进行实地调研,在调研场所进行视频录制,边介绍边分析,任务成果以视频形式上交。

3．任务考核

考核指标	考核标准	成绩(100分)
商品陈列 现场分析视频	语言表达清楚、有条理性(10分)	
	分析有理有据(30分)	
	观点鲜明、正确(20分)	
	视频有创意或具有创新性(10分)	
	视频的视觉和听觉效果良好(20分)	
	运用所学知识点进行分析(10分)	

项目习题练习

1．商品陈列对企业有何意义？
2．零售店商品配置的主要依据有哪些？
3．简述商品配置表的制作程序。
4．商品陈列的基本原则有哪些？
5．商品陈列的方法有哪些？
6．端头陈列法适合陈列什么商品？
7．找一家大型超市,观察这家超市的商品陈列,谈谈你的新发现。

项目五

商品管理

 职业能力目标与学习要求

1. 知识目标：掌握零售商品组合，掌握商品采购流程，掌握零售商品定价策略，掌握零售商品促销策略
2. 技能目标：能进行商品的合理配置，能进行商品的采购，能为商品进行合理定价，能制定促销策略
3. 任务分解：任务一　商品组合管理
　　　　　　 任务二　采购管理
　　　　　　 任务三　定价管理
　　　　　　 任务四　促销管理

任务一　商品组合管理

导入案例

沃尔玛的商品组合

沃尔玛是享誉全球的大型零售企业，到目前为止，沃尔玛的年销售额不仅相当于全美所有其他百货公司的总和，而且一直保持着强劲的发展势头，创造了零售业的一个奇迹。在零售业最为关键的销售环节，沃尔玛公司花了很大精力研究经营策略和销售模式，以期最广泛地吸引消费者。

沃尔玛在经营商品的品种选择上主要以销售量大、周转速度快、购买频率高的中档商品为主，适度兼顾高低档商品。商品销售量大、周转速度快是沃尔玛经营利润来源的前提条件，因为沃尔玛在商品销售中利润率很低，利润来源主要是依靠销售规模优势向生产厂家收取商品进场费、上架费、商品折扣、销售返利及资金占用费等多取得的收益。

沃尔玛在商品组合上采取"二八原则"，即用20%的主力消费产品创造80%的销售额，根据零售业态的不同形式采取不同的商品组合。例如，山姆会员店向消费者提供"一站式

购物服务",商品的种类齐全但单一商品类别适度齐全,商品品种在 3 万~6 万种左右,而且 50%以上的商品为食品类;家居商店商品结构宽度广而深,商品品种在 8 万种左右,产品品种非常齐全;折扣商品结构为窄而浅;购物广场的商品结构则采取窄而深,主要是日用生活品。

资料来源:http://review.cnfol.com/130208/436,1703,14388409,00.shtml

一、零售商品分类与结构

(一)零售商品分类

不进行商品分类,就很难规划商品的具体经营范围和品种,尤其是采购人员无法进行采购分工活动。美国全国零售联合会(NRF)制定了一份标准的商品分类方案。

在 NRF 的商品分类方案中,最大的商品分类等级是商品组(merchandise group),商品组是指经营商品的大类,也就是类似国内的商品大分类,如一个百货商店可能会经营服装、家电、食品、日用品、体育用品、文具用品、化妆品等。

商品分类的第二级是商品部。商品部一般是将某一大类商品按细分的消费市场进行再一次分类,如服装类商品可分成女装、男装、童装等。

商品分类的第三级是商品类别(品类)。这是根据商品用途或细分市场顾客群而进一步划分的商品分类,在大型零售商,一般每一类商品由一位采购员负责管理。

同类商品(classification)是商品分类中商品类别的下一级,一般来说,同类商品是指顾客认为可以相互替代的一组商品。例如,顾客可以把一台 21 英寸的彩电换成一台 29 英寸其他品牌的彩电,但不会把一台彩电换成一台电冰箱。

存货单位(stock keeping unit,SKU)是存货控制的最小单位,当指出某个存货单位时,营业员和管理者不会将其与任何其他商品相混淆,它是根据商品的尺寸、颜色、规格、价格、式样等来区分的,我们也称之为单品。

(二)零售商品结构

商品结构是零售企业在一定的经营范围内,按一定的标志将经营的商品分成的若干类别和项目,以及各类别和项目在商品总构成中的比重。商品结构是由类别和项目组合起来的。商品结构是否合理,对于零售企业的发展具有重要的意义。

商品经营范围只是规定经营商品的种类界限,在经营范围内,各类商品应当确定什么样的比例关系;哪些商品是主力商品,哪些商品是辅助商品和一般商品,它们之间保持什么样的比例关系。项目组合则要决定在各类商品中,品种构成应保持什么样的比例关系,主要经营哪些档次等级、花色规格等。

从一定意义上讲,商品结构在零售店经营中居于枢纽位置,经营目标能否圆满完成,经济效益能否顺利实现,关键不在于经营范围而在于商品结构是否合理。如果商品结构不合理,就直接影响经营效果。

1. 商品结构的分类与内容

零售店经营的商品结构,按不同标准可以分为不同类型。按商品自然种类划分,可以分为商品类别、品种、花色、规格、质量、等级、品牌等;按销售程度划分,可分为畅销商品、平销商品、滞销商品;按商品使用构成划分,可以分为主机商品和配件商品;按价格、质量划分,可以分为高、中、低档商品;按经营商品的构成划分,可以分为商品、辅助商品和关联商品等。由于部分分类的划分较易于理解,在此不详细介绍,仅就按商品构成划分的主力商品、辅助商品和关联商品的内容进行介绍。

(1) 主力商品。主力商品是指在零售企业经营中,无论是数量还是金额均占主要部分的商品。一个企业的主力商品体现它的经营方针、经营特点以及企业的性质。可以说,主力商品的经营效果决定着企业经营的成败。因此,企业应首先将注意力放在主力商品的经营上。

(2) 辅助商品。辅助商品是对主力商品的补充。零售企业经营的商品必须有辅助商品与主力商品相搭配,否则会显得过于单调。辅助商品不要求与主力商品有关联性,只要是企业能够经营,而且又是顾客需要的商品就可以。辅助商品可以陪衬出主力商品的优点,成为顾客选购商品时的比较对象,不但能够刺激顾客的购买欲望,而且可以使商品更加丰富,克服顾客对商品的单调感,增加顾客的光顾率,可以促进主力商品的销售。

(3) 关联商品。关联商品是在用途上与主力商品有密切联系的商品。例如,录音机与磁带、西服与领带等都是关联商品。配备关联商品,可以方便顾客的购买,增加主力商品的销售,扩大商品销售量。配备必要关联商品的目的是适应顾客购买中图便利的消费倾向。

2. 商品结构的完善与调整

零售企业商品结构的完善,主要有两个方面:一方面完善主力商品、辅助商品和关联商品的结构;另一方面完善高、中、低档商品的结构。

(1) 主力商品、辅助商品和关联商品的配备。一般来说,主力商品要占绝大部分,而辅助商品和关联商品的比重则应少一些。主力商品的数量和销售额要占商品总量和全部销售额的70%~80%,辅助商品和关联商品占20%~30%,其中关联商品应确实与主力商品具有很强的关联性。在经营过程中,如果发现企业商品结构发生变化,则应迅速调整,使之趋于合理。

(2) 高、中、低档商品的配备。高、中、低档商品的配备比例,是由企业目标消费群的需求特点决定的。在高收入顾客占多数的地区,高档商品应占大部分,在低收入顾客占多数的地区,则应以低档商品为主,这样才能满足顾客的需要。

一般来说,以高消费阶层为目标市场的企业,可以采取以高档商品、中档商品占绝大多数的政策,其经营比重为:高档商品占50%,中档商品占40%,低档商品占10%。主要面向大众顾客的企业,可以采取低档商品、中档商品占绝大多数的政策,其经营比重为高档商品占10%,中档商品占30%,低档商品占50%。如果以低消费阶层为目标市场,也可按中档商品占30%、低档商品占70%的比例配置。

高、中、低档商品结构的配量,受到顾客消费结构的制约,当消费结构发生变化时,企业应相应调整高、中、低档商品的比重。

应当指出,零售企业经营商品的品种中,有相当部分由于供求的季节性波动而形成周期性的商品交替,这些商品有明显的季节性,所以企业要随着季节的不断变更,随时调整商品结构。由于商业的季节性比自然的季节性来得早一些,因此,企业应在季节到来之前调整好经营商品的结构。

3. 商品结构策略

（1）广而深的商品结构。

这种策略是商店选择经营的商品种类多，而且每类商品经营的品种也多的策略，一般为较大型的综合性商场所采用。由于大型的综合商场的目标市场是多元化的，常需要向消费者提供一揽子购物，因而必须备齐广泛的商品类别和品种。

优点：目标市场广阔，商品种类繁多，商圈范围大，选择性强，能吸引较远的顾客前来购买，顾客流量大，基本上满足顾客一次进店购齐一切的愿望，能培养顾客对商店的忠诚感，易于稳定老顾客。

缺点：商品占用资金较多，而且很多商品周转率较低，导致资金利用率较低；此外，这种商品结构广泛而分散，试图无所不包，但也因主力商品过多而无法突出特色，容易形成企业形象一般化；同时，企业必须耗费大量的人力用于商品采购上，由于商品比较容易老化，企业也不得不花大量精力用于商品开发研究上。

（2）广而浅的商品结构。

这种策略是指商店选择经营的商品种类多，但在每一种类商品中花色品种选择性少的策略。在这种策略中，商店提供广泛的商品种类供消费者购买，但对每类商品的品牌、规格、式样等给予限制。这种策略通常被廉价商店、杂货店、折扣店、普通超市等零售商所采用。

优点：目标市场比较广泛，经营面较广，能形成较大商圈，便于顾客购齐基本所需商品；便于商品管理，可控制资金占用；强调方便顾客。

缺点：由于这种结构模式花色品种相对较少，满足需要能力差，顾客的挑选性有限，很容易导致失望情绪，不易稳定长期客源，形成较差企业形象。长此以往，商店不注重创出商品特色，在这样一个多样化、个性化趋势不断加强的今天，即使商店加强促销活动，也很难保证企业经营的持续发展。

（3）窄而深的商品结构。

这种策略是指商店选择较少的商品经营种类，而在每一种类中经营的商品花色品种很丰富。这种策略体现了商店专业化经营的宗旨，主要为专业商店、专卖店所采用。一些专业商店通过提供精心选择的一两种商品种类，在商品结构中配有大量的商品花色品种，吸引偏好选择的消费群。

优点：专业商品种类充分，品种齐全，能满足顾客较强的选购愿望，不会因花色品种不齐全而丢失销售；能稳定顾客，增加重复购买的可能性；易形成商店经营特色，突出商店形象；而且便于商店专业化管理，树立专家形象。这种模式较为今天广大的消费者欢迎。

缺点：过分强调某一大类，不能一站式购物，不利于满足消费者的多种需要；很少经营相关商品，市场有限，风险大，需要对行业趋势做准确的判断，并通过更加努力来扩大商圈。

（4）窄而浅的商品结构。

这种策略是指商店选择较少的商品种类和在每一类中选择较少的商品品种。这种策略主要被一些小型商店，尤其是便利店所采用，也被售货机出售商品和人员登门销售的零售商所采用。自动售货机往往只出售有限的饮料、香烟等商品；而人员上门销售其所销售的商品种类和品种也极其有限。这种策略要成功使用，有两个关键因素，即地点和时间。在消费者想得到商品的地点和时间内，采取这种策略可以成功。

优点：投资少，成本低，见效快；商品占用资金不多，经营的商品大多为周转迅速的日常用品，便于顾客就近购买。

缺点：种类有限，花色品种少，挑选性不强，易使顾客产生失望情绪，商圈较小，吸引力不大，难以形成商店经营特色。

二、零售商品组合

零售商品组合，是指一个零售企业所经营的全部商品的结构。它通常包括若干商品大类，即商品系列。每个商品系列又包括数目众多的商品项目。商品大类是指一组密切相关的商品，这些商品具有替代性、配套性，能满足人们某一类的需要；或者通过同种类型商店销售给相同的顾客群，或者属于同一价格档次。商品项目是指某种商品大类中，不同规格、型号、款式、颜色的商品。

零售企业在经营中，可以专门经营一个商品大类，也可以经营几种不同大类的商品。由于商品组合的方式不同，会形成企业经营的不同特点。因此，认真研究商品组合的策略，对于零售企业开展经营活动具有十分重要的作用。

合理的商品结构体系对于零售企业的经营作用重大。在日本，连锁超市的经营者决定在某一地区设立分店时，会要求一位店长先举家搬迁到这个区域，实际居住达半年以上。其根本目的就是通过了解该地区消费者的消费需求以及该区域内同业的商品结构情况，确立本企业各部门的特性及商品结构。可见，商品结构体系即商品组合合理与否，其直接关系着零售业经营的成败。

（一）零售商品组合的类型

1. 单一的商品策略

这是指商店经营为数不多、变化不大的商品品种来满足大众的普遍需要，如专卖店、快餐店、加油站、自动售货机等，均采取这一商品策略。采取这一商品政策的商店一般在竞争中不宜取得优势，因而它的使用主要局限于：

（1）消费者大量需求的商品，如加油站、粮店、烟酒专卖等。

（2）享有较高盛誉的商品，如麦当劳的汉堡包、可口可乐等。

（3）有较高知名度的专卖商店。

（4）有专利保护的垄断性商品。

2. 市场细分化商品策略

市场细分化就是把消费市场按各种分类标准进行细分，以确定商店的目标市场。例如，按消费者的性别、年龄、收入、职业等标准进行划分。各类顾客群的购买习惯、特点以及对各类商品的购买量是不同的，商店可以根据不同细分市场的特点来确定适合某一类消费者的商品政策。例如，若商店选择的目标市场是儿童市场，则商品经营范围将以儿童服装、儿童玩具、儿童食品、儿童用品为主，藉此形成自己独特的个性化的商品系列，并随时注意开发和培养有关商品，以满足细分市场顾客的需要。

3. 丰满的商品策略

这是在满足目标市场的基础上，兼营其他相关联的商品，既保证主营商品的品种和规格、档次齐全,数量充足,又保证相关商品有一定的吸引力,以便目标顾客购买主营商品时能兼买其他相关物品,或吸引非目标顾客前来购物。要使商店经营的商品让人感到丰满,必须重视下列几类商品:

(1) 名牌商品。这类商品一般是企业长期经营,在消费者中取得良好信誉的商品。这类商品品种全、数量足,能提高商店的声望,并给人以丰盛感,对促进销售起到重要作用。

(2) 诱饵商品。这类商品品种齐全、数量足,可以吸引更多的消费者到商店来购物,同时也可以连带销售其他商品。

(3) 试销商品。包括新商品和本行业刚刚经营的老商品,这类商品能销售多少很难预测,但是,将这类商品保持一定的品种和数量,也会增强商店经营商品的丰盛感,促进商品销售额的扩大。

4. 齐全的商品策略

这是指商店经营的商品种类齐全,无所不包,基本上满足消费者进入商店后可以购齐一切的愿望,即所谓的"一站式购物"。一般的超大型百货商店、购物中心以及大型综合超市均采用这一商品策略。一般来说,采用这一策略的商店,其采购范围包括食品、日用品、纺织品、服装、鞋帽、皮革制品、电器、钟表、家具等若干项目,并且不同类型商品分成许多商品柜或商品区。有的商店每一柜台的商品部经理可以自由进货、调整商品结构,及时补充季节性商品,但连锁性质的大型超市则采取集中采购和配送方法。当然,任何一个规模庞大的商店要做到经营商品非常齐全是不可能的。因此,目前国内外一些老牌百货商店正纷纷改组,选择重点经营商品,以这个重点为核心建立自己的商品品种策略,突出自己的经营特色,以与越来越广泛的专业商店相竞争。

(二) 零售商品组合的原则

商品组合首先必须明确商店定位和商品定位,如经营超市还是便利商店,是单体经营、店中店还是连锁店,主要的目标顾客是谁等。商品组合的基本要求是与公司的经营定位和整体形象相一致,既能满足消费者的要求,又能为企业带来利润。具体应坚持三项原则:

1. 商品化原则

所谓商品化,是指将生产制造商和供货商所提供的产品化为经营商品的过程。商品化过程必须满足消费需求和商品销售要求。我们通常可以将初次生产出来的物品统称为产品,如"农产品"、"水产品"、"畜产品",经过加工过程生产出来的产品称为"制品"。无论是产品还是制品,都必须经过商品化过程,才能更有效地被消费者所接受。同时,商品化过程也能提高商品的附加价值。

2. 品种齐全原则

由于消费者日益强调节约时间和"一次购足"的观念,所以企业在确定商品组合时一定要尽可能地扩大经营品种,使顾客能一次性买齐所有日常必需的物品。同时,应密切关注政策动向及消费潮流,不断调整品种结构,导入新品。另外,产品齐全不仅仅是数量品种问题,还必须考虑各种品牌及其知名度,规格及各种品质商品的相互配合问题。

3. 重点商品原则

产品不断开发,品种无限增加,而门店的营业面积总是有限的。所以,对经营商品的品种必须优选,把销售额大、顾客必需的商品作为重点商品,进行重点管理。常用的重点商品管理方法是 ABC 分类管理法。其操作步骤是：

（1）将各种商品按金额大小顺序排列,计算出各类商品的金额比重和品种比重(单项比重和累计比重)。

（2）划分类别。A 类商品的金额比重为 70%～80%,品种比重为 5%～10%;B 类商品的金额比重为 10%～20%,品种比重为 70%～80%。

（3）分类管理。A 类商品是重点商品,实施重点控制,定时定量采购,经常检查每个品种的储存情况,及时进行调整,减少不必要的库存;C 类商品可以用较简单的办法加以控制,如采用固定采购量,适当减少采购次数;B 类商品可实行一般控制,分大类进行管理。

（三）商品结构优化

1. 商品结构调整依据

（1）商品销售排行榜。定期对商品销售额情况进行排名,排在前面的商品属于畅销商品,应予保留;排在后面的商品属于滞销品,应列为淘汰考察对象。然后再调查每一种商品滞销的原因,如果无法改变其滞销的情况,就应予以撤柜处理。在处理这种情况时应注意:对于新上柜的商品,往往因其有一定的熟悉期和成长期,不要急于撤柜;对于某些日常生活必需品,虽然其销售额很低,但是由于此类商品的作用不是盈利,而是通过此类商品的销售来拉动商店主力商品的销售,如针线、保险丝、蜡烛等;还有一些商品,可能仅仅由于陈列不当而导致销售不畅,在淘汰滞销品时应注意分析其中的具体原因。

（2）商品贡献率。单从商品排行榜来挑选商品是不够的,还应看到商品的贡献率。销售额高、周转率快的商品,不一定毛利高,而周转率低的商品未必就利润低。没有毛利的商品销售额再高,这样的销售又有什么用。毕竟商店是要生存的,没有利润的商品短期内可以存在,但是不应长期占据货架,看商品贡献率的目的在于找出门店的贡献率高的商品,并使之销售得更好。

（3）损耗排行榜。这一指标是不容忽视的,它将直接影响商品的贡献毛利。例如,超市经营的鲜奶等日配商品的毛利虽然较高,但是由于其风险大、损耗多,可能是赚的不够赔的。曾有一家卖场的刷羊肉片的销售在某一地区占有很大的比例,但是由于商品的破损特别多,一直处于亏损状态,最后唯一的办法是,提高商品价格和协商降低供货商的残缺率,不然就将一直亏损下去。对于损耗大的商品一般是少订货,同时应由供货商承担一定的合理损耗。另外,有些商品的损耗是因商品的外包装问题,这种情况应当及时让供货商予以改进。

（4）周转率。商品的周转率也是优化商品结构的指标之一,谁都不希望某种商品积压流动资金,所以周转率低的商品不能滞压太多。

2. 商品组合优化的方法

（1）商品环境分析法。

具体内容有:

① 根据市场环境分析目前超市的主力商品是否继续发展。

② 对超市未来主力商品努力开发、培养。

③ 对能使超市在市场竞争中获得较大利润的商品,适当增加经营比例。

④ 对过去是主力商品,而现在销路已日趋萎缩的商品进行缩减或淘汰。

⑤ 对尚未完全失去市场的商品维持或保留。
⑥ 对完全失去销路的商品或经营失败的新商品进行淘汰。
（2）商品系列平衡法。
商品系列平衡法分为四个步骤：
① 评定商品的市场引力，包括市场容量、利润率、增长率等。
② 评定超级市场实力，包括超市的形象、卖场陈列能力、销售能力、市场占有率等。
③ 制作商品系列平衡象限图。
④ 分析与决策。
（3）四象限评价法。
波士顿矩阵对于企业产品所处的四个象限具有不同的定义和相应的战略对策。
① 明星产品(stars)。第一象限表示市场占有率高、销售增长率高的商品。
② 金牛产品(cashcows)，又称厚利产品。第二象限表示市场占有率低、销售增长率高的商品。
③ 问号产品(questionmarks)。第三象限表示市场占有率高、销售增长率低的商品。
④ 瘦狗产品(dogs)。第四象限表示市场占有率和销售增长率都低的商品。

任务二　采购管理

导入案例

物美集团的网上竞标

物美集团是国内最早以连锁方式经营超市的专业集团之一，2008年营业额高达302亿元，门店发展到2010家，在当年的中国连锁企业百强排行榜中名列第八。物美在2005年年初引进了网上竞标的业务工具，它是将传统的拍卖与先进的点子商务相结合，对一定量和一定品质并在特定交易条件下的商品进行网上公开招标的过程。具体步骤如下：第一步，采购人员收集不同供应商的信息和供应商提供的商品的报价以及样品，然后由专门的品控人员对样品和供应商资质进行审核；第二步，经过资质审核的供应商利用网上竞拍交易系统，最终实现与物美之间的业务往来。

网上竞拍的前提保障是供应商资质的审核和产品质量的把关，网上竞标系统只是提供一种快捷简便的竞标平台。物美在2005年上半年通过网上备品、包装物等商品的竞标，采购成本节省了10%~25%。目前，这种新的采购方式正逐步被广大供应商接受和习惯，下半年物美进一步加大了网上竞标的品项范围，并且制定了下半年的网上竞标预算。通过网上竞标，物美不仅节省了采购成本，简化了供应链流程，提高了库存流转率，同时也提高了供应商之间的信息沟通效率。

资料来源：肖怡.企业连锁经营与管理.东北财经大学出版社，2009.

大多数零售商的基本目标就是销售商品。利润对零售企业来说是最核心的战略问题。

因此，决定采购什么和采购多少，对于任何一个零售商来说都是一项重要任务。大大小小的零售商必须对成百上千的供应商的成千上万种商品做出决策。如果采购过程没有系统地、有条理地组织进行，就会产生混乱。

一、商品采购的功能及原则

商品采购是指为保证销售需要，通过等价交换方式取得商品资源的一系列活动过程，包括确定需求、发掘货源、选择供应商、交易条件的谈判、签发购货合向、督促供应商、处理纠纷等。

（一）商品采购的功能

1. 开发新商品，开发新供应商

零售商品采购的主要功能是开发新商品，开发新供应商。随着社会经济的发展和人们收入水平的提高，消费者需求呈多样化趋势，消费者对商品的要求越来越高。在买方市场条件下，作为流通业主导者的零售企业，应主动承担起引导消费、引导生产的重任，积极开发新的供应商、新的产品，不断适应消费者需求的变化，更好地满足消费者的需要。

2. 淘汰滞销商品，淘汰不良供应商

为更好地适应消费需求的变化，也为了更有效地利用有限的卖场空间，提高销售业绩，零售采购部门在开发新商品的同时，必须认真做好滞销商品的淘汰工作。具体如下：

（1）及时发现那些销路不佳的代销商品、处于衰退期的商品或虽在经销但销售业绩不佳的商品，尽快与供应商联系，及时退货，及时中断继续订货。

（2）对那些存在质量问题（如卫生、安全、包装等不合格）的商品要尽早停止订货与供货。

（3）对违反采购合同、信誉不良的供应商要毫不留情地给予淘汰。

3. 控制采购货款

虽然支付货款最终由零售企业财务部门实施，但货款支付的时间、数量等其他交易条件应根据采购合同的条款，在采购部门控制下执行。

（二）商品采购的原则

1. 以需定进原则

零售企业采购商品是为了把它销售出去，在满足消费者需要的同时，获取一定的收益。因此，企业在进行采购活动时，应充分考虑市场需求，根据市场需求情况来决定进货。以需定进原则就是为保证采购的商品符合消费者需要，从而做到"适销对路"。

坚持以需定进原则，可以有效地避免盲目采购。这就需要零售企业在购销过程中，结合本企业的实际和各种商品的不同特点，认真研究市场需求态势，分别采用不同的购、销策略，以求得购、销与市场需求的动态平衡。

2. 保质保量原则

保质，即要保证商品质量。对于商品质量可以从狭义和广义两个方面来理解。狭义的商品质量是指商品品质，即商品的内在质量，它是指商品与其规定的标准技术条件的符合程度,以国家标准、行业标准、企业标准或订购合同中的有关规定作为最低技术条件。广义的商品质量是指商品的适应性,即商品在一定使用条件下,适合于其用途所需要的各种自然特性的综合及其满足使用者需求的程度。保证商品质量应该从这两个方面来把握。

保量,即采购的商品数量要合适。采购数量并不是越大越好。采购量超过实际的销售需要,会导致商品周转速度下降,滞销品种比重增大,占压库存和资金,减少畅销品种,增加日常作业负担,增大运输和保管费用;反之,如果采购数量不足,导致商品脱销断档,会丧失销售机会,给顾客造成缺货、品种不丰富的印象,丧失顾客,减少客流量。

3. 勤进快销原则

勤进快销是加速资金周转、避免商品积压的重要条件,也是促进经营发展的一个根本性措施。零售企业必须利用本身有限的资金来适应市场变化的需求,以勤进促快销,快销保勤进,力争以较少的资金占用,经营较多、较全的品种,加速商品周转,做活生意。

当然,"勤"并非是越勤越好,它必须视企业条件以及商品特点、货源状况、进货方式等多种因素的状况,在保证商品销售不脱销的前提下,考虑进货批量。"快"也是相对的,它必须在保证企业经济效益与社会效益的前提下,加快销售速度。

4. 经济核算原则

经济核算的目的是要以尽可能少的资金占用和劳动消耗,实现尽可能多的劳动成果,取得好的经济效益。零售企业组织商品的进货和销售,涉及资金的合理运用,物质技术设备的充分利用,合理的商品存储、运输、人员安排等事项。购销差价包含企业经营商品的费用、税金和利润三者之间此消彼长的关系。因此,零售企业从进货开始,就要精打细算,加强经济核算,以收入抵补尽可能少的一切支出,以保证获得最大的经济效益。

5. 信守合同原则

在商品经济条件下运用经济合同,以法律形式确立商品买卖双方达成的交易,维护双方各自的经济权利和应承担的经济义务,以及各自的经济利益,保证企业经营活动能够有效地进行,已成为企业经营的基本原则。零售企业在采购活动中要信守合同,就是要保证合同的合法性、严肃性、有效性,更好地发挥经营合同在企业经营中的作用,树立企业的良好形象,协调好零售企业与商品供应者和商品需求者之间的相互关系,协调零售企业与信息服务企业、金融企业之间的关系,以保证企业购销活动的顺利进行,促进企业经营的发展。

零售企业在进行采购活动时,除应遵循以上原则外,还必须以市场需要和企业经济效益为依据,做到价格合理、货源顺畅、时间合适、交货及时、文明经商。

二、商品采购方式

零售企业在经营活动中,应当根据企业本身经营的任务、规模大小、经营范围、专业化程度等情况,选择适当的采购方式。根据不同的划分标准,零售商品采购的分类方法有如下四种:

(一) 按采购地区分类

1. 国外采购

国外采购是指零售企业向国外供应商采购商品,通常是指接洽国外供应商或通过本地的代理商来采购。国外采购可以采购到许多新奇特商品,同时可以制衡国内采购的价格,且通常采取延期付款的方式,买方将因本币升值而得到外汇兑换利益。另外,国际性企业的规模较大,产品品质也比较精良。不过,国外采购由于文化、语言的隔阂以及时空的差距,加上进口管制手续繁多,交货过程复杂,采购效率很低,对安全存量的要求较高;并且一旦发生交货纠纷,索赔非常困难,对于紧急交货的要求,通常也无法配合。国外采购适用于价格比国内低廉的商品,及国内无法制造或供应数量不足的商品。

2. 国内采购

国内采购是指向国内的供应商采购商品,通常无须动用外汇。它的优缺点基本上与国外采购相反,特别适用于政府管制进口的商品,以及需求量很小的外国制品。当国内、外采购品质与价格相同时,因为国内采购的安全存量较低,交易过程简单,售后服务比较迅速,就以国内采购优先。

(二)按采购进行的方式分类

1. 直接采购

直接向制造商进行采购,这是零售企业最主要的采购方式。它可免去中间商的加价,也可以避免中途调包影响品质的事件。供应商通常有生产进程安排,交货日期比较确实;为维护产品信誉,售后服务也比较好。况且制造商因投资规模庞大,不会因业绩下降或无利可图而停业,与其来往可建立长期的供需关系。不过,通常制造商只接受为数可观的大订单,直接采购者数量有限就无法进行;且由于直接采购的量值很大,有时制造商会要求预付订金或担保人担保等手续,交易过程复杂。

2. 间接采购

间接采购即零售企业通过中间商采购商品,如批发商、代理商及经纪人等。零售企业间接采购有时候也是必需的,因为许多中小制造商大多会选择一个总代理商销售其产品,而许多国外产品进入他国市场也大多靠代理商进行推销。间接采购的优缺点基本上与直接采购相反,因此比较适合于与中小制造商的零星交易,并以标准化商品为限,因为中间商没有能力接受零售企业的定制,或修改经销商品的外观或功能。

3. 委托采购

零售企业委托中间商进行采购,如委托代理商采购等。

4. 联合采购

联合采购在国内还不盛行,而在国外则非常流行。它一般是指中小零售商为了取得规模采购的优势,而进行的一种合作采购的方法。联合采购就是汇集同业的零售商共同向供应商订购,因采购数量庞大,价格特别优惠;各零售商也因为与同业联合采购,彼此之间建立了一定的合作基础,有助于平时交换情报,提高采购绩效。但是联合采购由于参与厂商太多,作业手续复杂,在数量分配及到货时间等问题上,常常引起许多争端。企业也可能利用联合采购,进行"联合垄断",操纵供应数量及市场价格。总之,联合采购适合买方势单力薄,以及进口管制下发生紧急采购的情况,此时采购数量比较小,因此唯有"积少成多",才能引发供应商报价的兴趣,增加买方谈判的筹码。

(三) 按与供应商交易的方式分类

1. 购销方式

购销方式又称"经销"或"买断"方式。即在零售企业电脑系统中记录详细的供应商及商品信息,结账时,在双方认可的购销合同上规定的账期(付款天数)到期后的一个"付款日",准时按当初双方进货时所认可的商品进价及收货数量付款给供应商。零售企业的绝大部分商品均以购销方式进货。

2. 代销方式

有极少部分商品零售企业会以代销方式进货。即在零售企业的电脑系统中记录详细的供应商及商品信息,在每月的付款日准时按"当期"的销售数量及当初双方进货时所认可的商品进价付款给供应商。没有卖完的货品可以退货给供应商。代销商品的库存盘点差异通常是由供应商来承担的。

3. 联营方式

有少部分商品(如服装、鞋帽、散装糖果、炒货等),企业会以联营的方式进货,即在电脑系统中记录详细的供应商信息,但不记录商品详细的进货信息。在结账时,财务部在每月的付款日(或在双方认可的购销合同上规定的付款日)在"当期"商品销售总金额上扣除当初双方认可的"提成比例"金额后,准时付款给供应商,此时联营商品的"退换货"及"库存清点"差异都是由供应商来承担的。

(四) 按采购价格方式分类

1. 招标采购

零售企业将商品采购的所有条件(如商品名称、规格、品质要求、数量、交货期、付款条件、处罚规则、投标押金、投标资格等)详细列明,刊登公告。投标供应商按公告的条件,在规定时间内,缴纳投标押金,参加投标。在招标采购方式中,按规定至少要有三家以上供应商从事报价,投标方可开标,开标后原则上以报价最低的供应商中标,但中标报价仍高过标底时,采购人员有权宣布废标,或征得监办人员的同意,以议价方式办理。

2. 询价现购

零售企业采购人员选取信用可靠的供应商将采购条件讲明,并询问价格或寄以询价单并促请对方报价,比较后现价采购。

3. 比价采购

零售企业采购人员请数家供应商提供价格,从中加以比较后,决定供应商进行采购。

4. 议价采购

零售企业采购人员与供应商经过讨价还价后,议定价格进行采购。一般来说,询价、比价和议价是结合使用的,很少单独进行。

5. 公开市场采购

零售企业采购人员在公开交易或拍卖时,随时机动地采购,因此大宗需要或价格变动频繁的商品常用此法进行采购。

三、商品采购流程

（一）建立采购组织

零售经营者一般将采购业务交给企业内某些人或某些部门负责,因此产生了正式的或非正式的采购组织。正式的采购组织是零售商建立的专门采购机构,负责整个商场或整个连锁商店的采购任务。在一个正式的采购组织里,往往拥有专门的采购人员,这些采购人员分别负责某一类商品的采购,有明确的采购责任和授权,公司也对其实施严格的考核指标。非正式采购组织不是一个独立的专门的部门,它是由一群兼职采购人员负责,这些人既负责商品经营,又负责商品采购,有时也处理其他零售业务,责任和授权往往并不明确,却具有充分的灵活性,这种形式常见于小型零售商或实施分散采购制度的零售商。

零售商的上述两种采购组织均是将采购业务放在企业内部,由内部员工组织完成。其实,在费用更低或效率更高的情况下,零售商也可以选择将采购业务转向外部,即依靠外部采购组织。在外部采购组织中,通常由零售商支付一笔费用雇用外部的公司或人员,这笔费用比零售商自建采购组织相对要低,且效率较高。外部采购组织通常被中小型零售商或远离货源的零售商所采用,它具有与供应商谈判的优势,通常服务于若干无竞争关系的零售商,有时还提供营销咨询及自有品牌商品。

（二）制订采购计划

零售商在商品采购上需要对采购什么、采购多少、从哪里采购、什么时候采购等一系列问题进行抉择,并以此制订采购计划,以便加强采购管理(采购计划各要素的确立将在下一部分逐一分析)。一般零售商每月均编有一套完整的销售计划,列出这段时间的销售重点商品。采购人员同时也要拟订一份采购计划以保证销售计划的执行,如商品的预定销售价格、采购价格、采购数量、采购来源等。采购计划是企业经营计划中的一个重要组成部分,一般包括年度采购计划和分月计划,采购员在掌握年度采购计划的基础上,根据月度计划执行采购任务。

采购计划的制订要细分落实到商品的小分类,对一些特别重要的商品甚至要落实到品牌商品的计划采购量,采购计划要细分到小分类,其意图就是控制好商品的结构,使之更符合目标顾客的需求。同时,采购计划的小分类细分也是对采购人员的业务活动给出了一个范围和制约。另外,如果把促销计划作为采购计划的一部分。那么,就要求在与供应商签订年度采购合同之前,要求供应商提供下一年度的产品促销计划与方案,便于在制订促销计划时参考。在制订采购计划时也应要求供应商提供下一个年度新产品上市计划和上市促销方案,作为制订新产品开发计划的一部分。

（三）确定供应商及货源

选择商品货源是零售商开展采购活动的重要环节,零售商需要在各种货源渠道中确定哪一渠道可以满足商店对某一商品的需要。零售商的进货来源主要有：(1)制造商。(2)当地批发商。(3)外地批发商。(4)代理商和经纪人。(5)批发交易市场。(6)附属加工企业。由于零售商的类型和规模不同,进货渠道也会有所不同。为确保进货及时畅通,商品品种、花色、式样丰富多彩,零售商必须广开货源渠道。零售商最好建立固定的进货渠道和固定的购销业务关系,这样做,有利于互相信赖和支持;由于彼此了解情况,易于符合进货要求;可以减少人员采购,节约费用。在保持固定进货渠道的同时,零售商还要注意开辟新的进货点,以保持商品品种的多样化。

选择供应商的标准主要有如下几点:

(1) 信用情况。零售商在进货前必须了解供应商以前是否准时收款发货,遵守交货期限,以及履行采购合同的情况,以便同诚实、信用好的单位建立长期合作关系,稳定货源。

(2) 价格。价格是零售商进货的主要依据之一,只有价廉物美的商品才能吸引消费者,增强企业竞争力。因此,在保证商品质量的基础上,价格低廉的供应商是商店进货的首选。

(3) 品质保证。零售商进货时要明确了解对方商品的质量如何,比较不同供应商的商品性能、寿命、经济指标、花色品种、规格等,择优进货。

(4) 时间。包括供应商发货后商品的在途时间及结算资金占用情况等。

(5) 费用。比较不同供应商、不同地区的进货费用和进货成本进行选择。

(6) 服务情况。即比较不同供应商服务项目的多少和服务质量的高低作为选择标准。例如,是否送货上门、是否负责退换商品,是否提供修理服务,是否赊销,是否负责介绍商品性能、用途、使用方法,是否负责广告宣传等。

(7) 管理规范制度。管理制度是否系统化、科学化,工作指导规范是否完备,执行的状况是否严格。

(四) 谈判及签约

1. 谈判内容注意事项

(1) 配送问题的规定。

零售商主要经营的是消费品,尤其是超级市场,销售的更是日常用品,以满足消费者的日常生活所需,这些商品的周转率相当高。要保持充分的商品供应,商品配送是一个十分重要的话题。许多连锁商店设有自己的配送中心,这一问题相对容易解决,但许多商店是单体商店或小型连锁商店,自己的配送能力有限,必须全部或部分依靠供应商的配送,此时商品配送问题就成了谈判中的一个主要内容。因此,商店应在配送的方式及配送的时间、地点、配送次数等方面与供应商达成协议,清楚规定供应商的配送责任,以及若违反协定必须承受的处罚。

(2) 缺货问题的规定。

对于供应商的供货,若出现缺货的现象,必然会影响销售。因此,在谈判中要制定一个比例,要求供应商缺货时应负的责任,以约束供应商准时供货。例如,允许供应商的欠品率为3%,超过3%时,每月要付1万元的罚金。当然这规定制定后,必须征得供应商同意,达成合约协议才算正式确立。

(3) 商品品质的规定。

进行商品采购时,采购员应了解商品的成分及品质,是否符合国家安全标准和环保标准,或商标等规定。由于采购员的知识所限,有时不能判断上万种商品的各种成分及技标准,因此在采购时,必须要求供应商提出合乎国家法律规定的承诺,以及政府核发合法营业的证明,以确保在商品运营销售上不会出现问题。

(4) 价格变动的规定。

零售商与供应商签订采购合约后,往往建立的是一种长期的供货关系,在这期间,零售商当然希望供应商的商品价格保持不变。但由于供应商的商品成本因素会出现意外情况,如原料成本上升或原料供应减少造成商品供不应求,或薪金上涨等,价格的变动自然在所难免。但在谈判时仍需规定供应商在调整价格时按一定程序进行。例如,规定供应商价格调整,要在调整生效前一个月通知商店方有效,或规定调价时,必须在优待一批原来的供应价才可调整,或配合整体销售通路同时调价等。

(5) 付款的规定。

采购时,支付的货款天数是一个很重要的采购条件,但须对支付供应商的方式有所规范。例如,将对账日定在每月的某一天,付款日定在每月的某一天,付款时是以现金支付还是银行转账等,都要有一系列准则,并请双方共同遵守。

2. 采购合同的管理

采购合同是买卖双方为实现一定的经济目的而依法订立的明确双方有关权利义务的一种书面协议。它对双方当事人具有法律约束力。合同一旦签订,任何一方不得强迫对方接受不平等条件,也不能单方面撕毁合同,否则将受到法律制裁。

任何一个经济合同都包含基本条款和普通条款。采购合同的具体内容由以下几方面构成:

(1) 采购商品的名称。合同上应注明商品的生产厂名、牌号或商标、品种、型号、规格、等级、花色等。

(2) 采购商品的数量、价格和质量。数量和价格经过购销双方议定。对于质量,合同可以规定多种鉴别方法,一是直接观察法;二是以样品为标准鉴别;三是以牌号为根据鉴别;四是以标准品级为依据鉴别。

(3) 采购商品的交货地点及交货时间。交货地点包括现场交货、船上交货、车站交货、到库交货;交货时间分别有立即交货、近期交货、远期交货。

(4) 采购商品货款的支付。包括结算方式、开户银行、账户名称及账号,是当时付款还是预付货款、后付货款等。

(5) 其他事项。包括供应商的售后服务,对消费者的承诺,应支付的各种入场费、赞助费等。

(6) 违约责任及违约金。

(五) 商品检验、验收

采购的商品到达店铺或指定的配送中心,要及时组织商品验收工作,对商品进行认真检验。商品验收应坚持按采购合同办事,要求商品数量准确,质量完好,规格包装符合约定,进货凭证齐全。商品验收中要做好记录,标明商品编号、价格、到货日期。验收中发现问题,要做好记录,及时与运输部门或供货方联系解决。

（六）再订购商品

1. 订货和送货时间

对于零售商,处理一份订单需要花多长时间?对于供应商,履行订单并将货物送达要花费多长时间?零售商需要掌握处理订单的时间,以便早作打算,计算出当库存降到什么水平时,订购的货物刚好能到达商店,既不会导致商品脱销,也不至于造成商品积压。

2. 财务支出

不同采购方案下的财务支出是不同的。大批量订货可以获得较大的数量折扣,使单位商品进价较低,但大批量进货需要大量现金支出,增加了资金压力;小批量订货无法享受价格优惠,使商品进价较高,但小批量订货无需占用太多资金,增加了资金的使用效率。零售商在再订购时需要权衡两方面的利益。

3. 订货成本和储存成本

订货量大,一定时期订货的次数就会减少,相应的订货成本也会降低,因为较高的数量折扣、较低的单位运输成本及易于控制和处理;但订货量大也会使一定时期商品的储存成本增加,商品损坏和过时的可能性大。订货量小,一定时期订货的次数就会增多,相应的订货成本也会增加,因为较少的价格优惠、较高的单位运输成本、额外的服务支出及控制和处理过程更复杂;但订货量小会减少一定时期商品的储存成本,商品损坏和过时的可能性也小。零售商在再订货时需要权衡这两种成本,最佳情况是订货批量使订货成本和储存成本的总和为最低值。

4. 存货周转率

我们把存货周转率(inventory turnover)视为"运动中的商品"。以牛仔裤为例,它首先从装卸货物的船坞被运到商店里,然后再在商店的货架上放一段时间,最后被出售并运出商品的大门。因此,我们把存货周转率看作是在一定的时间内,一般是一年,牛仔裤通过商店平均周转的次数,它是存货生产率的测度指标——也就是说将在牛仔裤上投资一美元能创造出多少美元。存货周转率公式如下:

存货周转率 = 净销售量/平均销售的存货量

存货周转率 = 售出商品成本/平均的存货成本

（七）定期的评估与改进

因为,在一般情况下,大多数零售商考虑的是正在销售的存货量,所以第一个定义公式更好一些。但是,从数学角度来说,这两个定义公式之间没有什么差别——它们的计算结果是一样的。

1. 定期的再评估

进入的商品在商场正式销售后,采购人员仍要追踪管理,不能放任自流。评估主要包括两个方面:商品的评估和供应商的评估。对于商品的评估,最重要的是看它是否能畅销,因此,采购员要定期分析商品的销售量,是否销售稳定正常,并及时淘汰滞销商品,引入新商品。对于供应商,也需要定期考核。

2. 零售商与供应商关系的改进

定期的再评估不应仅停留在工作考核的层面上,关键在于如何改进,提高企业的采购管理水平。这里既包括采购计划的改进,采购方法的改进,采购商品品种的改进,还包括零售商与供应商关系的改进。

越来越多的零售商已经认识到,与优良的供应商建立长期稳定的合作关系对事业发展是至关重要的。过去,零售商只要专注于企业内部管理,包括对商品的管理、财务的管理、人员的管理,便能在市场中获得竞争优势。后来随着竞争的加剧,零售商又通过发展连锁经营、降低库存来赢得优势。然而,在今天的信息社会中,这种独自挖掘潜力的竞争方式已不能适应竞争的要求,零售商要将自己放在整条商品供应链中考虑自己的地位和价值,通过与供应商建立战略伙伴关系,才能不断提高对顾客要求做出迅速反应的能力、企业各部门的应变能力和优化企业外部资源管理能力,从而建立起自己的竞争优势。

四、商品采购管理

(一) 采购制度

1. 分散采购

分散采购是指采购权分散到各个部门或各个分店,由零售商各商品部门或分店自行组织采购。这些部门或分店不仅负责本部的商品采购,还直接负责商品的销售,其特征是采购与销售合一。

优点:

(1) 能适应不同地区市场环境的变化,商品采购具有相当的弹性。

(2) 对市场反应灵敏,补货及时,购销迅速。

(3) 由于分部拥有采购权,可以提高一线部门的积极性,提高其士气。

(4) 由于采购权和销售权合一,分部拥有较大权力,因而便于分部考核,要求其对整个经营业绩负责。

缺点:

(1) 部门各自为政,容易出现交叉采购、人员费用较大。例如,联邦百货商店有限公司有 8 名女装采购员(每个连锁店配备一位)和一位负责自有品牌女装总公司采购员,相比之下,The Gap 公司只有一位在公司总部的女装采购员。

(2) 由于采购权力下放,使采购控制较难,采购过程中容易出现舞弊现象。

(3) 计划不连贯,形象不统一,难以实施统一促销活动,商店整体利益控制较难。

(4) 由于各部门或分店的采购数量有限,难以获得大量采购的价格优惠。

由于分散采购制度存在许多弊病,这种方式正逐渐被集中采购所取代。只有在地区之间消费需求存在较大差异时,分散采购才适用于跨地区的连锁公司。

2. 集中采购

集中采购又称为中央采购,是指采购权限高度集中于商店总部或连锁总部,由零售商设置专门采购机构和人员统一采购商店的商品,商品分部或分店则专门负责销售,与采购脱离。

优点:

(1) 可以提高零售商在与供应商采购谈判中的争价能力。由于集中采购进货量大,零售商在谈判中处于优势,可以获得优厚的合同条款,享受较高的价格优惠,这是许多连锁商店竞争力的主要来源之一。

(2) 可以降低采购费用。零售商只需要在总部建立一套采购班子,而不必像分散采购需要各分部或分店建立自己的采购队伍,从而降低了采购人员的费用;同时,采购谈判、信息搜寻、商品运输等费用也大幅度降低,这就大大降低了企业采购总成本。

(3) 可以由公司统一规划、实施促销活动,有助于保持企业统一形象,使企业整体营销活动易于策划和控制。

(4) 集中采购制度将采购职能集中于训练有素的采购人员手中,有利于保证采购商品的质量和数量,提高采购效率;同时使各店铺致力于销售工作,提高店铺的营运效率。

(5) 配送体系的建立降低了连锁店仓储、收货费用。连锁公司在实施集中采购后,才可以建立与之相适应的统一配送。集中采购,统一配送,可以保证各店铺大幅度压缩甚至取消仓库,收货队伍也可压缩至最少,这样就极大地降低了仓储及收货费用。

(6) 可以规范采购行为。当前困扰零售商的一个很大问题是商业贿赂。所谓商业贿赂,是指供应商给零售商的采购员提供金钱或有价值的物品以影响其采购决策。通过集中采购,建立一套行之有效的规章制度及制衡机制,可以有效解决这一问题。

缺点:

(1) 购销容易脱节。集中采购制度在享有专业化分工效率的同时,也增加了专业化分工协调的困难。尤其是连锁企业,由于分店数量众多,地理分布又较分散,各分店所面对的消费和需求偏好都存在一定程度的差异,集中采购制度很难满足各分店的地方特色,物流人员配送商品也难以适应各分店的地方特点。

(2) 采购人员与销售人员合作困难,销售人员的积极性难以充分发挥,维持销售组织的活力也比较困难。

(3) 责任容易模糊,不利于考核。

3. 分散与集中相结合

分散与集中相结合的采购制度是将一部分商品的采购权集中,由专门的采购部门或人员负责,另一部分商品的采购权交由各经营部门自己负责。

优点:灵活性较强,商店可以根据所处地区和自己的实际情况,有针对性地采购部分商品。

缺点:如管理不当,也容易形成各自为政。

(二) 商品采购预算的确定

采购预算 = 销售成本预算 + 期末库存计划额 − 期初库存额

【例1】 某商店一年的销售目标为2 000万元,平均利润率是15%,期末库存计划额为200万元,期初库存为180万元,其全年的采购预算就是:

$$2\,000 \times (1 - 0.15) + 200 - 180 = 1\,720(万元)$$

即一年的采购预算为1 720万元。再将其按月分配到各个月,就是每月的采购预算。

采购预算在执行过程中,有时会出现情况的变化,这有必要进行适当的修订。例如,商店实行减价或折价后,就需要影响增加销售额的部分;商店库存临时新增加促销商品,就需要从预算中减少新增商品的金额。

(三) 商品采购数量的确定

1. 大量采购

大量采购是商店为了节省采购费用,降低采购成本而一次性把一种商品大批量地采购进来。这种采购方式的优点是可以降低一次性的采购成本,获得进货优惠;缺点是需要占用大量资金和仓储设施。大量采购的商品数量一般很难找出规律性,主要依靠商店的经营需要、仓储条件和采购优惠条件等情况而定。一般适合以下几种情况:

(1) 该商品在市场中的需求量巨大,可以大量进货。有些价格弹性较大的商品,价格降低一定幅度以后,可以引起需求量迅速扩大。有些商店针对这一点,采取大量进货,压低进货成本,再通过薄利多销的促销策略吸引消费者购买,从而加速商品周转。对于这些价格比较敏感而大量销售的商品,可以采取大量采购的方法。

(2) 在共同采购方式下,可以大量采购。共同采购是许多独立中小商店为降低采购成本而联合起来的一种联购分销的采购方式,这在国外零售业非常普遍,而在国内这种联盟尚较少见。这种采购方式下,尽管具体到每一个企业采购量不大,但各个企业联合起来采购,聚沙成塔,可以采用大量采购方式。

(3) 对供货不稳定的商品,可以采用大量采购方法。有些商品的供应时断时续,没有规律可循。当市场上供应这种商品的时候,商店便大批量采购并储存起来,供以后陆续销售。这种情况下,商店必须准确估计需求量以及商品供应不稳定的缺货时间,否则商店会承担商品积压的风险。

2. 适量采购

适量采购就是对市场销售均衡的商品,在商店保有适当的商品库存的条件下,确定适当的数量来采购商品。适量采购的关键是确定适当的采购数量,如果数量不当,将直接影响企业销售,增加进货成本。我们称这一适当的采购数量为经济采购批量。经济采购批量尽管是理论上的一个数字,但商店需要测算出这一经济采购批量,为实际的采购工作做参考。

采购费用与保管费用对一次采购批量的要求是不同的。从商店经济效益来考虑,要使这两种费用都能节省,就必须寻找一个最佳采购批量,使两类互相矛盾的费用加起来的总费用为最小数。事实上,所谓的经济采购批量(EOQ)就是使采购费用与保管费用之和减少到最小限度的采购批量。其计算方法如下:

$$EOQ = \sqrt{\frac{2DS}{IC}}$$

式中:EOQ——每批采购数量;
　　　D——年需求量(以数量计);
　　　S——订货成本(以金额计);
　　　C——采购商品的单位成本(以金额计);
　　　I——年保管费用率。

【例2】某商店估计每年能销售 150 套电动玩具。这些工具每件成本为 90 元。年保管费率为 10%,单位订货成本为 25 元。经济订货批量为:

$$EOQ = \sqrt{2DS/IC} = \sqrt{(2 \times 150 \times 25)/(10\% \times 90)} = 29(套)$$

（四）商品采购时间的确定

1. 定时采购

定时采购，就是每隔一个固定时间，采购一批商品，此时采购商品的数量不一定是经济批量，而是以这段时间销售掉的商品为依据计算。

特点：采购周期固定，采购批量不固定。

优缺点：采购时间固定，因而可以做周密的采购计划，便于采购管理，并能得到多种商品合并采购的好处；但由于这种采购方法不能随时掌握库存动态，易出现缺货现象，盘点工作较复杂。

2. 不定时采购

不定时采购，是指每次采购的数量相同，而每次采购的时间则根据库存量降到一定点来确定，也称为采购点法。

特点：采购批量固定，采购时间不固定。

优缺点：能随时掌握商品变动情况，采购及时，不易出现缺货现象。但是，由于各种商品的采购时间不一致，难以制订周密的采购计划，不便于采购管理，也不能享受集中采购的价格优惠。

五、商品库存管理

（一）商品库存管理的目标

不同领域的库存管理有不同的目标，这对于库存管理的方法、库存管理的约束程度，甚至库存管理子系统在大系统中的地位和重要性都有影响。库存管理的常见目标如下：

1. 库存成本最低的目标

库存成本最低的目标往往是企业需要通道降低库存成本以降低产品成本、增加盈利和增加竞争能力所选择的目标。

2. 库存保证程度最高的目标

企业选择库存保证程度最高的目标，往往是因为产品畅销，企业更多地依靠销售机会带来效益，这就特别强调库存对其经营、生产活动的保证，绝对不能因为缺货而影响销售，而不强调库存本身的效益，相比之下压低库存意义不大。在企业增加生产、扩大经营时，往往选择这种库存的控制目标。

3. 不允许缺货的目标

企业的技术、工艺属于连续、自动的生产方式，没有中间库存的缓冲保障。这种生产工艺条件决定，一旦缺货，全线停产，而且会造成巨大的、不可弥补的损失，如果想再继续生产会十分困难，因此绝对不允许停产。这种类型的企业，必须以不缺货为管理目标。

4. 限定资金的目标

在市场经济条件下，企业为了追求最大的效益，必须对各个环节的资金使用进行有效的控制，在这种情况下，企业必须在限定资金的前提下实现供应，这就需要以此为前提决定采购数量及采购批次，进行库存的一系列管理控制。

5. 快速周转目标

在一个大的系统中,库存管理往往不依其本身的经济性来确定目标,而是依大系统的要求确定目标,如果大系统要求实现快速周转,那么库存系统就需要以最快的速度实现进出货为目标来控制库存。典型的就是鲜活产品的库存管理,就是必须以快进快出为目标。

(二) 库存管理的方法

1. 定额控制法

制定库存定额,以控制周转量。分别确定最低库存定额,即安全库存;最高库存定额,即极限库存;评价库存定额。商品库存定额根据商品种类在经营中的重要程度,按品种或大类制定。

最低库存定额=(进货在途天数+销售准备天数+商品陈列天数+保险机动天数)×平均日销售量

最高库存定额=(最低周转天数+进货间隔天数)×平均日销量

平均库存定额=(最低库存定额+最高库存定额)/2

2. ABC 分类管理法

分类管理法的操作步骤是将各种商品按金额大小顺序排列,计算出各类商品的金额比重和品种比重(单项比重和累计比重),再将商品划分为 ABC 三种类别。A 类商品是指获利高或占销售额比重大,而品种少的商品,一般金额比重为 70%～80%,品种比重为 5%～10%;C 类商品是指获利低或占销售比重小,而品种多的商品,一般金额比重为 5%～10%,品种比重为 70%～80%。B 类商品是处于 A 类和 C 类商品之间的商品,其金额比重为 10%～20%。

将商品划分成 ABC 三类后,再根据分类结果实施分类管理。A 类商品是重点商品,应进行重点控制。为防止脱销,要定时定量采购,经常检查每个品种的储存情况,及时进行调整,务必使这类商品经常保持在合理的限度内,保证不脱销,不积压;C 类商品可以采用较简单的办法加以控制,如采用固定采购量,适当减少采购次数,由于这类商品所占销售额比重较小,而品种比重较大,因而需要对每种商品的库存量控制在最小限度内;B 类商品可实行一般控制,分大类进行管理,除其中销售较高的部分品种参照 A 类商品管理外,其余大部分商品连同 C 类商品都可以采取定期检查存量的方法进行控制。

3. 保本、保利期分析法

保本、保利期是利用商品在经营过程中的进销差价、销售税金、费用之间的数量关系,将商品储存额或储存量的多少和储存期限的长短盈亏联系起来,从经济效益的角度对商品储存进行预测分析,据以控制商品储存时间的方法。

(1) 商品保本期分析。

商品保本期可以从商品保本储存期和商品保本储存额两方面进行分析。

商品保本期是指商品从购进到销售,不出现经营性亏损的最长存放时间,它所保的"本",既包括进行分析时已经发生和支付了的商品购进成本、购进费用,又包括进行分析时尚未发生,但必将发生而又必须支付的费用、销售费用等。最长储存期是商品盈亏的分界点,在最长储存期内能取得一定的利润,如果超过最长储存期就会发生亏损。

进行商品保本储存的预测,必须了解影响商品盈亏的有关因素,以及各因素之间有何种关系。商品售价大于进价的差额称为毛利,毛利减去应缴纳税金后,如果与发生费用相等,即不盈不亏,正好保本,即为保本点,商品储存达到保本点的期限,即商品保存期。毛利和税金不随商品储存期的长短而变动,商品购进后至销售前发生的费用,如保管费、利息等,则随商品储存期的长短而变动,商品储存期越长,发生的费用就越多。超过商品保本储存时间越长,发生的亏损就越多。

根据以上分析,商品保本储存天数的计算公式为:商品保本储存天数 =(商品毛利率 - 商品固定费用 - 商品销售税金)/商品日增长费用

根据商品保本储存天数和销售额可测算商品保本储存额,其计算公式为:商品保本储存额 = 平均月销售额 × 商品保本储存天数。

【例3】设某种商品毛利额为8 000元,固定费用为2 000元,日增长费用60元,则该种商品保本期可做如下计算:

$$商品保本储存天数 = (8\,000 - 2\,000)/60 = 100(天)$$

由此可以看出,该种商品保本储存期为100天。也就是说,如果储存100天刚好保本,即不盈不亏;如果超过100天,多储存一天就要亏损60元。如果能保证在100天之内将商品销售出去,就能取得一定利润。

(2)商品保利期分析。

商品保利期是指商品从购进到销售出去,能够实现目标利润的最长存储天数,商品实际储存天数如果超过商品保利期,就不能实现目标利润。为了实现目标利润,企业应掌握商品的实际储存期不超过商品保利期。

商品保利期的测算是在测算保本期的基础上进行的,其计算公式为:商品保利期 =(商品毛利率 - 商品固定费用 - 商品销售税金 - 目标利润)/商品日增长费用

【例4】设某种商品毛利额为10 000元,固定费用为2 600元,目标利润为2 200元,日增长费用为104元,则该种商品的保利期为:

$$商品保利期 = (10\,000 - 2\,600 - 2\,200)/104 = 50 天$$

从比例可以看出,该种商品保利期不应超过50天,超过50天则不能实现目标利润,超过一天就少实现目标利润104元。因此,必须把商品储存天数控制在50天以内才能保证目标利润的实现。

 拓展知识

零售企业保本保利应用

零售企业应用保本、保利期分析法,主要是对所经营的商品进行保本保利期管理策划。保本保利期管理实际上是对企业整个商品购、销、存全过程的管理。

采购。进货部门运用保本保利期合理组织进货,选择最佳进货渠道,提高进货准确率。在组织商品进货之前,以保本期为目标进行两方面测算:一方面,测算进货地点对保利期的影响;另一方面确定商品的最大进货量、毛利率和费用率的高低。通过几个进货渠道的比较,以保利期为目标,选择最佳品种、最佳进货地点、最佳进货时机和最佳进货批量。

销售。销售部门的主要任务则是运用商品保本保利期指导销售,有计划、有重点地推销商品,设法把商品在保利期内推销出去。如果商品出现了积压滞销,就要设法在保本期

内销售处理出去。若商品储存早已超过了保本期,则尽早处理,早处理一天,则可减少一天的变动费用支出。

储存。储存部门通过保本保利期管理,调查库存结构,促进商品库存的良性循环。其主要任务是:在商品保管账上记录商品的进货时间和保本保利期天数及各自的截止日期,使仓库保管员在管理上做到心中有数。对即将超过保利期限的商品要明显标志,并提前向销售部门预报;对即将超过保本期或已经超过保本期的商品,要及时督促销售部门进行处理。

六、商品盘点

商品盘点是指定期和不定期地对卖场内的商品进行全部或部分清点,以确定该期间内的实际损耗及库存信息,为零售企业的日常经营和商品采购提供信息资料。零售企业的最大目标是获取利润,在日常营业中采取各种促销措施,都是为了提高业绩,创造公司利润。但这个阶段的利润还不算是真正的利润,必须实地盘点存货,将实地盘点的存货与账面上的存货相比较,才能计算出公司的营业利润,并掌握商品的流转情况,为下一步采购提供信息资料。

一般来说,零售业的定期盘点以一年两次较为恰当。不定期盘点一般对货柜货架上的商品每天盘点两次,即上班前一次和下班前一次例行性盘点,有关商品根据销售情况不定期盘存。存货盘点难免会有损失,损失金额的大小可作为该部别的考核项目之一。

(一)盘点作业的目的和原则

1. 盘点目的

盘点目的主要有两个:一是控制存货,以指导日常经营业务;二是掌握损益,以便真实地把握经营绩效,并尽早采取防漏措施。

2. 盘点原则

一般是每月对商品盘点一次,并由连锁总部所设的盘点小组负责各商场的盘点工作。为了确保商品盘点的效率,应坚持三个原则:(1)售价盘点原则,即以商品的零售价作为盘点的基础,库存商品以零售价金额控制,通过盘点确定一定时期内的商品损益和零售差错。(2)即时盘点原则,即在营业中随时进行盘点,"停止营业"以及"月末盘点"并不一定才是"正确"的盘点,超市可以在"营业中盘点",且任何时候都可以进行。(3)自动盘点原则,即利用现代化技术手段来辅助盘点作业,如利用掌上型终端机可一次完成订货与盘点作业,也可利用收银机和扫描器来完成盘点。

(二)盘点作业流程

1. 做好盘点基础工作

盘点基础工作包括:盘点方法、账务处理、盘点组织和盘点配置图等内容。

(1)盘点方法可以从以下四个方面来划分:①以账或物来区别,可分为账面存货盘点和实际存货盘点。账面存货盘点是指根据数据资料,计算出商品存货的方法;实际存货盘点是针对未销售的库存商品,进行实地清点统计,清点时只记录零售价即可。②以盘点区域来区别,可分为全面盘点和分区盘点。全面盘点是指在规定的时间内,对店内所有存货进行盘点;分区盘点是指将店内商品以类别区分,每次依顺序盘点一定区域。③ 以盘点时间来区别,可分为营业中盘点、营业前(后)盘点和停业盘点。营业中盘点就是"即时盘点",营业与盘点同时进行;营业前(后)盘点是指开门营业之前或打烊之后进行盘点;停业盘点是指在正常的营业时间内停业一段时间来盘点。④ 以盘点周期来区别,可分为定期和不定期盘点。定期盘点是指每次盘点间隔时间相同,包括年、季、月度盘点,每日盘点,交接班盘点。不定期盘点是指每次盘点间隔时间不一致,是在调整价格、改变销售方式、人员调动、意外事故、清理仓库等情况下临时进行的盘点。

(2) 账务处理。超市与便利商店由于商品种类繁多,各类商品的实际成本计算有一定的困难,所以一般采用"零售价法"进行账面盘点。其计算公式是:账面金额 = 上期库存零售额 + 本期进货零售额 − 本期销售金额 + 本期调整变价金额。

(3) 盘点组织。盘点工作一般都由店铺自行负责,总部则予以指导和监督。但随着连锁规模的扩大,盘点工作也需要专业化,即由专职的盘点小组来进行盘点。盘点小组的人数依营业面积的大小来确定,一般来说,500 平方米的超市,盘点小组至少要有 6 人,作业时间可分三组同时进行。盘点小组均于营业中进行盘点,如采用盘点机(掌上型终端机)进行盘点,6 人小组一天可盘点 1 家至 2 家超市,盘点后应将所获得的资料立即输入电脑,并进行统计分析。

(4) 盘点配置图。商场开业前所设计的卖场商品配置图和仓库存货配置图可作为盘点之用。但在盘点时还应另外制作一张配置图,应包括卖场的设施(冷冻冷藏柜、货架、大陈列区等)、后场的仓库区、冷冻冷藏库等,凡商品储存或陈列之处均要标明位置,以便分区负责实施盘点作业。其操作办法是:① 确定存货及商品陈列位置。② 根据存货位置编制盘点配置图。③ 对每一个区位进行编号。④ 将编号做成贴纸,粘贴于陈列架的右上角。做好了上述工作后,就可以详细地分配责任区域,以便使盘点人员确实了解工作范围,并控制盘点进度。

2. 做好盘点前准备工作

盘点前除应把握由公司总部确立的盘点基础工作规范外,还必须做好盘点前的准备工作,以利于盘点作业顺利进行。盘点准备工作包括:

(1) 人员准备。由于盘点作业必须动用大批人力,通常盘点当日应停止任何休假,并于一周前安排好出勤计划。

(2) 环境整理。环境整理工作一般应在盘点前一日做好,包括检查商场各个区位的商品陈列及仓库存货的位置和编号是否与盘点配置图一致,整理货架上的商品,清除不良品,并装箱标示和做账面记录,清除卖场及作业场死角,将各项设备、备品及工具存放整齐。

(3) 准备好盘点工具。若使用盘点机盘点,须先检查盘点机是否可正常操作,如采用人员填写方式,则须准备盘点表及红、蓝色圆珠笔。告知顾客,盘点若在营业中进行,可通过广播来告知顾客,若采用停业盘点,则最好在三天前以广播及公告方式通知顾客。

(4) 盘点前指导。盘点前一日最好对盘点人员进行必要的指导,如盘点要求、盘点常犯错误及异常情况的处理办法等。

(5) 盘点工作分派。在进行盘点工作时,商品管理人员不宜自行盘点,但由于品项繁多,差异性大,不熟悉商品的人员进行盘点难免会出现差错,所以在初盘时,最好还是由管理该类商品的从业人员来实施盘点,然后再由后勤人员及部门主管进行交叉的复盘及抽盘工作。

(6) 单据整理。为了尽快获得盘点结果(盘损或盘盈),盘点前应将进货单据、进货退回单据、变价单据、销货单据、报废品单据、赠品单据、移库商品单据及前期盘点单据等整理好。

3. 盘点中作业

盘点中作业可分为三种,即初点作业、复点作业和抽点作业。

(1) 初点作业应注意:先点仓库、冷冻库、冷藏库,后点卖场;若在营业中盘点,卖场内先盘点购买频率较低且售价较低的商品;盘点货架或冷冻、冷藏柜时,要依序由左而右、由上而下进行盘点;每个货架或冷冻、冷藏柜都应视为一个独立的盘点单元,使用单独的盘点表,以利于按盘点配置图进行统计整理。最好两人一组进行盘点,一人点,一人记;盘点单上的数据应填写清楚,以免混淆;不同特性商品的盘点应注意计量单位的不同;盘点时应顺便观察商品的有效期,过期商品应随即取下,并做记录。若在营业中盘点,应注意不可高声谈论,或阻碍顾客通行;店长要掌握盘点进度;做好收银机处理工作。

(2) 复点作业应注意:复点可在初点进行一段时间后再进行,复点人员应手持初点的盘点表,依序检查,把差异填入差异栏;复点人员须用红色圆珠笔填表;复点时应再次核对盘点配置图是否与现场实际情况一致。

(3) 抽点作业应注意:抽点办法可参照复点办法。抽点的商品可选择卖场内死角,或不易清点的商品,或单价高、金额大的商品;对初点与复点差异较大的商品要加以实地确认。

4. 盘点后处理

盘点数据在系统按规定的时间结账后,相关部门按时间点进行以下工作:

(1) 给出漏盘商品数据的调整流程和时限。

(2) 根据财务核算方式及时间的操作,完成数据确认后,给出盘点结果。

(3) 将盘点结果数据上报到相关部门,按门店自查上报→主导盘点责任部门核查、审查→公司对自查数据监察及抽查→共同提交报告确定予以调整的数据。

(4) 通报调整认定后的盘点结果,以此盘点结果为下次盘点的前期数据。

(5) 为力争保证盘点周期期间的数据安全、准确,主要管控内容如下:

① 所有商品流转环节→单货同步→按制定流程执行→操作责任人履行岗位职责→部门核查、审查确认→公司监督监察→纸制单据与商品实物一致有效→确保数据准确、真实、有效。

② 系统单据→纸制单据→商品实物→三者同步进行验收→操作责任人履行岗位职责→部门核查、审查确认→公司监督监察→确保数据准确、真实、有效。

③ 单据传递流转环节→传递流程→时间点→操作责任人履行岗位职责→部门核查、审查确认→公司监督监察→确保数据准确、真实、有效。

④ 日常商品的盘点抽查→制定奖惩制度→公司监督监察→保证数据准确、真实、有效。

⑤ 加强对流程执行力度的检查、监察,强化执行标准(尤其是商品信息基础工作、门店日常商品管理、负库存商品修正工作等)。

库存盘点表

盘点部门：　　　　　　　　　仓　库：　　　　　　　　　盘点日期：

序号	物料编号	物料名称	计量单位	规格型号	账面数			实际盘点			盘盈			盘亏			备注
					数量	单位	金额	数量	单位	金额	数量	单位	金额	数量	单位	金额	
1																	
2																	
3																	
4																	
5																	
6																	
7																	
8																	
9																	
10																	
合计																	

负责人：　　　　　　　　监盘：　　　　　　　　保管：　　　　　　　　制单：

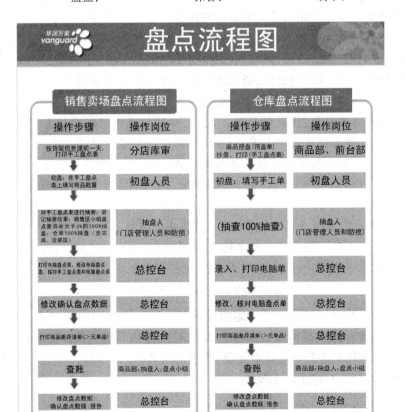

零售管理实务

任务三　定价管理

导入案例

北京平价药房"零利润"概念亮相？

从 2001 年至今，可谓是中国零售药店的多事之秋。各地连锁药店雨后春笋般遍布全国各地，随着药店数量的激增，竞争也开始加剧，平价药店的出现曾一度成为业界争论的焦点。近日，平价药店又打起了"零利润"的招牌，大有将药品降价进行到底的势头。

2006 年年初，京城又一家平价药房开心人大药房在劲松商场旁开业。同一天，百姓阳光平价药房则选在了相距不远的方庄社区开业，两家药房不约而同地打起了"零利润"的牌子。据开心人大药房表示，其新开张的劲松店药房中有 20% 的药品都是零利润。目前，该药房已经准备了 6 000 种药品，其中有 1 000 种药品、保健品都在零利润之列。药品平均价格也比一般药房低 20%。据介绍，这是开心人大药房在京城首次开设大型平价药品超市，新店分为两层，共 1 500 平方米。

无独有偶，同天开业的百姓阳光大药房方庄店也同时推出了"零利润柜台"。在零利润柜台上，百姓日常用药有 200 多种，在零利润药品中占了一多半。其实，在 2006 年 1 月 8 日，京城首个零利润药品销售专柜就在百姓阳光大药房菜市口店、白纸坊店亮相，并承诺将长期设立药品零利润专柜，让药品从厂家到市民手中实现首次无加价。

平价药房这一新生事物的出现，强烈地撼动了市场原来虚高的药价。平价药房一改沿袭日久的"厂家—各级批发商和代理商—零售药店"的多级流通模式，直接从厂家和大型批发商进货，并采用订单包销、现款结账的方式，大幅度缩减中间环节交易程序，有效降低了中间运营成本。在平价药房的冲击下，一些传统药店在形势所迫下也开始变相打出各种优惠招牌，使得整个药品零售价呈整体下降趋势。在 2003 年平价药房没进入北京之前，传统药店的毛利率为 30%~40%，现在，由于市场竞争，毛利率降为 25%~30%。而平价药房的毛利率只有 10%~15%。

但是，随着药店行业竞争的日趋激烈，一些药房已经陷入经营困境。据报道，曾经在上海红火一时的平价大药房如今已出现了近 70% 亏损的局面，且其他平价药房的经营状况也不容乐观。有专家更是预计，到今年年底前后，至少会有三分之一的平价药房退出市场。

资料来源：百度文库http://wenku.baidu.com/view/9ac538c64028915f814dc201.html。

价格是一种产品或服务的标价。零售价格是指零售商直接向消费者出售商品的销售价格。也就是消费者为获得商品或服务的效用而支付的等量价值，是商品流通的最终价格。价格策略的运用是零售企业应对竞争、吸引消费者以及获取利润的重要砝码，因此，在企业的日常经营过程中，应予以重视。

一、影响零售定价的主要因素

零售价格对商品销售起着重要作用,既可以使商品迅速销售,也可以使商品无人问津。零售价格适当性,成为零售商的追求目标。然而制定适当的价格并不容易。零售商要通过价格实现经营目标,而消费者却要物美价廉,至多是物有所值。买卖双方不时地存在着利益的对抗性。只有达到利益互惠时的零售价格,才是可以实现的价格,即适当的价格。

零售商制定价格并不只受到消费者对价格接受的影响。由于零售商处于供应商和消费者之间,供应商提供的商品价格以及对售价的要求,国家对零售价格管理的政策及法律等,同样影响零售商对价格的制定。因此,零售商对价格的制定需遵循一定的程序。

(一) 选择定价目标

定价目标是零售企业选择定价方法和制定价格策略的依据。

1. 利润目标

利润是零售商从事经营活动的目的,也是零售商生存发展的基本条件。零售商对利润的追求体现在两个方面:

(1) 利润最大化:零售商期望通过价格在一定的时期内获得最高的利润额。通常制定单位商品的最高售价可以实现单位商品的最大利润,但并不意味着会实现一个时期的利润额最大化。因为价格和需求量之间存在着相逆关系,因此零售商应当以适当的价格刺激需求,从而实现较大的销售量而获取最高利润。

零售商追求利润最大化,也遇到许多制约。例如,零售商追求利润最大化可能使其他渠道成员的利益受到损害,而遭到反对;吸引竞争者到本企业经营领域,而使竞争激烈等。

(2) 资金利润率。这是指零售商利用投入的资金所获得的利润的多少。零售商追求高资金利润率是追求利润目标的又一体现。资金利润率受到两个因素的影响:① 销售利润率的影响。销售利润率是销售额与利润之比,每百元销售额含有的利润额越高,企业的销售利润就越大。销售利润率直接受到单位商品价格的影响:商品单位价格高,在其正常销售的条件下,销售利润率则高;反之,商品单位价格低,销售利润率则低。② 资金周转速度。零售商获得的销售额越大,资金周转的速度就越快。销售利润率与资金周转次数的乘积,即是资金利润率。

零售商追求高资金利润率要考虑商品单位价格与扩大销售的关系。既要使商品价格不能过低,又要使价格促进商品销售,加快资金周转,从而使企业获得最大的利润。

2. 销售目标

零售商通常用一定时期的销售量或市场占有率来表示销售目标。

(1) 销售量。这是零售商为实现未来销售增长或保持目前销售水平的目标。零售商如果按照这一目标制定价格,能够刺激销售的增长,但如果这一价格不能产生足够的营业收入,其结果则会降低盈利水平。

(2) 市场占有率。零售商将市场占有率作为定价目标是决定保持或增加企业在整体市场上的销售份额。

市场占有率是零售商经营状况在市场上的体现,也是对企业销售规模的反映,更是与竞争者经营状况的比较,反映本企业在竞争者中的地位。价格对市场占有率的影响是:高价会形成企业占领和扩大市场的障碍;低价会招来竞争者的围攻,也会使本企业的利润受到损失,最后未必扩大市场占有率。

把市场占有率作为主要定价目标,一般来说,适合于新商品和发展性商品的经营。因为许多竞争者的注意力集中在原有商品的销售扩大方面,因此有利于新商品和发展性商品的零售商通过价格占领和扩大市场。在成熟商品的市场上,市场占有率成为许多零售商的定价目标,降低价格成为许多竞争者不得不采取的手段,同时也导致了利润收入的降低。

3. 竞争目标

零售市场是竞争激烈的市场。零售商在制定价格时要对竞争做出反应。零售商对竞争在价格方面的反应有三个方面:

(1)适应竞争。一些零售商简单地跟随同一商品的市场领导者定价。因为这样做既可以与竞争者保持一致,被消费者接受;又可以避免竞争,企业得到适度利润。

(2)防止竞争。一些零售商作为某些商品经营的价格领导者,他们把价格定得非常低,使新竞争者很难进入这一领域,从而防止竞争。

(3)躲避竞争。一些零售商不借助价格参与竞争。他们更愿意在提供较好的商品、优良的服务、舒适的环境、方便的地点,以及其他商品营销方面与竞争者分出高低。

4. 企业形象目标

良好的商店形象是零售商的无形资产,一经获得就需要珍惜和维护。零售商在长期经营中会形成总体的价格水平,并传递给消费者,使消费者形成价格印象,如高价店、适中价格店、廉价店等。商店的价格水平形成后就不易轻易改变。因为改变后会使原来的市场发生变化。目标市场的消费者会感到商店不能满足自己的需求,而其他顾客依旧会停留在原来的目标市场,不利于零售商销售商品。所以,零售商对商品定价要符合过去的价格水平,不破坏商店在消费者心目中的形象。

定价目标是零售商怎样制定商品价格的指导方针,零售商要选择和确定以哪一目标为主要指导方针来进行定价。

(二)零售商店的本身特征

零售商关于商品价格的决定,不是一个独立的决策过程,而是企业市场营销组合的一部分,一定要与企业目标市场和其他条件相匹配。具体地说,零售商将商品价格定在一定的价格水平上的决定,应当与零售商的经营品种、开设地点、促销活动、服务水平以及希望传播的关于商店的形象等因素互相配合。

零售商首先需要确定的是它从经营的商品中实现什么目标。如果零售商已经认真选择好目标市场和市场定位,那么它的价格策略以及其他营销策略就会变得比较容易。定价策略在很大程度上由最初的市场定位决定,零售商的市场定位越明确,价格的确定就越容易。零售商店的开设地点,对商品价格的确定有着显著的影响。与业态相近的竞争对手相距越近,在价格的确定上就越多地受竞争对手的价格影响。与目标顾客距离越远,零售商希望能吸引较远的顾客,那它的商品价格就必须定得更低一些,除非它在商品种类和其他方面具有特色。零售商的价格策略与促销策略是紧密相关的,很多商家便利用价格手段达到促销的目的。零售商为顾客提供的服务项目也与商品价格的制定关系密切。提供的服务项目越多,服务水准越高,所产生的经营费用也越高。零售商为弥补这一经营费用,不得不提高商品价格。此外,顾客从商店中接受的最频繁的暗示之一是商店的零售价格。价格可以帮助顾客确定对这个商店的印象。

(三)消费者价格心理

零售商的价格水平既受消费者收入水平的制约,也受消费者价格心理的影响。消费者收入水平与价格心理其实是互相联系的,人们研究发现,同一收入层次的消费群体往往具有类似的价格心理。

消费者价格心理也就是消费者对商品价格水平的心理感知。它是消费者在长期的购买活动中,对商品价格认识的体验过程,反映消费者对价格的知觉程度及情绪感受。消费者对商品零售价格心理感知的速度快慢、清晰度强弱、准确度高低以及感知价格内容的充实程度,融入了消费者个人知识、经验、需要、兴趣、爱好、情感和个性倾向等因素,直接影响着消费者对价格水平的接受程度。因而,对消费者价格心理的研究,在制定零售价格上很有帮助。一般而言,消费者价格心理,主要包括以下常见形式:习惯性价格心理、敏感性价格心理、倾向性价格心理、感受性价格心理等。

(四)竞争对手的价格策略

零售市场不是封闭的、独家经营的市场,零售市场是一个高度竞争的市场。在这个市场中,有众多的零售商经营同样的商品与服务,相互之间的竞争不可避免。价格竞争可以说是零售商之间的一种本能性的竞争形式。

零售商在定价时需要考虑竞争者的定价。因为竞争者的定价影响着顾客对相同商品价格的选择。市场需求和商品的成本分别为零售商的商品价格确定了上限和下限,而竞争对手的成本、价格和可能的反应则有助于零售商确定合适的价格。零售商需要将自己的成本和竞争对手的成本进行比较,来分析自己是处于成本优势还是成本劣势。同时,零售商也需要了解竞争对手的价格和质量。它可以派出比较购物人员对竞争对手的商品进行质量和价格评价,它也可以询问顾客对自己和竞争对手商品价格的看法。

一个零售商,如果与竞争者比较,缺乏非价格方面的差别,那么就可能直接参照竞争者的定价;如果它拥有比竞争者在地点、商品组合、商店形象等方面的优势,则可以不同于竞争者定价。所以,零售商不需要和竞争者的商品价格一样,可以制定高于或者低于竞争者的价格,但是提供的不同价格必须能说服顾客接受,使顾客有理由在这里购买商品。

(五)商品进货成本

商店在商品定价中,首先直接考虑的是商品的进货成本,它是商品定价的基础,也是定价的最低界限。商店只有使价格高于商品进货成本,才能收回总耗费并获得一定的利润,保证商店的正常运营。若商店以低于进货成本的价格出售商品,则不可避免地产生亏损,时间一长,商店的经营必然难以为继。因此,商品的进货成本直接影响到商店定价策略的选择。

商品进货成本包括商品批发价格、采购费用、仓储运输费用等,商店通常按商品的进货成本加上若干百分比的加成定价,即成本加成法定价。加成率就是所谓的毛利率。成本加成法最主要的优点是计算方便,而且在正常的情况下,即在市场环境各因素基本稳定的情况下,商店采用这一方法可以保证获得正常的利润,所以许多商店都尽量采用这种定价方法。当然,不同的商品种类毛利率可以是不一样的,有时候,商店以某种商品作为招徕商品以吸引更多消费者前来购物,这些招徕商品的定价有时会比较低,甚至低于进货成本,但在大多数情况下,商品进货成本仍然是商店定价要考虑的一个重要指标。

(六)国家的法规和政策

零售商对价格的制定既要受到国家有关法规的限制,也要受到当地政府制定的政策影响。国家和地方政府对零售价格有相关的法律和政策,如我国的《价格法》《消费者权益法》和《反不正当竞争法》等以及有关的价格政策对企业定价都有一定的约束。

拓展知识

全国首个金店标准在沪实施更明确要科学合理定价

东方网 7 月 2 日消息:"一个营业员每次只接待一位顾客,每次只拿一件饰品……"昨天起,作为沪市推荐性地方标准的《黄金珠宝饰品零售店经营服务规范》正式实施。这既是全国首个黄金零售店标准,也是申城放心金店的样板。据上海黄金饰品行业协会秘书长许文军透露,上海黄金珠宝行业 90% 以上属民营,且大多数为中小型生产企业及销售服务型企业,尤其是大卖场的金店问题较多。为此,上海市质监局会同市商务委组织制定了《黄金珠宝饰品零售店经营服务规范》。《规范》不仅对黄金珠宝饰品零售店的服务环境、人员管理、商品采购、销售管理、服务要求、安全防范与应急处置、服务评价等方方面面都进行了规范。尤其针对黄金珠宝饰品价值高的特点,更明确要科学合理定价,杜绝虚假标价行为。

二、定价策略

(一)高/低价格策略

高/低价格策略是指零售商制定的商品价格有时高于竞争对手,有时低于竞争对手,同一种商品价格经常变动,零售商会经常使用降价来进行促销。高/低价格策略目前在国内变得越来越流行,过去,零售商仅仅是在季末降价销售,现在,一些商店几乎每天都有特价商品。一些新近成长起来的国内零售商已能熟练地运用该价格策略同强大的外资零售商展开竞争。

高/低价格策略主要有以下几方面的好处:

(1)刺激消费,加速商品周转。一般情况下,消费者的需求往往与商品价格的高低成反比,价格提高,需求量减少,价格下降,需求量上升。采用此策略的零售商善于利用降价来促销,并提醒顾客"过时不候"。在一种大打折的氛围下,常常可以见到商店人头涌动,消费激增,这无疑加速了商品周转,尽快回笼资金。

(2)同一种商品价格变化可以使其在不同市场上具有吸引力。尤其是对于时尚商品而言,当时尚商品刚刚进入市场时,零售商制定最高价格,吸引那些对价格不太敏感的时尚领导者抢先购买。而随着时间的推移和降价的实行,更多的顾客进入市场,最后是善于讨价还价的搜寻者进入购买市场。这样,同一种商品的价格变化迎合了不同顾客的需要。

(3)以一带十,达到连带消费的目的。实行这种价格策略的零售商往往会选择一些特价商品作为招徕品,以牺牲该商品的利润吸引顾客前来购买。顾客进入商场一般不会只购买特价品,在卖场气氛的影响下往往会购买许多原先无计划的其他商品,于是,零售商的降价促销目的便达到了,通过特价商品吸引顾客,通过高价商品或正常价商品实现利润。

对于以价格作为竞争武器的零售商而言,稳定的低价政策很难长期保持。每日低价确实是对零售商经营管理的一个考验,它需要更低的进货成本、更严格的作业规范、更快捷的物流配送体系等做支撑。如果没有这种低成本运作为基础,每日低价只是意味着每日低利润或无利润,这种情况是不可能长期维持企业运转的。

(二)稳定价格策略

稳定价格策略是指零售商基本上保持稳定的价格,不在价格促销上过分做文章。主要形式有:每日低价策略(everyday low pricing,EDLP)和每日公平价策略(everyday fair pricing,EDFP)。

每日低价策略的零售商总是希望尽量保持商品低价,尽管有些商品价格也许不是市场上最低的,但给顾客的印象是所有商品价格均比较低廉。美国四个最成功的零售商便是这一价格策略的实施者,它们是沃尔玛、Home Depot、Office Depot、Toys RUs,始终如一地采用这一价格策略需要零售商具备不同寻常的成本控制能力。

每日公平价策略的零售商是在商品进货成本上附加一个合理的加价,它并不刻意寻求价格方面的竞争优势,而是寻求丰富的花色品种、销售服务、卖场环境及其他方面的优势,给顾客的印象是零售商赚取合理的毛利,以弥补必要的经营费用和保持稳定的经营。尽管每日公平价策略的零售商可以在商品进货成本上附加一个他们认为合理的毛利,但如果忽视了控制进货成本和管理费用,而使价格过高,同样不能被顾客所接受。

稳定价格策略主要有以下几方面好处:

(1)稳定价格策略可以稳定商品销售,从而有利于库存管理和防止脱销。频繁的、大打折扣的减价销售造成顾客需求上的大起大落,而稳定的价格可以使顾客的需求趋于稳定。平衡的需求可以减少需求预测上的失误,因而很少发生产品脱销的现象,以消减顾客的不满情绪。减少需求预测上的失误,也可以使安全库存量减少,这意味着库存周转加快,从而能更有效地利用商店的贮货室和仓库空间。较为准确的需求预测和货物周转稳定还可以提高配送效率,从而降低物流费用。

(2)稳定价格策略还可以减少人员开支和其他费用。降价销售减少后,重新为商品标价的人员也随之减少,尽管由于条码计价代替了每个产品的单独标价而节省下来的人力很有限。在减价促销期间,需要有人处理顾客需求方面的问题,也需要有人安装、拆卸临时性的货物展台。由于实行稳定价格的策略,这其中的一些人力费用支出都可以节省下来。由于价格稳定,零售商可以减少做广告的次数,商品的广告册子更新也不快。沃尔玛商店在媒介广告上花的钱不到销售额的1%,而凯玛特商店则为2.5%。

(3)稳定价格策略能为顾客提供更优质的服务。稳定的顾客人流与减价刺激顾客一哄而上是不同的,前者可以使销售人员有更多的时间和顾客在一起。从理论上讲,价格忽高忽低的零售商投入销售人员的数量同价格稳定的零售商是一样的,但是前者在销售高峰期间要额外更多地雇用销售人员,到了非促销时期又要解雇他们。雇用临时销售人员既花钱又不划算。这就足以说明,在销售服务方面,价格忽高忽低的零售商要想达到与价格稳定的零售商相同的质量水平,是非常困难的。

(4)稳定价格策略还可以改进日常的管理工作。因为管理人员将工作重点从管理减价销售活动转移到管理整个商店的日常工作上来,可以完善销售计划,增加产品的花色品种,组织更能吸引顾客、更井然有序的商品展示活动等。

(5)稳定价格策略可以保持顾客的忠诚。目前,许多顾客尤其是年轻顾客,对经常大降价的商店里其他商品的标价持怀疑态度,他们甚至养成了一种习惯——只在减价销售时才买东西,如果一种商品在顾客购买之后商店不久即降价,顾客会产生一种被欺骗或吃亏的感觉,并由此对商店的标价更不信任。而稳定价格策略会让顾客感觉标价诚实可信,不必延迟购买,不会产生被欺骗的感觉,因而会对商店更忠诚。

三、零售定价方法

(一)毛利定价法

毛利是商品成本与零售价格之间的差额,即进销差价。毛利有种种表述:

1. 毛利额

毛利额是最初的商品成本与零售价之间的能够足以弥补零售商经营支出并提供一定利润的金额。

商品成本(进价)、零售价格、毛利三者之间关系是:

$$零售价格 = 成本 + 毛利$$
$$成本 = 零售价格 - 毛利$$
$$毛利 = 零售价格 - 成本$$

2. 毛利率

毛利率使定价过程更容易计算。在计算毛利率时首先要决定毛利的基础,毛利可以在商品进价的基础上计算,也可以在零售价的基础上进行计算。

在商品进价的基础上计算:

$$毛利率 = (零售价 - 进价)/进价(成本)$$

在零售价的基础上计算:

$$毛利率 = (零售价 - 进价)/零售价$$

【例5】一个零售商支付70元购进一台面包炉,以150元销售,获得的毛利率是多少?

以进价为基础计算:

$$毛利率 = (150 - 70)/70 = 77.5\%$$

以售价为基础计算:

毛利率 = (150 - 70)/150 = 46.7%

在实践中,零售商更喜欢用以售价为基础的毛利率来计算,因为
(1) 以售价为基础计算的毛利率小于以进价为基础计算的毛利率,这使消费者能够接受。
(2) 以售价为基础计算的毛利率容易在商店经营和商业统计资料之间进行比较,因为商业统计资料通常是以纯销售的比率计算的。
(3) 以售价为基础计算的毛利率与存货的售价记录是一致的。
(4) 以售价为基础计算的毛利率鼓励零售商按照售价考虑问题,计算所获得的利润。

3. 累积毛利率

累积毛利率是指同一商品类中的商品与进货成本的不同,售价也不同而形成的不同毛利率。累积毛利率不能被平均计算,而是应根据每种商品对总毛利的贡献的重要程度计算。例如,一家女士服装店,月初的存货成本是 20 000 元,零售额是 40 000 元;当月补进是 16 000 元,零售额是 30 000 元,综合毛利率计算总的库存额:

商品成本库存额 = 20 000 元 + 16 000 元 = 36 000 元
零售价的库存额 = 40 000 元 + 30 000 元 = 70 000 元
累积毛利率 = (零售额—成本额)/零售额 = (7 000—36 000)/70 000 = 47.6%

使用累积毛利率,零售商能够在商品变动的季节调整毛利计划。

(二) 竞争定价法

零售商以竞争者的定价为参考点进行商品定价。主要有三种方式(见表5-1)

表 5-1 竞争者定价对比表

项目	低于市价定价	等于市价定价	高于市价定价
地理位置	贫穷,不便地区	靠近竞争者,无地理优势	没有强大竞争者,对消费者方便
对顾客服务	自我服务,售货员知识贫乏,无商品陈列	售货员提供适度服务与帮助	高成本的上门推销、送货等
商品种类及品种	集中于畅销货	花色品种适中	花色品种丰富
经营环境	廉价固定装置,没有镶嵌的板壁或货架	经营环境中等	吸引人的装饰,大量的陈列

1. 低于竞争者定价

零售商选择低于竞争者定价表明实行的是高销售、高周转的策略。低于竞争者定价也可以获得较高的利润。低于竞争者定价,零售商一定有低的商品成本,降低经营支出。零售商经营的商品通常是能够"自行销售"的,可以减少广告和人员推销的支出,只提供商品销售必要的服务。低价经营大众品牌商品,吸引消费者前来,树立低价形象。

通常,超级市场、折扣商店、集市等都采取低于竞争者定价的方法。

2. 等同竞争者定价

零售商选择与竞争者相同的定价方法,是基于不以价格作为主要的销售工具,而是把

地点、商品、服务和促销等零售要素作为重要销售工具,通过这些方面吸引消费者。

3. 高于竞争者定价

零售商选择高于竞争者的定价方法是期望通过单位商品的销售获得较高的利润,而不是通过大的销售量获得较高的利润。

零售商实现高价销售商品必须满足消费者的若干要求:

(1) 提供充分的服务。
(2) 高质量的商品。
(3) 有特权或专利的商品。
(4) 舒适的购物环境。
(5) 有足够的人员。
(6) 有较高的声望。
(7) 特别方便的地理位置。
(8) 较长的营业时间。

另外,零售商采用高于竞争者定价的方法要对消费者提供感官的个别服务的心理利益,使消费者愿意从这里购买、使用、拥有商品。

通常专业商店、百货商店采用这种定价方法。

(三) 供货者定价

一些商品的零售价往往由制造商或批发商决定。供货者向零售商建议零售价格,提供一份零售价目表,或印在包装上,或粘在商品上。虽然使用供货者的定价并不是法律的要求,但是许多零售商认为对于市场价格水平来说是公平的。

一些制造商相信零售商经营他们的产品,按照他们制定的零售价格范围出售是有利的。在消费者看来,这些商品的价格与商品质量有明显的关系,为维护商品的质量形象,需要一致的价格,因而接受这种价格。

供货者定价并不适应所行的商品,也不适应有些零售商。因为:

(1) 不能提供足够的毛利和利润。
(2) 不能刺激充分的销售。
(3) 不能对顾客提供应得到的价值。

四、价格调整

由于零售商在经营中遇到外部和内部经营条件的变化,需要对商品销售价格调高或调低。

(一) 价格调整类型

1. 折扣调整

折扣是指根据特定的条件对顾客或特定消费者在最初的价格上降低价格出售商品。折扣通常在标价的基础上,根据交易的方式、时间、数量及条件不同,向顾客让价。常见的有以下五种形式:

（1）现金折扣。即顾客以现金作为支付方式或提前付款，经营者就给予一定的折扣优惠作为鼓励。由于信用制度的发展，手持个人支票或信用卡购买的顾客增多，增加了经营者接受支票或信用卡出售商品的风险性。对经营者而言，使用现金进行交易就会减少这种风险，所以经营者对使用现金的顾客就提供这种优惠，以资鼓励。

（2）数量折扣。这是根据顾客购买数量的不同而实行的鼓励。购买数量或金额越大，给予的折扣越多，顾客平均单位的购买价格就越低，从而刺激顾客大量购买。如磁带，四元一盒，十元三盒，就是数量折扣的运用。数量折扣分为累积数量折扣和非累积数量折扣。累积数量折扣是在一定时期内累计购买超过规定的数量从而给予折扣，非累积折扣是根据一次购货或订货的数量计算折扣。

（3）职能折扣。这是经营者由于减少应该履行的职能，而向顾客提供的折扣。例如，应该对商品提供保修等服务，但由于某种原因不能提供这种服务，因而在价格上给予折扣，把提供保修服务的费用让给顾客。

（4）季节折扣。在各种季节商品的销售淡季，经营者对顾客给予折扣，使季节性商品尽快出手，以便能加快资金周转、降低仓储费用。一般来说，折扣的幅度比较大，通常在30%～60%之间。

（5）心理折扣。这种方法表面上是经营者给顾客折扣，而实际上是利用顾客喜欢便宜的心理，把商品标价很高，然后再对标价打折，其折扣的价格是正常的销售价格。例如，商品原价150元，现价80元；还有清仓大甩卖，商品原价250元，现价120元等，目的是刺激顾客购买。

2. 调高价格

调高价格是零售商在最初的零售价格已经确定后增加补充的毛利，使价格向上移动。调高价格意味着对商品提高价格出售。

零售商提高商品售价，常常出于以下三种原因：

（1）经营某项商品的支出增加。由于某项商品在经营中费用增加了，原来的价格不能弥补时，需要提高价格。

（2）消费者对商品价格与价值关系的理解。当商品价格较低时，消费者会产生对商品价值的误解，认为商品质量有问题，这时零售商需要调高价格。

（3）商品供求关系的变化。当某项商品出现供不应求时，零售商也会提高商品价格出售商品。

3. 调低价格

调低价格是在最初的销售价格上向低调整使商品的售价低于原售价。零售商调低商品售价有许多原因，主要有采购过程、销售过程和经营方面三种原因。

（1）采购的原因。这是指由于采购商品时出现的失误而引起的商品降价。零售商通过对商品的降价修正错误。在采购中可能出现的错误有：

① 采购的花色品种不符合目标消费者的需求，需要零售商通过降价将商品销售出去。因为对消费者不想要的商品，唯一的办法就是给予有吸引力的价格。

② 采购过量。零售商过多地购买商品，使资金束缚在这些商品中，而不能去购买销路好、利润高的商品，零售商要把商品尽快销售出去，加速资金周转，因而需要对商品降价出售以回收资金。

③ 采购过时。零售商采购到的商品与消费者的需要在时间上脱离,使零售商在销售季节末面对许多剩余商品。导致这种现象产生的是发货太迟,因此对迟到的商品降价出售,免于占压资金的更大损失。

④ 商品质量不符合消费者的要求。对此,零售商要想将商品销售出去就必须降价。

⑤ 供货商选择不当。由于零售商没有全面评估供货者服务职能履行的状况,不能满足一些要求而引起降价。

(2) 销售过程的原因。即使零售商在适当时间购买到适当数量或质量的商品,也未必能够保证商品不降价,因为在销售过程中,还会有一些因素引起商品降价出售。

① 定价失误。对商品的定价不能使消费者对商品产生吸引力,价格定得太高,高价使顾客感到物无所值,从而使销售成为困难,在这种情况下,必须调整价格,使顾客接受。

② 促销需要。零售商通过降低商品价格来增加店客流量,并向顾客介绍新商品,使顾客对呆滞的商品感兴趣,促进商品的周转。

③ 竞争需要。零售商有时候出于竞争的需要也把价格降低。由于在本地区内,直接或间接的竞争者降低了同类商品的价格,而零售商不能提供补充的服务、商店形象,以及地点与时间的便利等。为了应对竞争,零售商需要降低商品价格。

④ 销售策略。各种销售策略也是引起降价的一个原因。例如,对商品开始高价出售,到季节末的时候降价出售,还有鼓励顾客淡季购买等策略,都会使商品降低价格出售。

(3) 经营方面的原因。零售商在营销过程中也会遇到市场改变和商品实体及外观变化等问题,因而也需要对商品降价出售,如市场改变。顾客对流行性商品的需要变化快,有时难以预料,一旦流行性商品的市场改变,商品就需要降价出售。还有商品的实体受到损伤,由于陈列而弄脏或陈旧了的商品等,也必须降价出售给购买者以补偿。不配套或不完整的商品也必须降价出售。

拓展案例

广药联手零售药店抢滩低价药品市场

2014 年 7 月 9 日,广药集团旗下各药企联合邀请全国各地的连锁药店,探索在低价药政策下,实行"广药集团大南药 OTC 一体化"项目,通过"好品牌+多品种"的模式加强和零售药店的合作。

"取消最高零售价使得药品定价更为合理,新的价格体系的建立将赢来更多的市场机会。"广州白云山中一药业董事长张春波表示,目前药店的经营费用很高,需要做到 40%左右的毛利才能有所盈利。药店没有合理的利润空间,只能硬着头皮向消费者推荐高毛利、低品牌的药品。消费者在药店更是难买到质优、价廉、疗效好的药品。因此,低价药新政对低价药厂家、对终端连锁、对消费者是"三赢"。

"广药集团大南药 OTC 一体化"运作,意在整合集团下属企业的产品包,丰富连锁药店的品牌产品、专供产品、高毛利产品、大健康产品等,同时全力支持连锁药店的发展,打造工商和消费者多赢的全新战略合作模式。

"好品牌+多品种"的组合与零售药店目前的需求相符,契合当前药品零售业多元化的趋势,也能满足消费者的健康需求。

(二) 降价

1. 有计划降价

零售商经常会对商品实行降价出售。尽管降价有多种原因,归纳起来无非两个:清仓(处理商品)和促销(贱卖)。当商品销售缓慢、商品过时、在销售季末,或者是价格高于其竞争对手的价格时,商店通常会采取降价的方式加速商品周转。一些人担心降价会损坏商店的形象,但如果商品放到下季出售,商品也许会变得破旧或过时,同时商店还得付出很高的库存成本。商店运用降价策略进行促销,通常会增加现金流量,从而可以购买新商品;同时,降价也可以增加顾客流量,顾客到商店后还可以购买其他正常价格的商品,有计划的降价促销实际上能提高商店总的营业额。

然而降价必须有计划地进行,商店首先应制订一个完善的促销计划,每期促销应选择什么商品作为促销商品,采购员要事先与供应商接触,争取他们的促销配合。此外,商店还要将过去的销售记录保存完好,并对现时的销售情况及时分析。这意味着跟踪过去降价的商品类型,分析现在的季节有什么商品销不动了。例如,如果一种商品的某些尺寸过去常大量降价,则商店就应在本季减少对这些商品尺寸的进货。

实施降价控制时必须能够对降价做出估计,并修改最近各期的进货计划,以反映这种降价。事实上,降价范围太大可能说明采购员在进货时对风险的估计不足。评价降价理由的一种良好方法,是让采购员记录他所采购的商品每次降价的理由,并定期检查这些理由。例如,季节终了,如何与竞争者的价格相抗衡,陈旧的商品、过时的样式等都可以作为采购员的记录事项。

2. 降价时机的选择

许多商店很早就开始降价,而那时的需求还相当活跃,通过及早降价销售,商店不必像在销售季节的晚期那样急剧降价。一些商店也采取后期降价策略。尽管商店对安排降价的最佳时间顺序有不同的看法,但必须在保本期内把商品卖掉却是共识。在保本期内,可以选择早降价、迟降价或交错降价。

但是,频繁降价会使顾客产生不良的心理反应。如果商店频繁地搞商品降价处理,顾客就会认为"降价处理的商品价格就是该商品的本身价格"。如果顾客形成这样的印象,降价就失去了对顾客的吸引力。

3. 控制适宜降价幅度

降价的幅度对降价的促销效果产生重要影响,一次降价幅度过小,不易引起顾客的注意,往往不能起到促销的作用;而一次降价幅度过大,顾客会对商品的使用价值、商品质量等产生怀疑,同样会阻碍商品销售。

出售商品所需要的降价幅度很难确定,易变质的商品(如鲜肉和农产品)以及时尚商品需要比纺织品有更大的降价幅度。因为商品不同,打折的幅度就要有所不同。例如,对10万元的汽车降价10%可能比对2元的冰激凌进行10%的降价更具有刺激性。

(三) 提价

1. 将实情告诉顾客

某些涨价的原因是可以被消费者接受的。例如,当商店采购成本上涨时,而维持原价销售无法经营,商店不得不提高售价。因此,为减轻顾客的抵触心理,商店若是出于第一种情况考虑涨价,不妨将商品采购成本的真实情况向顾客公布,取得顾客的谅解,说服顾客接受涨价的事实,建议顾客如何减轻涨价的负担(如选购代用品),则顾客会在理解的心态下接受涨价。商店需要注意的是,当你使用这一理由涨价时,必须在采购成本降下来之后立即将商品价格降下来,否则只有升,没有降,几次事件之后顾客会有受愚弄的感觉。

2. 分步骤提价

不是所有商品的采购成本都在同时上涨,因此商店全部提价时,会遭到顾客的强烈抵制,为了减少顾客对商店涨价的抵触心理,商店采用部分提价为好。对于涨价的部分商品,随着时间的推移,顾客对于涨价之事会逐渐淡化,对原来无法接受的价格会逐渐适应,商店的销售量也会稳步回升。因此,商店即使需要对所有商品涨价,明智的做法是分阶段分步骤涨价,先选出一部分商品或不敏感商品涨价,然后再逐一提高其他商品价格。

3. 选择适当涨价时机

涨价时机非常重要,涨价不能平白无故地涨价,最好在恰当的时机中进行,除非商品采购成本突然大涨,不得不当时涨价,否则涨价需要考虑时机。涨价一般是有恰当时机的,错过了机会,价格就难以提高了。商店通常选择的涨价时机有:

(1)当商品采购成本上升,商店已经出告示通知顾客一段时间,而顾客皆知采购成本上涨时。

(2)季节性商品换季时,如冬季商品换成春季商品时,对新上市的春季商品可以考虑高于上年价格的幅度销售。

(3)年度交替时。新年或春节期间消费比较热,顾客手中要花费的钱比较多,此时对商品价格敏感度减弱,在这一时期涨价会容易被顾客接受。

(4)应节商品。传统节日和传统习俗时期,因为顾客这时对价格关心程度较低,对商品本身的关心程度较高。这时提高价格往往不会遭到顾客的拒绝。

4. 一次涨价幅度不能过高

尽管商品的采购成本可能短时间内上涨过快,商店已经将采购成本的实情公之于众,但大多数顾客一般并不关心商店出于什么原因涨价,而只是关心自己能否接受这一新价格,即涨价后的价格与心目中的价格标准是否接近。如果涨价幅度过高,不论任何原因,都会导致顾客弃买,或转投其他商店。因此,商品的一次涨价幅度不能过大,尤其是顾客价格敏感度较高的商品,涨价幅度更要谨慎,也许这些商品正是招徕顾客的诱饵,涨价之后,不仅失去了这一部分顾客购买力,还将连带失去其他商品的营业额。从经济数据看,一次上调幅度不宜超过10%。商店如果需要调整的价格幅度较大,最好采取分段调整的办法。当然,顾客对不同商品的敏感度是不同的,顾客对成本很高和经常购买的商品价格非常敏感,而对低成本的、不经常购买的商品则不太注意其价格是否上涨。

5. 附加馈赠

涨价时,以不损害商店正常收益为前提,搭配附属商品或赠送一些小礼物,提供某些特别优惠。这样给顾客一种商品价格提高是由于搭配了附属商品的感觉,过一段时间,再重新恢复到原有水平上去。这样做要注意时间的配合。例如,12月1日开始采用搭配附属商品进行提价,到1月1日取消附属商品,这样顾客就很少反对。

任务四 促销管理

导入案例

国美"双11"出"奇招"

10月28日消息,国美近日公布了"双11"的促销策略:消费者仅需凭其他商家广告报价前往国美任意门店,国美就将在广告报价的基础上,至少再降11元出售此商品。

国美方面表示,其还针对年轻消费群体的购物习惯,推出了微信卡包优惠券大放送、100万元国美滴滴打车红包大派送等措施,消费者只要在微信平台领取国美的微信卡包,即可在线下、线上、移动端渠道使用。

对于配送,国美承诺方面:如货品送抵时间与消费者约定的送货时间前后相差两个小时,配送人员将现场赔付11元;同时,国美还进一步承诺送装同步,前后超过2小时安装,国美承诺再赔11元。

资料来源:http://tech.163.com/14/1028/15/A9LFC1R4000915BF.html

企业开展促销活动对企业新产品上市、扩大市场份额、解决产品积压库存具有非常重要的意义。在4Ps营销理论中,促销是企业营销过程中非常重要的一环。美国IBM公司创始人沃森(T. J. Watson)说过:"科技为企业提供动力,促销则为企业安上了翅膀。"如何扩大企业的产品销售、提高企业的销售力,对企业来说是一个十分重要的课题。零售促销是零售商有目的、有计划地将销售服务、广告活动和公共关系等促销方式结合起来,综合运用的过程。

一、零售促销

(一)零售促销的定义

零售促销是指零售商为告知、劝说或提醒目标市场顾客关注有关企业任何方面的信息而进行的一切沟通联系活动。

在现今激烈竞争的零售市场环境中,零售商日益认识到比选择适当的地点、商品、价格更重要的是与现有顾客及潜在顾客沟通。零售商要吸引消费者,创立竞争优势,必须不断地与顾客沟通,向顾客提供商店地点、商品、服务和价格方面的信息;通过影响顾客的态度与偏好,说服顾客光顾商店,购买商品;使顾客对商店形成良好的印象。通过一系列有效沟通的促销活动,零售商吸引顾客进入商店,完成企业的目标。

（二）零售促销活动类型

1. 开业促销活动

几乎所有大中型商店在开业时都会策划一个较为大型的促销活动，因为开业促销对商店而言只有一次，而且它是顾客第一次接触商店，会在心目中留下深刻的第一印象，影响顾客的将来购买行为。顾客往往根据自己的第一印象长久地留下对这家商店的商品、价格、服务、气氛等的认识，而第一印象一旦形成，以后将很难改变，所以，每一家商店对开业促销活动都不敢懈怠，莫不是全力以赴。如果开业促销策划成功，通常开业前几天的营业额可以达到平时营业额的5倍以上。

2. 周年庆促销活动

周年庆促销活动是仅次于开业促销活动的一项重要活动，因为每年只有一次，而且，供货商对商店的周年庆典也比较支持，会给予商家更多的优惠条件。因此，商店一般也会在这一时期举办较大型的促销活动，活动范围比较广。如果周年庆促销活动策划成功，其营业额可以达到平时营业额的2倍左右。

3. 例行性促销活动

除了开业和周年庆促销活动，商店还往往在一年的不同时期推出一系列的促销活动，这些促销活动的主题五花八门，有的以节日为主题，如大打国庆节、春节、中秋节、儿童节、情人节等牌子；有的以当年的重大活动为主题，如庆祝北京申奥成功等，不一而足。尽管这些主题花样繁多，但每一商店在下一年要做哪些促销活动已经提前做好计划，每年的变化不会太大，故称为例行性促销活动。而有些超市或货仓式商店每隔半个月举办一次促销活动，均可算在例行性促销活动之列。一般的例行性促销活动期间，销售额会比平时的销售额提高2～3成。

4. 竞争性促销活动

竞争性促销活动是指针对竞争对手的促销活动而采取的临时性促销活动。由于目前新兴零售业态不断涌现，市场竞争日趋激烈，同一业态的商店在某一区域内出现过剩现象，于是，价格战、广告战、服务战等促销活动此起彼伏。为了与竞争对手相抗衡，防止竞争对手在某一促销时期将当地客源吸引过去，商店往往会针对竞争对手的促销行为推出相应的竞争性促销活动，以免自己的营业额因此衰落。

小资料

为抢客源，超市可免费快递

今年的中秋节苏果推出"寄情中秋，一路顺丰"现场月饼快递服务。从8月13日至9月3日，顾客在苏果苏皖购物广场、社区店购物满168元（含月饼），就可享受大陆及港澳台地区月饼免费邮寄服务。

二、零售促销策划

(一) 确定促销目标

零售商的促销目标包括长期目标和短期目标,总体说来就是提高业绩,增加销售,增强企业的竞争力。具体来看又包括增加某一时期的销售额,刺激顾客购买欲望,增加客流量,增进顾客忠诚,加强企业形象,扩大企业知名度等。由于每一具体促销目标与不同的促销方式相对应,零售商在开展具体的一次促销活动之前,必须首先确定这次促销活动应该达到的具体目的。

零售商促销目标的实现与顾客的购买行为直接相关,而顾客购买行为是顾客漫长决策过程的最后结果。营销人员必须了解目标顾客购买决策过程,并给目标顾客灌输某些观念,改变目标顾客的态度或促使目标顾客采取行动。

零售商在确定促销目标时,应注意促销目标要尽可能准确地阐述,该目标最好是定量的、可衡量的,这样企业才能精确地评估以后各步骤是否成功。

(二) 进行资料收集和市场研究

"没有调查就没有发言权",调研工作的重要性不言而喻。然而,很多促销方案并不是在调查研究的基础上设计的,这样的促销活动的成功和失败就只能靠碰运气了。

促销活动的市场研究应该注重三个方面:市场促销环境、竞争对手的促销策略及方案、顾客的消费心理和消费行为。

促销调研方法一般有直接调研和间接调研两种。直接调研就是通过实地观察统计、调查问卷发放、直接访问等方法收集第一手资料,间接调研一般是通过查阅文献资料、调查报告等方法收集第二手资料。

促销调研最终要形成书面的调查报告,为以后促销创意、方案设计等提供依据。

(三) 搜集和筛选促销创意

好的促销创意是促销成功的一半,创意对促销的重要性不言而喻。促销策划者需要在市场调研的基础上,设计出具有针对性、能够吸引消费者兴趣、激发消费者购买冲动且便于操作的促销创意,并进行优劣评价和筛选。总的说来,好的促销创意需具有新、奇、特、简四个特点。

促销创意一般包括选择适当的促销工具、确定促销主题等内容。而创意方法是促销策划的前提,在此介绍两种常用的创意方法。

(1) 超序联想相干法。简单地说,就是把那些看似风马牛不相及或水火不相容的事物通过联想、假想、超想……将它们相干结合,使它们联系起来,从而得出无穷的创意来。

(2) 拉线相干法。在确立一个问题点后,以此为中心分解拉出许多不同方向的变量坐标;而每一个变量坐标又可以不断分解下去,然后用线线相干或面面相干、体体相干的办法求得新的创意。

(四) 编写促销方案

促销方案又称为促销策划书,是实施促销活动的指导性文件,促销活动必须严格按照促销方案执行。促销方案一般包括:促销活动的目的、主题、宣传口号或广告词,促销活动的时间、地点、活动内容,执行促销活动的人员,需准备的物资清单,促销经费预算,促销活动注意事项等内容。促销方案的编写要尽可能周全、详细、具体。越详细具体就越便于操作实施。

(五) 试验促销方案

很多促销活动没有试验这样一道程序。促销创意、方案一旦制定,就直接拿到市场上去操作,一旦失败,损失很难弥补。所以,为了降低促销活动失败所带来的损失,这一程序必不可少。如何进行试验呢?通常的做法是在一个比较小的市场上进行短期操作试验一次。或者是由公司内部一些专家(营销经理、一线市场人员等)对这一促销活动各个方面的问题进行质疑答辩。

(六) 改进完善促销方案

对促销试验的结果进行总结,对不要或不完善的方案进行修改,对缺陷明显的方案完全放弃另做打算(一般而言,筛选后的促销活动创意在三个左右,以备选择),没有效果甚至产生负面影响的促销不用也罢。

(七) 推广实施促销方案

促销活动方案在通过试验改进完善之后,进入正式推广实施阶段。在这个阶段,要注意严格按照促销方案的预定计划执行。促销活动负责人的主要职责是监督、指挥、协调和沟通。

(八) 总结评估促销方案

在活动过程中或活动完成后,参与促销活动的人员要对该次促销活动进行总结、评估。总结、评估的主要内容是活动的目的、目标有没有达到?经费预算执行得如何?促销活动中有什么突发事件出现,处理情况如何?是由什么原因导致?如何才能避免问题的再次出现?促销活动评估、总结同样要形成完整的书面报告,为下次促销活动积累经验。

三、零售促销方式

零售商虽然可以选择的促销手段有很多,但归纳起来主要有四种:广告、销售促进、人员推销和公共关系。这四种手段又有付费和不付费之分,每一种包含许多具体形式,后面我们将详细讨论每一种促销手段的具体形式及其在零售业中的运用。这里,我们先根据可控性、灵活性、可信度及成本的不同对不同促销手段进行比较。

商店对这些促销手段有所选择地加以组合使用就是促销组合。由于各促销手段具有不同的特点,对于不同性质的产品和不同业态的零售商店,促销手段起作用的程度各不相同。对于消费品市场而言,广告的作用最大,销售促进的作用次之,然后是人员推销和公共关系。

(一)零售广告

1. 广告的内涵及优缺点

广告是指由确定的赞助者以付费的方式对观念、商品或服务进行的非个人的沟通传达方式。零售广告是可以认明的零售商以付费的非人员的方式,向最终消费者提供关于商店、商品、服务、观念等信息,以影响消费者对商店的态度和偏好,直接或间接地引起销售增长的沟通传达方式。

优点:(1)传播范围广,可以吸引大量的公众(POP广告除外),零售商在大型促销活动中常常使用。(2)可供选择的媒体较多,可以与其他促销方式有效配合。(3)零售商可以控制信息内容,而公关宣传的内容很难被零售商所控制。(4)广告内容的生动活泼及表现方式的灵活多样,容易引起公众注意。(5)因为广告使顾客在购物前就对零售商及其产品和服务有所了解,这使得自助服务或减少服务成为可能。

缺点:(1)广告主要是采用大众媒体,受众广泛,信息量有限,零售商无法针对个别顾客设计广告内容。(2)许多广告的投入较大,中小型零售商承受不起。(3)许多媒体信息覆盖面广,超出了零售商的商圈范围,致使零售商的广告费用有一部分浪费掉了。(4)如果所采用媒体的广告较繁杂,零售商的广告很容易被淹没而难以引起公众注意。(5)一些媒体需要一段较长前置时间来安排广告刊登,这不利于配合零售商临时促销活动的开展。

2. POP广告

(1)概念。

通常情况下,零售广告媒体选择有:电视广告、广播广告、报纸广告、直接邮寄广告、交通工具广告、户外广告牌、杂志广告、传单广告、电话号码簿、包装广告、POP广告等。鉴于零售的特色,将主要介绍POP广告。

店内广告,即POP广告,POP是英文Point of Purchase的缩写,俗称店头广告或购买现场广告,其主要目的是诱导顾客进至店内,创造销售机会。POP广告可以抓住顾客心理上的弱点,利用精美的文案向顾客强调产品具有的特征和优势,制造出良好的店内气氛,因此被人们喻为"第二推销员"。这种广告虽然产生的时间不长,但是使用得已相当普遍。

由POP广告可以看出零售店经营者的态度。有的零售店做了许多POP广告,店内显得朝气蓬勃;相反,有一些商店根本就看不见POP广告,店内就显得死气沉沉。可口可乐公司提出店头活性化原则,即通过展示、陈列、POP广告,使商店充满吸引人的魅力。

(2)POP广告的优势。

有利于美化店容店貌,吸引顾客前来光顾;保存的时间较长,有利于加深消费者的印象。

能起到无声推销员的作用,激发起消费者的购买兴趣,劝导消费者购买。

可以提醒消费者购买从报纸、杂志、广播、电视等媒介上获得信息的商品,两者配合使用,往往能够取得事半功倍的效果。

广告宣传的对象广泛,不论文化程度高低,消费者经过商店时都能见得到、看得懂,是大众化的广告。

换一个角度来看，POP广告对消费者、零售商、厂家都有重要的促销作用：

对消费者来说，POP广告可以告知新产品上市的消息，传达商品内容，使店内的顾客认知产品并记住品牌、特性；告知顾客商品的使用方法；在消费者对商品已有所了解的情况下，POP广告可以加强其购买动机，促使消费者下定决心购买；帮助消费者选择商品等。

对零售商来说，POP广告可以促使消费者产生购买冲动，提高零售店的销售额；营造出轻松愉快的销售气氛；代替店员说明商品特性、使用方法等。

对厂家而言，POP广告可以告知顾客新产品上市的消息，诉求新产品的性能、价格，唤起消费者的潜在购买欲；吸引消费者的注意力；使经销商产生兴趣；强调产品优点，特别是在开展赠品活动时，可以充分利用POP广告的媒体特性。

(3) POP广告的分类。

根据广告放置的具体位置，可分为店头POP广告、天花板垂吊POP广告、地面POP广告、柜台POP广告、壁面POP广告以及陈列架POP广告等。

店头POP广告：置于店头的POP广告，如看板、站立广告牌、实物大样本等。

天花板垂吊POP：如广告旗帜、吊牌广告物等。

地面POP广告：从店头到店内的地面上放置的POP广告，具有商品展示与销售功能。

柜台POP广告：放置在柜台上的各种彩页印刷品等。

壁面POP广告：附在墙壁上的POP广告，如海报板、告示牌、装饰等。

陈列架POP广告：附在商品陈列架上的小型POP，如展示卡等。

根据广告来源，可分为来自厂商的POP和商场自制的POP。

来自厂商的POP有两种类型：一是固定式的，如冰箱上的贴纸、附于包装内的卡通图片等；另一类是非固定式的，如企业宣传广告和商品宣传广告等，一般都由业务员送至店内悬挂或张贴。这些POP都是免费提供的，商场应积极配合，否则会影响厂家参与商场促销活动的积极性。商场自制的POP是配合新店开业、年庆或举办促销活动而制作的，大型的促销活动一般都由商场统一制作POP，例行性的促销活动则往往由各商品部自行制作。

根据POP广告的具体形式，可分为海报、店内悬挂物、定点广告宣传、卖场指南、标示价格及说明商品的POP等。

海报：其功能是向顾客告知促销活动的内容，贴于商场外的橱窗，或在商场外悬挂红色条幅。必须注意的是，POP绝不能胡乱张贴，而且要经常更新，以免日子一久，褪色的POP损害店面外观，破坏顾客对商场的印象。

店内悬挂物：其功能是配合节令或促销活动，以烘托商场气氛，一般是悬挂于天花板上。必须注意的是，悬挂物的色彩一定要鲜艳，保持整洁卫生，并要控制悬挂物的数量，零售店一般宜悬挂20~30张吊卡或更多。

定点广告宣传：其功能是宣传由厂商推荐的特定商品，由展示台、展示品及相应的店内海报、购物说明等组成，一般位于大型商场收银台外的空余场地内。必须注意的是，不要影响顾客进出通道的畅通。

卖场指南：其功能是向顾客展示卖场的商品配置及货位区分，常见的有卖场商品配置图、划分各大类商品区域的吊牌、特定商品群的指示牌以及"入口处"、"电话"、"禁烟"、"厕所"等指示牌。

标示价格及说明商品的POP：其功能是激发顾客对特定商品的购买欲望，这是最重要的POP广告,如特价品POP、说明用POP、推荐品POP等。这类POP位于商品陈列处,或在商品陈列处上方天花板悬挂,再配合陈列位置的POP。这类POP应包括三项重要内容:第一是价格,要让顾客知道商品很便宜。第二是价值,告知商品的特色、成分、质量等。第三是提供使用方法。特价POP应明确、活泼,且具有引导性,其功能是激发顾客对特定商品的购买欲望,一般应包括八项基本内容:说明文字,说明特价的原因;特价品的插图,以卖什么画什么为原则;必要的装饰;待价日期,即特价的起始日期;厂商名或产地;品名;原价,应用较小的字体;特价,应用较大的字体。

(二)销售促进

销售促进(SP)源自英文的 Sales Promotion,有时也被译为营业推广。如果说广告是引发消费者购买行为的原因,那么销售促进就是消费者购买的刺激。零售商的销售促进是零售商针对最终消费者所采取的除广告、公共关系和人员推销之外的能够刺激需求、激励购买、扩大销售的各种短暂性的促销措施。它不同于人员推销和广告。人员推销和广告是持续的、常规的促销活动,而销售促进则是不经常的、无规则的促销活动。销售促进一般是用于暂时的和额外的促销工作,是为了促进消费者立即购买,提高某一时期的营业额或某种商品销售额的特殊促销。

1. 销售促进的特点

(1)引人注目,吸引力强,销售促进在销售中能产生更快和更多可衡量的反应。
(2)形式多样,增强顾客的购买兴趣。
(3)吸引大批顾客,增加商店的客流量,促进其他商品销售。
(4)销售促进的效果是短暂性的,常常吸引品牌转换者,并不能产生新的忠诚的顾客。

2. 销售促进的方式

(1)优待券。

零售商将印在报纸、杂志、宣传单或商品包装上的附有一定面值的优待券或单独的优待券,通过邮寄、挨户递送、销售点分发等形式发放,持券人可以凭此券在购买某种商品时免付一定金额的费用。

商店优待券只能在某一特定商店或连锁店使用。它绝大部分是以吸引顾客光临某一特定的商店为主要目的的,而不是为了吸引顾客购买某一特定品牌的商品。另外,它也被广泛地用来协助刺激对店内各种商品的购买欲望上。许多事例显示,优待券也是零售商与厂商一个绝好的合作组合,其目的在于提供消费者一个诱人的动因,以吸引他们到特定的商店购买特定的商品。

虽然优待券的种类繁多,但都不外乎以下三种:直接折价式优待券,即指某特定零售商店在特定期间内,针对某特定品牌,可凭券购买以享受某种金额的折价优待。这种促销方式可运用在多量购买上。免费送赠品优待券,即购买A商品,可凭此券免费获赠B商品。送积分点券式优待券,即购买某商品时,可获赠积分点券,凭这些点券可在该商店兑换自己喜欢的赠品。一般此券的价值常由零售商自己决定。

(2)赠送商品。

赠送商品,即消费者免费或付出某些代价即可获得特定物品的活动。实践证明,赠送商品是吸引消费者来商店购买商品或劝其购买某种特定商品的好方法。赠送商品是零售商常用的销售促进活动,包括两种方式:① 免费赠送。这种方式是指消费者无需具备什么条件即可得到赠品。免费赠送时,一定要选择好赠送对象,这样才能达到事半功倍的效果。例如,有些商店并不固定赠送物品的种类和数量,而是视顾客的需要和心理情况而定,尤其是在女士购买化妆品犹豫不定时,可以免费赠送化妆包、化妆棉棒等小物品,以促成顾客购买。② 付费赠送。付费赠送是指商店为吸引消费者而采用的只要消费者购买某种特定商品或购买金额达到一定数量时,就可免费获得赠品,或者消费者在购买某种商品的同时提供赠品的部分费用即可获得赠品。

(3) 折价优惠。

折价优惠是零售商使用最广泛的一种促销方式。折价优惠是指商店在一定时期内,调低一定数量的商品售价,也可以说是适当减少自己的利润以回馈消费者的促销活动。折价优惠常在以价格作为主要竞争手段的商店使用,如货仓式商店、超级市场、折扣商店等,但它也广泛应用于其他零售业态商店,尤其是国内服装专卖店在近几年天天打出折价优惠的招牌吸引顾客。

商店之所以采用折价销售,主要是为了与其他商店在价格上抗衡,也为了吸引对价格比较敏感的品牌转换者。俗话说:"没有不被减价两分钱而击倒的品牌忠诚",可见价格促销在消费者心中的威力。折价优惠虽然在单件商品上获得的利润减少,但低价促进了销售,增加了销售量,从总体角度看,也增加了商店的利润。

大部分商店经常采用折价优惠来掌握已有的消费群,或是利用这一促销方式来抵制竞争对手的活动。通常,折价销售在销售现场能强烈地吸引消费者的注意,并促进购买欲望,明显地提高商店的销售额,甚至可以刺激消费者购买单价较高的商品。

(4) 竞赛。

竞赛是一种让消费者运用和发挥自己的才能以解决或完成某一特定问题,即提供奖品鼓励顾客的活动。在日常生活中,我们经常看到这种促销方式:回答有关商品的优点;或为商店命名;或提供广告主题语和广告创意等。此类活动通常需要具备三个要素:奖品、才华和学识以及某些参赛的规则。竞赛着眼于趣味性及顾客的参与性,通常竞赛会吸引不少人来观看和参与,可连带达到增加客流量、扩大销售的目的。

(5) 抽奖。

抽奖是指顾客在商店购物满一定金额即可凭抽奖券在当时或指定时间参加商店组织的公开抽奖活动。抽奖并不需要顾客具有一定的才能(不同于竞赛获奖,顾客要有一定的能力取胜),抽奖全凭顾客的运气,这是基于利用人本身具有一定的侥幸、追求刺激的赌博心理,有以小博大的乐趣,主办商店通常备有各式大小奖品吸引顾客。

抽奖与赠送商品中的商品中奖、随货中奖是有区别的。抽奖是购买商品后,凭购物小票等证明从商店方获得抽奖券,再参加抽奖。而商品中奖和随货中奖都是与商品有直接关系的,即奖品或奖券就在商品中,顾客获奖的直接原因是购买了该商品。生产厂商多采用商品中奖和随货中奖的促销手段,而零售商则多举办抽奖方式进行促销。

(6) 集点优待。

集点优待又叫积分卡或商业印花(商业贴花),是指顾客每购买单位商品就可获得一张印花,若筹集到一定数量的印花就可以免费换取或换购(即支付少量金额)某种商品或奖品。

对于消费者而言,他们对集点优待的偏好不一,有的消费者对积分卡十分热衷,有些对积分卡不以为然,因而其对不同消费者的效果是不一样的。但真正对积分卡有感情兴趣的是商店的经常性客户,他们经常来这一商店购买商品,如果能用积分卡形式给这类顾客提供更物有所值的回报,可以提高他们对商店的忠诚度。

(7) 退费优待。

退费优待是指消费者提供了购买商品的某种证明之后,商店退还其购买商品的全部或部分付款,以吸引顾客,促进销售。例如,某市一家商店曾规定,在某个月的某一天,消费者购买的商品可以全部退款,而这一天是事后随机确定的,以刺激顾客的购买欲望。还有些商家直接打出促销宣传:"买一百退五元。"退费优待适用于各行各业,由于其直接返利给顾客,所以效果十分明显。同时,退费优待也适用于绝大多数商品。实践证明,销售速度缓慢,冲动式购买的,差异化较小的商品,虽然不经常购买,但只要一买,常用得很快,再购频率很高,这种类型的商品运用退费优待效果最好。而对于高度个性化的商品,经久耐用的商品,则不宜采取此方法。

(8) 商品演示。

商品演示就是通过对商品的使用表演示范,提供实物证明,使顾客对商品的效能产生兴趣和信任,以激起冲动性的购买行为。商品演示的目的是向顾客进一步证实商品的效能和优点,为了达到预期的效果,演示人员应该掌握商品的性能和演示的技巧。商品演示还包括商店现场试吃,即现场提供免费样品供消费者食用的活动。此类活动对于以供应食品为主,且以家庭主妇为主要客户的超市,是提高特定商品销售量的有效方法。透过商品实际展示和专业人员的介绍,会增加消费者购买的信心及日后持续购买的意愿。

(三) 零售公共关系

公共关系(PR——Public Relations)是市场营销的一个重要工具,它承担着为零售商在其公众中塑造良好形象的一切沟通联系活动。一个零售商不但与顾客、渠道成员发生联系,还和其他群体,如员工、投资者、政府、中介协会、新闻媒体及一般公众发生联系。零售商与众多社会群体关系的好坏可以帮助或阻碍企业的发展。

优点:

(1) 对所宣传的信息报道详细。

(2) 能进一步扩大零售商的知名度。

(3) 以更为可信的方式传播有关零售商的信息。

(4) 信息的传播是不需要付费的。

(5) 可以触及更为广泛的受众。

(6) 人们对于新闻报道比对纯粹的广告更留意。

缺点:

(1) 公关活动的效果从短期看不明显,因而一些零售商不相信将资金和精力投入到公关活动中会有收效。

(2) 企业控制力弱。对于公共关系的效果,企业很难控制该效果的大小及其正面或是负面效果。

(3) 有些属于零售商刻意的公关活动策划,仍然会产生一定的费用。

通常公共关系活动形式有：出版物、事件、新闻发布会、赞助活动、特殊纪念活动、新闻、演说、提供电话服务、媒体识别。

四、零售促销管理

（一）活动前的准备

（1）要求员工认真了解活动的目的、时间、方法、产品知识（用于新产品促销）等细节，确保对促销内容及要求有清楚的认识。

（2）将活动用具及促销宣传品分发至营业柜台和相关部门。

（3）将各种宣传品、辅助用具运抵促销卖场。

（4）随时听从活动安排。店中店则要事先联系好，就活动事宜做妥善安排。

（二）制定总体促销预算

1. 量力而行法

这是指零售商在自身财力允许的范围内确定预算。零售商用这种方法确定促销预算，首先要预测周期内的销售额，计算各种支出和利润，然后确定能拿出多少钱来作为促销费用。这是最保守的预算方法，完全不考虑促销作为一种投资以及促销对销量的直接影响。如果企业的销售额不理想，那么促销就会被视为可有可无。这种方法导致年度预算的不确定性，从而使长期的促销目标难以实现。小型的、保守的零售商主要使用这种方法。

2. 销售百分比法

这是以年度预测的销售额为基础，固定一个比例来计算一年总的促销预算，然后再根据一年中计划举办多少次促销活动进行分摊。其中的比率可能是过去使用的比率，也可能是参考了同行业中其他零售商的预算比率，或者是根据经验确定的。这种方法有许多好处：(1) 容易确定，易控制，可以调整并将促销与销售额联系起来。(2) 能激发管理层努力协调促销成本、销售价格和单位利润这三者之间的关系，在此基础上考虑企业的运作。(3) 能在一定程度上增强竞争的稳定性。这种方法的缺陷在于没有将促销与销售的关系弄清楚，而且因果倒置，视促销为销售额的结果。这样会导致由资金到位水平而不是由市场机会去确定预算，没有考虑每次促销活动的实际需要。

3. 目标任务法

这是零售商首先确定促销目标，再据此确定一年所计划举办的促销活动和每一次促销活动需要的具体金额，将所有促销活动的费用加起来，便得出全年的促销预算。这种方法的优点是以促销活动为主导，可充分表现促销诉求重点；但缺点是难以控制促销费用，如果促销没有达到相应的效果，会影响经营效益。

4. 竞争对等法

这是指零售商根据竞争者的行动来增加或减少预算。也就是说，企业确定促销预算，是为了取得与竞争对手对等的发言权。若某一区域的领先企业将其促销费用增加10%，则该区域的竞争者也做出相应的调整。采用这种方法的营销人员相信，只要在促销中与其竞争对手的花费占各自销售量的百分比相等，就会保持原有的市场份额。

（三）活动执行

（1）严格按照商店的要求执行促销活动。

（2）要求员工着商店制服并统一佩戴胸卡。

（3）将活动用POP贴于或悬挂于醒目的位置，以营造良好的促销气氛；促销礼品、宣传品需摆放整齐、美观，以便于顾客拿取，促销产品一定要摆放价签。

（4）态度积极地向顾客散发宣传品、介绍活动、推销产品语言要亲切得体，不可擅自离岗、脱岗。

（5）对所有促销礼品的发放需进行有效管理，要及时登记；赠出的礼品数量则要与售出产品相符合。

（6）促销过程中如出现问题，应及时汇报并尽快解决。

（四）活动结束后的工作

（1）收拾好促销物品与设备，保持促销卖场清洁卫生。

（2）根据产品数量的记录账（卡），清点当天产品的销售数量与余数是否符合；同时清点当日剩余的促销用品、宣传品并及时申领不足的用品，仔细保存。

（3）交还促销用品时必须登记，对非易耗促销品的毁坏、遗失需做出解释或赔偿。

（4）填写当天促销活动报告，记录促销销量及赠出礼品数量。

小知识

PDCA 循环

所谓的 PDCA 循环，即计划（Plan）、执行（Do）、检查（Check）、行动（Act）。PDCA 循环应用了科学的统计观念和处理方法。它具有周而复始、大环带小环、阶梯式上升等特点，是推动工作、发现问题和解决问题的有效工具。实施 PDCA 循环原则，能及时发现促销活动过程中的问题，并及时予以修正，确保促销活动达到预期效果和目标。

（五）促销效果评估

促销效果评估是促销管理的重要一环，通过对本次促销活动的成功、不足、经验、教训的总结分析，可以促使下次促销工作更加完善。一般来说，促销效果评估可以通过以下方法进行：

1. 目标评估法

这是将促销实际业绩与目标进行比较分析，一般而言，实际业绩在目标95%～105%之间，算是正常表现，若是在目标105%以上，则算是高标准表现，若是在目标95%以下，则须反思。

有些促销目标很难用销售额来直接表示，这使得促销活动的评估很困难，需要营销人员研究一套专用的评估体系和办法。例如，促销目标是树立企业良好形象、增进顾客忠诚，营销人员通常在促销前后要进行一系列调查，研究企业的形象问题以及老顾客的来店频率等情况。一般来说，促销目标越具体明确，评估工作就越容易进行。

2. 前后比较法

这是选取开展促销活动之前、中间与进行促销时的营业情况进行比较,一般会出现十分成功、得不偿失和适得其反等几种效果。促销十分成功说明此次促销活动使顾客对商店的印象有所加强,对商店的知名度和美誉度均有所提高,增长了销售量,在活动结束后,该影响持续存在;促销得不偿失是指促销活动的开展,对商店的经营、营业额的提升没有任何帮助,反而浪费了促销费用;促销适得其反是指促销活动结束后,商店销售额不升反降,可能是由于促销活动过程中管理混乱、设计不当,某些事情处理不当,或是出现了一些意外情况等原因,损伤了商店自身的美誉度,结果导致促销活动结束后,商店的销售额不升反降。

3. 消费者调查法

商店组织有关人员抽取合适的消费者样本进行调查,向其了解促销活动的效果。例如,调查有多少消费者记得商店的促销活动,他们对该促销活动有何评价,是否从中得到了利益,对他们今后的购物场所的选择是否会有影响等,从而评估商店促销活动的效果。

项目小结

本项目从商品组合管理、采购管理、定价管理和促销管理四个方面介绍了零售企业的商品管理实务。

商品组合管理,应在了解零售商品分类和零售商品结构的基础上,遵循零售商品组合的原则,在实现商品结构优化的前提下,构建合理的商品结构体系。

采购管理,根据库存、预算情况,遵循商品的采购原则,采用合适的方式,依照零售企业的采购流程进行商品的采购。

定价管理,应在了解影响零售定价的主要因素基础上,采取高/低价格或稳定价格策略,运用相应的定价方法,为零售商品合理定价,并能依照内外经营条件的变化,及时进行价格调整。

促销管理,即有目的、有计划地综合运用广告、销售促进、人员推销和公关关系等促销方式,从而实现零售企业的促销目标。

 项目实训练习

实训任务一:

1. 实训内容

选择本地苏果超市或苏果便利店(任意一个)进行走访调研,将其商品组合与其他同类零售店进行比较分析。可以运用商品分类、商品组合及优化等知识点进行分析,调研时收集相关资料,回来对资料进行筛选整理,形成对苏果商品组合与其他超市商品组合的比较分析报告。学习超市商品组合相关案例,了解对于超市来说什么样的商品组合更好,每组学生最终完成一份苏果超市或便利店商品组合与其他某超市商品组合的对比分析报告。

2. 实训要求

要求学生分组完成任务,任务成果要形成分析报告。学生应将任务成果以PPT形式上交,且要求图文并茂。

3. 任务考核

考核指标	考核标准	成绩(100分)
商品组合比较分析报告	语言表达清楚、有条理性(10分)	
	分析有理有据(30分)	
	观点鲜明、正确(20分)	
	图文并茂(10分)	
	PPT制作细致、排版合理、有创意(20分)	
	运用所学知识点进行分析(10分)	

实训任务二：

1. 实训内容

上网搜集知名零售企业在采购、库存、盘点方面的特色或优缺点，进行归纳整理。在进行资料收集和整理时，可以运用与采购、库存、盘点等相关的知识点，最后整理形成该企业在这些方面的分析报告。学习相关案例，了解采购、库存、盘点在零售店管理中的重要性，每组学生最终完成一份零售企业采购、库存和盘点的分析报告。

2. 实训要求

要求学生分组完成任务，任务成果要形成分析报告。学生应将任务成果以PPT形式上交，且要求图文并茂。

3. 任务考核

考核指标	考核标准	成绩(100分)
商品采购、库存和盘点分析报告	语言表达清楚、有条理性(10分)	
	分析有理有据(30分)	
	观点鲜明、正确(20分)	
	图文并茂(10分)	
	PPT制作细致、排版合理、有创意(20分)	
	运用所学知识点进行分析(10分)	

实训任务三：

1. 实训内容

选择本地苏果超市与另一同类零售企业进行走访调研，将他们几种相同商品的价格进行比较分析。可以从定价方法和策略上入手，调研时收集相关资料，回来对资料进行筛选、归纳、整理，形成对苏果与其他超市商品定价的比较分析报告。学习超市商品定价相关案例，了解超市定价理论的应用，每组学生最终完成一份苏果超市与其他超市商品定价的对比分析报告。

2. 实训要求

要求学生分组完成任务，任务成果要形成分析报告。学生应将任务成果以PPT形式上交，且要求图文并茂。

3. 任务考核

考核指标	考核标准	成绩(100分)
商品定价比较分析报告	语言表达清楚、有条理性(10分)	
	分析有理有据(30分)	
	观点鲜明、正确(20分)	
	图文并茂(10分)	
	PPT制作细致、排版合理、有创意(20分)	
	运用所学知识点进行分析(10分)	

实训任务四:

1. 实训内容

选择本地一个零售企业(如苏果超市)进行走访调研,对其店内常用的商品促销方式进行简单分析,然后为其制订一个适合的促销方案。可以运用零售促销管理相关知识点,调研时收集相关资料,回来对资料进行筛选、归纳、整理,形成该店商品促销方式分析报告和促销方案的设计。学习零售店商品促销相关案例,每组学生最终完成一份商品促销分析报告及促销方案设计。

2. 实训要求

要求学生分组完成任务,任务成果要形成分析报告。学生应将任务成果以 PPT 形式上交,且要求图文并茂。

3. 任务考核

考核指标	考核标准	成绩(100分)
促销方式分析及促销方案设计	语言表达清楚、有条理性(10分)	
	分析有理有据(30分)	
	观点鲜明、正确(20分)	
	图文并茂(10分)	
	PPT制作细致、排版合理、有创意(20分)	
	运用所学知识点进行分析(10分)	

项目习题练习

1. 零售商品组合的方法有哪些?
2. 零售商品采购的流程有哪些?
3. 浅谈商品的采购方式。
4. 浅析盘点的基本原则。
5. 浅析销售代理的常见方式。
6. 常见的价格折扣有哪些?
7. 分析高/低价格策略的优势与劣势?

项目六

零售服务、安全防损和人员管理

 职业能力目标与学习要求

1. 知识目标:了解零售服务、安全防损和人员管理相关知识点,掌握进行零售服务、安全防损和人员管理的方式方法
2. 技能目标:能运用客户关系管理知识进行服务管理,能进行有效的安全与防损管理,能进行人员聘用与培训等主要人员管理工作
3. 任务分解:任务一　零售服务管理
    任务二　安全与防损管理
    任务三　零售人员管理

任务一　零售服务管理

导入案例

沃尔玛:超一流服务新享受

没有一项产业会比零售业与消费者的日常生活有更密切的关系。一位美国学者曾把零售业的使命形象地定义为"提高生活水准、传播幸福"。而沃尔玛正是这一行业中最璀璨的一颗明珠。1991年,沃尔玛年销售额突破400亿美元,成为全球大型零售企业之一。据1994年5月美国《幸福》杂志公布的全美服务行业分类排行榜,沃尔玛1993年销售额高达673.4亿美元,比上一年增长118亿美元多,超过了1992年排名第一位的西尔斯,雄居全美零售业榜首。1995年,沃尔玛销售额持续增长,并创造了零售业的一项世界纪录,实现年销售额936亿美元,在《财富》杂志95美国最大企业排行榜上名列第四。事实上,沃尔玛的年销售额相当于全美所有百货公司的总和,而且至今仍保持着强劲的发展势头。至今,沃尔玛已拥有2 133家沃尔玛商店、469家山姆会员商店和248家沃尔玛购物广场,遍布美国、墨西哥、加拿大、波多黎各、巴西、阿根廷、南非、中国、印尼等国。

试问,沃尔玛何以能从一家小型的零售店,迅速发展成为大型零售集团,并成为全球第

一零售品牌？首先，沃尔玛提出了"帮顾客节省每一分钱"的宗旨，而且实现了价格最便宜的承诺。其次，沃尔玛推行"一站式"购物新概念。顾客可以在最短的时间内以最快的速度购齐所有需要的商品，正是这种快捷便利的购物方式吸引了现代消费者。再次，很重要的一点是：沃尔玛还向顾客提供超一流服务的新享受。公司一贯坚持"服务胜人一筹、员工与众不同"的原则。走进沃尔玛，顾客便可以亲身感受到宾至如归的周到服务。

在零售业中，舒适的购物环境、优质周到的服务必然与较高的价格相联系；而在商品价格低廉的连锁超市中，顾客往往只能得到购物价格上的优惠，而无法享受到优质的服务。凯马特是美国一家著名的大型折扣连锁店，它的卖场很大，为了节约人工成本，店员却很少。虽然店里陈列着品种繁多、价格便宜的商品，但顾客如想找一两位店员询问有关问题却不是件容易的事。在这里，顾客虽然满足了购买便宜商品的欲望，但是没有感觉到店员对他们付出了一点点关心，于是在顾客心中就产生了美中不足的遗憾。

零售企业要在顾客心目中树立品牌形象，仅靠质优价廉的商品是不够的，顾客还希望在购物的同时享受到细致盛情的服务。沃尔玛正是考虑到这一点，从顾客的角度出发，以其超一流的服务吸引着大批顾客。走进任何一家沃尔玛店，店员立刻就会出现在你面前，笑脸相迎。店内贴有这样的标语："我们争取做到，每件商品都保证让您满意！"顾客在这里购买的任何商品如果觉得不满意，可以在一个月内退还商店，并获得全部货款。沃尔顿曾说："我们都是为顾客工作，你也许会觉得是在为上司工作，但事实上他也和你一样。在我们的组织之外有一个大老板，那就是顾客。"沃尔玛把超一流的服务看成是自己至高无上的职责。在很多沃尔玛店内都悬挂着这样的标语：

1. 顾客永远是对的。

2. 顾客如有错误，请参看第一条。这是沃尔玛顾客至上原则的一个生动写照。员工感慨地说："是沃尔玛第一次让我们认识到顾客永远是对的。"沃尔玛经营的秘诀在于不断地了解顾客的需要，设身处地为顾客着想，最大限度地为顾客提供方便。有一次，一位顾客到沃尔玛店寻找一种特殊的油漆，而店中正好缺货，于是油漆部门的经理便亲自带这位顾客到对面的油漆店购买。该顾客和油漆行的老板都感激不已。沃尔顿常对员工说："让我们以友善、热情对待顾客，就像在家里招待客人一样，让他们感觉到我们无时无刻不在关心他们的需要。"

3. "一站式"购物新概念。顾客是否能在店中一次购齐所有需要的货品，是否可以得到及时的新产品销售信息，是否可以享有送货上门、免费停车等附加服务，是否可以在任何有空闲的时间入店购物……这些问题也是评价一家商店好坏的重要标志。在沃尔玛，消费者可以体验"一站式"购物的新概念。在商品结构上，它力求富有变化和特色，以满足顾客的各种喜好。其经营项目繁多，包括食品、玩具、新款服装、化妆用品、家用电器、日用百货、肉类果菜等。另外，沃尔玛为方便顾客还设置了多项特殊的服务类型：

（1）免费停车。例如，深圳的山姆店营业面积12 000多平方米，有近400个免费停车位，而另一家营业面积达17 800多平方米的沃尔玛购物广场也设有约150个停车位。

（2）沃尔玛将糕点房搬进了商场，更设有"山姆休闲廊"，所有的风味美食、新鲜糕点都给顾客在购物劳顿之余以休闲的享受。

（3）店内聘有专业人士为顾客免费咨询电脑、照相机、录像机及其相关用品的有关情况，有助于减少盲目购买带来的风险。

（4）店内还设有文件处理商务中心，可为顾客提供包括彩色文件制作、复印、工程图纸放大缩小，高速文印在内的多项服务。

（5）一次购物满2 000元或以上，沃尔玛皆可提供送货服务，在指定范围内每次49元（因为商品价格中不含送货成本）。

（6）另外，深圳山姆店办理一切移动电脑售机业务，包括移动局销售的所有机型，价格均比其他代办网点便宜100元；它还代理销售润讯的通信产品，代收各类机型的台费，各种中文机、数字机均比市面其他润讯网点便宜50元。

资料来源：http://wenku.baidu.com

一、零售服务管理概述

（一）零售服务及其特性

零售服务包含着广泛的多样性的活动。零售商借助服务活动推动着商品的销售，加速商品的周转。服务对零售商来说，既熟悉又陌生。每个零售商都向目标顾客提供一定的服务，但服务没有专利性。每个零售商所提供的服务都可能被模仿，形成零售商提供服务的共性，使零售商又面临开创新的服务活动。

零售服务是零售商为顾客提供的、与其基本商品相连的、旨在增加顾客购物价值并从中获益的一系列无形的活动。对服务的定义，不同的学者有不同的观点，比较有代表性的是国外学者Alan Dutka的解释，他从顾客满意的观点进行探讨，得到如下结论（见表6-1）：

表6-1　Alan Dutka对服务的解释

S	sincerity	真诚（为顾客提供真诚、有礼貌的服务）
E	empathy	角色转换（以适合顾客的角色或方式为顾客提供服务）
R	reliability	可靠性（掌握服务所需要的专业技能并以诚恳的态度为顾客服务）
V	value	价值（提供顾客期望得到的服务，增加价值）
I	interaction	互动（具备优秀的沟通技能并及时给予顾客回应）
C	completeness	竭尽全力（竭尽全力为顾客提供所能做到的最好的服务）
E	empowerment	授权（给予服务人员一定权限以确保在一定时间内解决顾客的各类问题）

与提供的商品相比，零售商为顾客提供的服务具有以下特点（如图6-1）：

1. 无形性

零售服务是无形的，不像实物商品。零售服务在被提供之前是看不见、品味不到、感觉不到的，也听不见、嗅不出。无形性使人难以了解顾客究竟需要什么样的服务以及他们怎样评价零售商的服务。顾客在接受服务之前，没有有形的要素来评价服务，顾客只能在接受服务之后评价其是否满足自己的需

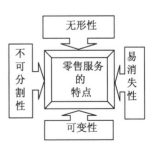

图6-1　零售服务的特点

要,正是这种无形性使服务变得十分复杂,难以考核。

2. 不可分割性

零售服务的提供和消费是同时进行的,具有不可分割性,这与实物商品的情况不同,实物商品被制造出来后,先储存,通过多重中间环节的分销,然后才是消费。而服务则是生产与消费是同步进行的。如果服务是由人提供的,那么这个人就是服务的一部分。服务生产时顾客是在现场的,而且会观察甚至参加到生产过程中,提供者和顾客相互作用并都对服务的结果有影响。

3. 可变性

由于服务基本上是由人表现出来的一系列行为,那么就没有两种服务会完全一致。员工所提供的服务通常是顾客眼中的服务,而且人们的行为可能每天,甚至每小时都会有区别。另外,由于没有两个顾客会完全一样,每位顾客都会有独特的需求,或者以一个独特的方式来体验服务,因此,这就造成了顾客眼中的服务是经常变化的。正是由于零售商在提供稳定不变的优质服务时会遇到很大的困难,因而能够做到这一点的零售商具有创造持续竞争优势的机会。

4. 易消失性

服务不能被储存、转售或退回,这与商品可以库存或在另一天再出售,或者由于顾客不满意而退货的情况正好形成对比。服务的易消失性使之不能集中生产来获得显著的规模效益,服务出现差错将造成难以挽回的损失——顾客流失。因此,零售商在服务提供之前就必须设立一套服务标准和控制方法,尽力防止服务出现差错,同时还必须制定有力的补救措施,以减少差错造成的损失。

(二) 零售服务的类型

零售服务按照不同的分类标准有以下几种类型,见表6-2。

表6-2 零售服务的类型

分类标准	服务类型
服务过程	售前服务、售中服务、售后服务
联系程度	基本服务、连带服务、附带服务
投入的资源	硬服务、软服务

1. 按服务过程划分,零售服务可以分为:

(1) 售前服务。

售前服务是指在顾客购买商品之前,企业向潜在顾客提供的服务。售前服务是一种超前的、积极的顾客服务活动。它的关键是树立良好的第一印象,目的是尽可能地将商店信息迅速、准确、有效地传递给消费者,沟通双方感情,同时也了解顾客潜在的、尚未满足的需求,并在企业能力范围内尽量通过调整经营策略去满足这种需求。

售前服务的主要方式有:免费培训班、产品特色设计、请顾客参加设计、导购咨询、免费试用、赠送宣传资料、商品展示、商品质量鉴定、调查顾客需求情况和使用条件等。

项目六 零售服务、安全防损和人员管理

图6-2 华润苏果商场内蚕丝被现场制作图

（2）售中服务。

售中服务是指企业向进入销售现场或已经进入选购过程的顾客提供的服务。这类服务主要是为了进一步使顾客了解商品特点及使用方法，目的是通过服务，表现对顾客的热情、尊重、关心、帮助、情感和向顾客提供额外利益，以帮助顾客做出购买决策。

售中服务的主要形式有：提供舒适的购物现场（如冷暖空调、休息室、洗手间、自动扶梯等）、现场导购、现场宣传、现场演示、现场试用（如试穿、品尝、试看、试听等）、照看婴儿、现场培训、礼貌待客、热情回答、协助选择、帮助调试和包装、信用卡付款等。

图6-3 华润苏果商场内番茄酱试吃图

（3）售后服务。

售后服务是指企业向已购买商品的消费者所提供的服务。它是商品质量的延伸，也是对消费者感情的延伸。这种服务的目的是为了增加商品实体的附加价值，解决顾客由于使用本企业商品而带来的一切问题和麻烦，使顾客方便使用、放心使用，降低使用成本和风险，从而增加顾客购买后的满足感或减少顾客购买后的不满情绪，以维系和发展商店的目标市场，使老顾客成为"回头客"，或者乐意向他人介绍推荐本商店商品。售后服务的关键是坚持、守信、实在。

售后服务的主要方式有：免费送货、安装和调试、包退包换、以旧换新、用户免费热线电话、技术培训、产品保证、备品和配件的供应、上门维修、巡回检修、特种服务、组织用户现场交流、顾客投诉处理、顾客联谊活动、向用户赠送自办刊物和小礼品等。

图6-4　华润苏果大家电免费托运细则

2. 按联系程度划分，零售服务可以分为：

（1）基本服务。

基本服务是指为促使顾客最终顺利购买商品，在销售商品的过程中为顾客提供的服务。比如，向顾客展示手机等电子产品的使用方法、协助顾客试穿衣服和鞋子、让顾客在购买食品前品尝等。

（2）连带服务。

连带服务是指为让顾客及时、正确地使用商品而提供的服务。比如，把大件物品送货上门、对需组装的产品进行安装调试、对顾客不太满意的商品退换货等。

（3）附带服务。

附带服务是指为给顾客的购买行为提供便利而提供的服务。比如，停车服务、免费存包服务、免费班车服务等。

图6-5　华润苏果免费班车

3. 按投入的资源划分,零售服务可以分为:

(1) 硬服务。

硬服务是指零售商店通过提供一定的物资设备、设施为顾客服务。例如,商店向顾客提供休息室、电梯、停车场、寄存处、购物车、试衣室、空调环境等,使顾客在购物过程中感到方便、舒适。

图6-6　华润苏果免费存包柜和自助取款机

(2) 软服务。

软服务是指商店员工对顾客提供的服务。这是商店员工与顾客进行的面对面接触。他们的形象和服务水准对商店的形象有最直接的影响,也是顾客评价商店服务质量的一个重要方面。由于软服务的易变化特点,因而管理起来难度更大。

(三) 零售服务的作用

1. 良好的服务对企业的营利性有着积极的影响与作用

良好的服务对企业的营利性有着积极的影响与作用。美国消费者事务局调查结果显示:在银行业、公用事业、自动化服务业、电器业以及零售业等众多行业中,通过寻找和处理消费者投诉项目,企业的投资回报率中零售业为最高,达400%。当然处理投诉项目只是服务的一个方面,但服务对零售业的重要性由此可见一斑。良好的服务能够帮助企业赢得积极的声誉,并通过声誉赢得更高的市场份额,从而有能力比竞争者索取更高的服务价格。

2. 良好的服务能够帮助企业通过进取性的市场营销吸引更多更好的顾客

零售服务的重要性来自于零售业本身的特点,因为零售业是一个与顾客"高接触"的行业,以顾客为导向的经营观念决定了零售服务是零售经营活动的基本职能。顾客选择一家零售店,一是为了购买称心如意的商品,二是为了享受商店优美舒适的环境和周到的服务。诚然,商品是商店经营的基础,一家商店即使有着舒适的环境和良好的服务,但没有适销对路、货真价实的商品也是枉然。然而,在企业经营商品大同小异的情况下,要保持显著的商品差别优势是十分困难的,只有在拥有竞争力强的商品基础上,以完善周到的服务来满足顾客的需要,才能形成自己的竞争优势。

3. 良好的服务能起到防御性营销作用,留住现有顾客,培养顾客忠诚

良好的服务能起到防御性营销作用(留住现有顾客),培养顾客忠诚。顾客背离或顾客

动摇现象在零售业中十分常见(美国福音姆咨询公司在调查中发现,顾客从一家商店转向另一家商店来进行经常性购买,10个人中有7个人是因为服务问题)。这样,零售店就必须开发新顾客代替失去的顾客,这种替代需要很高的成本代价,除了涉及启动运营费用外,还有广告、促销和销售成本。据《追求卓越》一书的作者彼德斯估计,在美国,零售店的一位老主顾,会在10年内平均购买5万元的商品。忠诚顾客提供给零售店3倍的回报。他们会主动再来购买,从而使得在他们身上投入的营销和销售成本比招徕新顾客所投放的成本要低得多。

 拓展案例

某饭店,每天都是顾客盈门,生意十分兴隆。饭店老板介绍说,来吃饭的多是"回头客",他们之所以不怕路远,不嫌拥挤到这里就餐,图的就是饭店富有人情味,善于"听口音炒菜",从而把生意做活了。如烧鳊鱼,对山东口音的人,注重在汤汁中多放一点辣椒干;对苏杭口音的人注重甜、咸、酸。难怪许多食客吃后都会说一句:"这家饭店的厨师好像是我们那里的人。"

顾客的需求是多层次、多方面的,作为餐饮行业的经营者,只有摸清了消费者的口味并投其所好,做好服务,才能把生意做活做大。

二、零售服务设计

(一)期望服务与容忍区域

顾客对服务的期望是零售商设计服务的标准和参考点。在设计高质量的服务水准时,了解顾客的期望是首要的也是最关键的一步。如果竞争对手正确地提供服务,那么一家零售商搞错了顾客的需要就意味着失去顾客及其业务,也意味着在与顾客无关的活动上投入资金、时间和其他资源,甚至意味着在竞争激烈的市场中无法生存。顾客对于零售商的服务有几种不同类型的期望:

第一个水平被称之为理想服务,定义为顾客想得到的服务水平——希望的绩效水平。理想服务是顾客认为"可能是"与"应该是"的混合物。但是,由于现实条件的限制,顾客希望达到其服务期望但又常常承认这是不可能的。因为这个原因,他们对可接受服务的门槛有另一个低水平的服务期望,这个低水平的服务期望被称为适当服务——顾客可接受的服务水平。适当服务代表了"最低的可接受的期望",即对于顾客来说可接受服务绩效的最低水平,同时反映了消费者相信其在服务体验的基础上可得到的服务水平。不同的零售商,同一零售商的不同服务人员,甚至相同的服务人员,服务水平也不会总是一致。顾客承认并愿意接受该差异的范围叫作容忍区域(如图6-7)。

图6-7 顾客期望服务与容忍区域图

拓展案例

假若服务降到适当服务水平之下——被认为可接受的最低水平,顾客将感受到挫折并对商店的满意度降低。假如服务水平超过了容忍区域的上限——超过理想服务水平,顾客会非常高兴并可能非常吃惊。你可以这样认为,容忍区域是这样一个范围或窗口,在这里顾客并不特别注意服务绩效,但在区域外(非常低或者非常高兴)时,该项服务就以积极或消极的方式引起顾客的注意。

(二)服务设计的主要内容

图 6-8 中,A 线表示服务项目的服务水平与销售量无关或相关程度很小;B 线表示服务项目的服务水平与销售量呈线性关系;C 线表示增加服务项目在开始时能够促进销售量的增长,但继续增加服务项目,销售量增加缓慢,甚至停止增长;D 线表示在一定的范围内增加服务项目提高服务质量对销售量的影响很大,而且在服务质量较低时,对销售量影响很小。

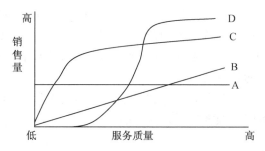

图 6-8 服务与销售量关系图

可见,服务与销售之间存在密切的关系,要想取得理想的销售收入,必须对服务进行合理的设计。

1. 服务项目的设计

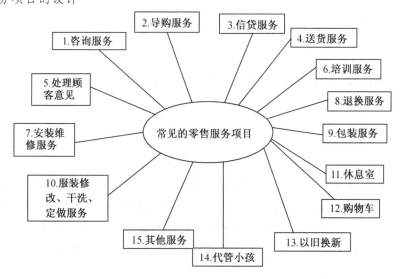

图 6-9 常见的零售服务项目

以上都是生活中常见的服务项目,具体的含义相对比较简单,在此就不多述了。

2. 服务质量水平的设计

服务质量是指服务能够满足规定和潜在需求的特征与特性的总和,是指服务工作能够满足被服务者需求的程度,是企业为使目标顾客满意而提供的最低服务水平,也是企业保持这一预定服务水平的连贯性程度。

好的服务质量不一定是最高水平,管理人员首先要识别公司所要追求的服务水平。当一项服务满足其目标顾客的期望时,服务质量就可认为达到了优良水平。具体来说,它们应该符合以下标准:

(1) 规范化和技能化。顾客相信服务供应方、职员营销体系和资源有必要的知识与技能,规范作业,解决顾客的疑难问题。

(2) 态度和行为。顾客感到服务人员(一线员工)用友好的方式主动关心照顾他们,并以实际行动为顾客排忧解难。

(3) 可亲近性和灵活性。顾客认为服务供应者的地理位置、营业时间、职员和营运系统的设计和操作便于服务,并能随时根据顾客的要求灵活地加以调整。

(4) 可靠性和忠诚感。顾客确信,无论发生什么情况,他们能够依赖服务供应者,它的职员和营运系统。服务供应者能够遵守承诺,尽心竭力满足顾客的最大利益。

(5) 自我修复性。顾客知道,无论何时出现意外,服务供应者将迅速有效地采取行动,控制局势,寻找新的可行的补救措施。

(6) 名誉和可信性。顾客相信,服务供应者经营活动可以依赖,物有所值。相信它的优良业绩和超凡价值,可以与顾客共同分享。

3. 服务价格的设计

服务价格通称收费,是服务或劳务交换价值的货币表现形式,是指不出售实物,而以一定的设备、工具和服务性劳动,为消费者或经营者提供某种服务所收取的费用。大多数零售服务是不直接向顾客收费的,但对于一些类似安装、维修的服务,要适当地收取一些费用。

(三) 服务设计应考虑的要素

1. 商店定位及经营策略

不同业态商店所提供的服务水平是不相同的。对顾客而言,大型百货商店提供的导购、送货上门、退换、售后保修等多项服务是期望之中的;对于超级市场和折扣商店,人们期望更多的是购物便利与价格合算。在零售业中,由于企业提供的服务不一样,于是便产生了百货商店、超级市场、专卖店、购物中心、仓储式商店、24小时便利店等多种零售业态之间的区别,它们以各自的服务特色满足着不同顾客的不同期望。

商店的规模和等级对确定为顾客提供的服务项目也有帮助。比较大的百货商店为顾客提供的花色品种,要比食品杂货店或者五金器具商店提供的多。同一行业的大型零售商店的经营品种与小型零售企业经营的品种也不相同。顾客可以指望从大型零售商店得到比较多的服务,而从小型零售商店得到的服务则比较少,却更加体现了个人之间的友好关系。

2. 竞争对手的服务水平

竞争对手提供的服务,对零售商确定服务水平有直接的影响。因此,零售商必须考虑竞争对手提供的服务,并分析是否随竞争者一样也提供这些服务或类似服务,或者是否应该比竞争对手提供更高质量的服务,或者用比较低的销售价格来取代这些服务。

3. 经营的商品特点

每种商品在销售的过程中需要伴随一定的服务才能完成,而不同的商品需要伴随的服务是不同的。零售商需要按照商品的销售特点提供相应的服务。例如耐用性商品,提供保修服务、安装服务、维修服务就是必要的,对于一些技术性复杂的商品,甚至还需要提供培训服务。例如,美国胜家公司推出缝纫机这一新产品时,为了普及新技术,而不得不举办相应的培训服务。

4. 目标顾客的特点

服务不存在一个标准的模式。不同的顾客、不同的消费目的、不同的消费时间与不同的消费地点,顾客对服务水平的要求是不同的。目标顾客的收入水平不同,顾客愿意支付的价格也不同,零售商可以提供的服务也不同。零售商提供一项服务项目的基础是顾客需要,但顾客需要的服务往往又和付出价格成为一对矛盾。免费提供服务,顾客当然高兴,但被要求支付价格时就会有所顾虑。一般来说,顾客需要服务但不愿意付出太多金钱,这对收入水平低的目标顾客尤其如此。如果零售商由于提供服务而商品出售价格高,目标顾客宁愿放弃需要的服务,接受低的价格,在这种情况下,服务就不是顾客的需要。

5. 服务的成本

零售商提供每一项服务,都需要付出成本,因此,对提供服务项目数量要视企业承担成本能力而定。零售商管理者必须清楚地知道为顾客提供的每一项服务所增加的成本,这些服务成本需要产生多少额外的销售额才能得到补偿,并以此设计服务水平。比如,如果为顾客提供的服务,每年预计要增加2万元的服务成本,而商店的毛利率为20%,那么所提供的服务必须能够促进销售,使销售额至少增加10万元,这项服务才是有效益的,关键的判断标准是增加或取消服务项目的经济效果。

当零售商发现有些服务是无价值的服务,或公司无力承担该项服务的高成本时,这项无效益的服务或高成本的服务可能不得不终止。然而,零售商可能会面对这样的情形,一旦零售商的服务形象已经树立起来,顾客可能对任何服务的减少都会产生消极的反应。此时,零售商最佳的战略是直截了当解释为什么终止该项服务,并告诉顾客他们将从商品价格下调中获得利益等。有时,零售商可能选择中间战略,对先前的免费服务收费,允许那些想要服务的顾客继续使用。

6. 服务的效果

一项服务项目应该直接或间接地促进销售,而不能完全与销售无关系。零售商在设计服务项目时,要研究服务与销售量的关系。服务项目与销售量的增长并非都有关,因此零售商确定服务项目不是越多越好,而是要考虑增加一项服务项目以及该服务项目应达到的质量标准对销售量的影响与作用。当然,有些服务项目从短期来看也许对企业销售量的影响并不明显,因而需要从较长一段时间来考察。

拓展案例

忠诚顾客的作用

零售商提供优质服务是为了让顾客更加顺利地进行购买行为,扩大销售,但从长远上来看,其最终的目的在于保持住现有客户,获取更多具有较高忠诚度的顾客。那么忠诚的顾客对于公司有哪些好处呢?

1. 盈利效应

忠诚的顾客首先会继续购买或接受企业的产品或服务,而且愿意为优质的产品和一流的服务支付较高的价格,从而增加企业的销售收入和利润总额。

2. 广告效应

忠诚的顾客往往会把自己愉快的消费经历和体验直接或间接传达给周围的人,无形中他们成了企业免费的广告宣传员,这远比狂轰滥炸的巨额广告投资促销效果会更好。正所谓"最好的广告是忠诚的顾客"。

3. 示范效应

忠诚顾客一经形成,不仅对企业的现有顾客与潜在顾客的消费心理、消费行为和社会方式提供可供选择的模式,而且可以激发其仿效欲望,并有可能使其消费行为趋于一致,甚至引发流行现象。

4. 降低成本效应

忠诚的顾客通过重复购买、宣传介绍、称赞推荐等方式可以使企业减少诸如广告、公关、宣传等促销费用开支,降低其经营与管理成本。

5. 经营安全效应

忠诚顾客会很乐意尝试企业其他的产品,这就使得交叉销售得以成功,从而实现了企业经营的多元化,大大降低了企业的经营风险。

6. 竞争优势效应

忠诚的顾客不仅为其他企业进入市场设置了现实壁垒,也为本企业进入新市场提供了扩张利器,这使得企业在市场竞争中具有领先于对手的相对优势。

三、服务质量的改进

(一) 服务质量差距模型

服务质量差距模型(如图6-10)总结了零售商要提供优质的顾客服务时,需要进行的一些活动。零售商必须通过减少服务差距,即顾客的期望服务与顾客所感知到的服务感受之间的差别,进而来改善顾客对他们服务的满意程度。

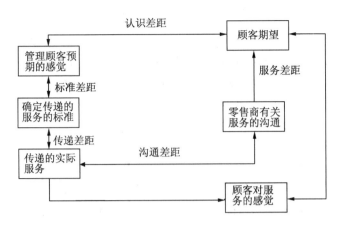

图 6-10　服务质量差距模型图

期望服务是顾客希望从零售商处获得的服务,它与零售商真正提供的服务间往往产生一些差距,这些差距总结起来主要有以下四个:

1. 认识差距

认识差距是顾客期望与零售商对顾客期望的认识之间的差别。零售管理者有时不能正确地感知顾客的需求。例如,管理者可能认为,顾客需要更贴身的人员服务,但顾客需要的是更自由自在地选购商品,而当出现困惑时,能够立刻得到营业员的帮助。

不了解顾客期望是无法满足顾客需求的基本原因之一。造成这种现象的原因有很多,如没有与顾客建立互动关系,不进行深入的顾客需求调查,漠视顾客的抱怨,想当然地认为自己已经了解顾客需要等。当管理人员不能完全理解顾客服务期望时,他们会做出一系列不恰当的决策。例如,将过多的资金投入到建筑物的装饰上,而顾客关心的是购物环境是否方便、舒适以及功能齐全。因此,要提高服务质量,管理层首先必须获得正确的顾客期望信息。

2. 标准差距

标准差距是零售商对顾客期望的认识与他制定服务标准之间的差距。对顾客期望的准确描述,对于实现高质量的服务来说必不可少,同时又远远不够。另外一个必不可少的条件是,列出用以反映准确认识的服务设计和服务标准。标准差距便是零售商对顾客期望的认识与他制定的顾客服务标准之间的差距。管理部门可能正确感知了顾客的服务需求,但没有建立正确的服务标准。例如,管理者可能要求商店收银员实行快速服务,但没有具体量化的标准,收银员的速度可能达不到要求。

服务质量的好坏受到服务标准的影响,标准可向服务人员显示,什么是管理中最为重要的准则,以及那些行为真正有意义。当服务标准不具体或采用的标准不能反映顾客期望时,顾客感受到的服务就很可能非常糟糕;当标准准确反映出顾客期望时,顾客得到的服务质量就可能加强。负责制定标准的管理人员,有时会认为顾客的期望毫无道理或者不切实际,或者认为服务本身所固有的可变性特征会使标准落空,这样即使对服务进行了设计并制定了标准,也达不到满足顾客要求的目的。这种观念下设计的服务标准或者不准确,或者不能具体落实,于是,便产生了对顾客期望的认识与建立服务标准之间的差距。

3. 传递差距

传递差距是零售商的服务标准与实际提供给顾客的服务之间的差别。大量事实表明，即使建立了如何提供良好服务和正确接待顾客的标准，高质量的服务也未必能水到渠成。服务标准必须由适当的资源支持（人、系统和技术），而这些支持必须行之有效，也就是说，对人员要进行培训、激励，对他们的表现要按照标准进行奖惩。如果企业不能为服务标准提供支持，即使标准能准确反映顾客的期望，也无济于事。

许多原因导致商店员工不能按标准为顾客提供服务。例如，员工不能清楚地理解公司的宗旨，员工感到在顾客和管理层之间左右为难，缺少授权和团队合作，评价和奖惩不当，员工缺乏训练或劳累过度，以及无能力或不愿意按标准行事，或者员工面对着相互矛盾的标准，如花时间倾听顾客的意见和快速服务等。管理人员必须尽力消除这些原因，以便缩短服务差距。

4. 沟通差距

沟通差距是零售商提供给顾客的实际服务与零售商对外沟通承诺的服务之间的差别。零售商通过广告媒介、营业人员和其他沟通途径所做的服务承诺可能会提高顾客对服务的期望。例如，一家零售商大肆宣传自己商店中的商品品种如何齐全，价格如何低廉，但顾客到达后却发现商店中的一些畅销商品缺货，价格也不便宜，那么这种外部沟通就扭曲了顾客的期望。

造成沟通差距的原因有很多，如无效的营销沟通，广告和人员推销中的过度承诺，经营中各部门的不协调，权力分散导致各分店的服务政策与程序不一致等。零售商要缩小沟通差距，除了不能做过度承诺和表达失误外，还必须管理顾客，培养顾客的现实态度和对服务的期望。

（二）缩小服务质量差距

为了保持乃至吸引客户、扩大销售、获取更多利润，必须分析产生服务质量差距的原因，更要尽可能地缩小差距，所以，应做好以下六项工作：

1. 了解顾客的真实需要

提供优质服务必须建立在了解顾客真实需要的基础上，设身处地为顾客着想，最大限度地满足顾客的期望。有许多零售商在采购商品或设计服务项目时，从来不主动研究顾客有哪些期望，而是凭想象增减服务项目，结果他们所提供的服务不能提高顾客的满足感，白花了财力和人力。可通过保持沟通、开展问卷调查、建立投诉系统、举行顾客访谈等方式来了解顾客的真实需要：

2. 寻找并控制关键的服务点

服务点，就是提供服务时与顾客互动关系的触点。它是商店与顾客接触过程中能够提供的服务交会处。一般而言，点的选择是空间与时间的结合。要提升服务

图 6-11 华润苏果意见箱

质量,必须确认关键的服务点,并进行不断的改进。零售商需要做的是:

(1) 确定在企业服务能力可能提供的范围内,具备哪些服务的触点。

服务的触点是一个多因素的系统。例如,各类广告及其媒体,营业员的仪表、仪容、行为,营业员的语言表达和适度的介绍,服务场所的气氛、装潢、产品的格调、品牌以及价格等,都是服务的触点。触点的存在具有广泛的意义,正因为有这种广义上触点的存在,才可能产生服务与需求之间的撞击并产生"火花"。但不同的企业由于经营的结构有差异,所以有效触点是不同的。提供服务,首先就是要寻找企业服务的效率触点。

(2) 在众多的服务触点中,确认每个服务触点的吸引力如何,顾客会接触多久。

顾客的需求是多种多样的,他们的认知程度也不完全一样,这就带来了不同触点的接受和处理上的差异。例如,有的顾客喜欢听介绍,而有的顾客则相信自己的感觉;有的顾客价格敏感度强,而有的顾客则对服务场所选择要求高等。所以,对企业的经常性顾客进行"触点"有效分析,可以从中找到具有吸引力的"触点",并尽可能延长顾客对服务触点的关注时间。

(3) 寻找和调查顾客满意(不满意)的服务触点及其原因,并尽力改进不满意服务点的服务质量。

在所有服务点中,我们已经确认了每一个服务点对顾客的吸引力,接着需要寻找顾客最不满意的服务点。通过改进顾客最不满意的服务点的质量水平,尽可能地弱化或剔除顾客的不满意服务触点,就能提高整个企业的服务水平,逐步形成优质的服务形象和服务特色。

3. 设计具体可行的服务标准

由于顾客服务是一种无形的软性的工作,因人而异,服务的提供者总会出于心情、身体状况这样那样的原因影响服务时的质量,也会由于每个服务人员的个人素质、经验、训练程度的差异造成服务水平的差异。因此,有些人认为,服务无法有一个统一的标准来测量,或认为标准化的服务是缺乏人情味的,不能适应顾客的需要。这种观点是错误的。事实上,许多服务工作是常规性的工作,管理人员是很容易确定这类服务的具体质量标准和行为准则,而消除服务水平差异的方法也只有通过建立规范化的服务标准。

良好的服务标准应十分具体简洁,而且绝不含糊。企业组织规模越大,服务标准就应越简单。例如,美国沃尔玛商场的员工被要求宣誓:"我保证:对三米以内的顾客微笑,并且直视其眸,表达欢迎之意。"我国许多大商场也对顾客一进门开始,建立了一套怎样接近、怎样打招呼令消费者满意的服务行为规范。一些商场除了对顾客许诺大件电器商品"送货上门,安装到位"外,还要求操作人员进顾客家门必须戴手套、脚套、抹布,保证顾客的家庭卫生。

拓展案例

国美"诚久保障"服务打造新标杆

继推出"家电医院"、"延保服务"之后,家电连锁航母国美电器于2007年9月19日推出"诚久保障"服务,即消费者在国美和永乐电器门店购买产品可以享受"9日满意退货"、"19日价格保障"、"39日退货保障"、"99日换货保障"四项保障服务,全力打造行业服务新

标杆,立即在家电业中引发"地震"。行业专家认为,"诚久保障"是以消费者为中心,以消费者利益最大化为目标,将"传统三包"升级为"诚久四保",领先全球家电零售业的国际最高服务标准。

目前,家电市场普遍施行的服务标准是国家修订的"新三包法",根据"新三包法"规定,消费者享受包退服务是7日,退换货时限为15日,国美的服务标准比其他卖场广泛施行的三包标准最高提高6倍,打造了一套先进的服务保障体系。很多消费者都有这样的购物经验:刚刚买的商品由于厂商的降价或者进入市场推广期等各种客观因素导致价格下调,致使很多消费者在购买商品时不得不在商品质量和功能等因素外再加上规避降价风险的"保值"性选择,消费者在购买高端商品,尤其是新品时往往会犹豫。

国美永乐推广的"诚久保障"服务,则为消费者免除了后顾之忧,按照国美价格保障的规定,消费者在自发票开具之日起19日内:如遇相同商品降价,顾客可凭购物发票获得全额差价补偿;如发现同城市内其他商家同品牌、同型号商品的价格较其购买价格更低,凭当地报纸广告或DM单或其他商家的购物发票原件,经核实后,顾客可获得全额差价补偿。

目前,家电零售市场普遍遵循的服务标准是"新三包法"。据计算,国美"诚久保障"服务的换货期99天是"三包法"规定的15天的6倍,而退货期39天也是国家标准7天的5倍,5~6倍的服务保障打造了家电卖场的服务标杆。

国美推出的"诚久保障"从四个方面重新定义家电卖场的售后服务标准,时限9日的"满意保障"不仅延长了消费者退货的期限,为消费者提供了更为宽泛的选择权,而且确保了消费者对选购产品的满意度,在一定程度上避免了消费者的非理性消费;19日的"价格保障"在价格上为消费者提供了保障,使得消费者在购买产品时不必要再为价格变动而犹豫,保证了消费者的经济利益;39日内商品有质量问题可享受"退货保障"、99日内商品有质量问题可享受"换货保障",保证面对产品可能出现的质量问题,消费者可以在更长的时间内退货或换货,在质量上为消费者提供更为贴心服务,免去了消费者购买产品的后顾之忧。

国美集团总裁陈晓介绍:"'诚久保障'是一种放心服务,其核心价值在于为广大消费者提供质量和价格上的双重保险,解除了消费者购买家电时的后顾之忧,放大了消费者的权益,这是其带给消费者的最大利益点。"

在买方市场,消费者拥有越来越大的话语权,传统的服务已经不能满足消费市场的新需求,基于以消费为导向,国美采取以服务为核心竞争力的发展策略,不断创新自身的服务最大化以满足消费者的需求,引领着整个家电业的服务升级。

4. 由上至下改进服务

要提供优质服务,必须使"顾客满意"的理念扎根于基层员工的价值观中,使"顾客满意"成为全体员工的责任。世界上许多成功的企业,都是依靠以顾客为导向的企业文化在推动服务水准不断提高,诺顿公司就是这样一个代表,其所建立的全公司的服务文化使其享有极大的竞争优势。

然而,在许多企业中,顾客服务往往变成仅仅是销售部门、市场部门和客户服务部门员工的工作,因为他们与顾客直接接触且处在对顾客具有非凡影响力的位置上,也称为"关键部门",其他部门员工则认为自己只与同事、管理人员及部门领导打交道,不会触及顾客,因而不会影响顾客服务质量,而许多企业领导者也只将注意力放在这些关键部门上。

有证据表明,满意的员工有助于产生满意的顾客。有些证据更进一步显示,如果服务员工在工作中感受不到快乐,顾客的满意也很难实现。西尔斯公司发现,顾客满意度与员工的流动率密切相关。在其连锁商店中,顾客满意度高的商店,员工的流动率是54%,而在满意度低的商店,员工的流动率是83%。因此,顾客服务是全员性工作,只有上下同心,相互配合,才能达到完美的效果。

5. 实施有效的服务补救计划

即使是服务最好的零售商,即使具有最完善的目标并且清楚地理解顾客期望的企业,有时也会出现失误。服务补救是零售商针对服务失误采取的行动。失误可能因各种原因产生:服务没有如约履行,送货延期或太慢,服务可能不正确或执行质量低劣,员工可能粗暴或漠不关心。所有这些失误都会引起顾客的消极情绪和反应。接下来可能的情况是,导致顾客离开,将其经历告之其他顾客,甚至通过消费者权益组织或法律渠道投诉该企业。

一个有效的服务补救计划有多方面潜在的影响,它能提高顾客的满意度和忠诚度,并提供了改善服务的信息。在总结服务补救经验的基础上,通过调整服务过程、系统和标准,零售商能提高"第一次做对"的可能性,这相应会降低失误成本并提高顾客的初始满意度。

企业实施有效的服务补救计划,第一项要求是企业应当使不满意的顾客很容易地反馈抱怨。这可以通过提供顾客满意表和突出反映问题的"热线电话"来实现。第二项要求是接受顾客抱怨的企业员工应得到良好的培训,并授权他们迅速、满意地解决顾客的问题。有关研究表明,企业回应抱怨的速度越快,修补的程度越高,并且态度越好,顾客对公司就越满意。第三项要求是不仅要使特定顾客满意,而且还应发现和改正不断造成问题的根本原因。通过研究顾客抱怨,零售商能够改正那些通常造成问题产生的制度缺陷。

6. 学习待客艺术

(1) 等待时机,吸引顾客。

所谓等待时机,就是在顾客还没有上门之前的等待行动。应随时做好迎接顾客的准备。一般来说,等待时机时间的长短与商品价格成正比。价格越高的商品等待时机的时间就越长。

等待时机时应遵循以下几个基本原则:首先,营业员应站在能环视到自己职责范围内的位置上,能随时照顾到自己负责的货架或柜台。设立"守备位置"可全览整个商店状况及商品陈列情形,并实行"重要位置"递补原则。其次,要以良好的态度迎接顾客。营业员要保持正确的站立姿势:身体离柜台10厘米,两脚平踩地,双腿端正站立,两手合于前方,正视顾客或注意顾客的一举一动,尤其是声音。既不能摆出一副懒散的面孔,眼睛直勾勾地盯着顾客,更不能私下闲谈,或躲在一边化妆、看杂志。

没有顾客上门时,营业员可以做些整理、检查商品的工作准备。这些工作包括:检查商品,重点是检查有无次品、残损品;做好商品的整理与补充;变更商品的陈列,把销量大的商品多摆一些出来,并放在显眼和易拿的地方,如有顾客来,应立即停止;时时以顾客为念,即使在没有顾客时,营业员的心中也要想着顾客,提醒自己是否有顾客来,一旦顾客来到柜台前,就应该立即停下手中的活,推备接待顾客。无论顾客从何处进门,都能在最短的时间内,提供最满意的服务。要牢记营业员最主要的工作是接待顾客与销售商品,不能本末倒置;要吸引顾客的注意,等待时机不是消极被动地等待顾客,而是采取积极行动,吸引顾客的注意,如移动商品,整理商品等。

零售店应该按照店内面积,规定每个营业员负责的场所和范围,并制定营业员工作守则。全体营业员如果能够切实遵守这些规定和守则,就不致产生因营业员漫不经心地对待顾客而使顾客不愉快的事件,服务质量和顾客满意率也就会随之上升,商品促销工作也就会更加如鱼得水。

(2) 选择时机,接触顾客。

接触顾客,是指向顾客说声"欢迎光临"并走向他。可是,什么时候开口并靠近顾客比较好呢?这个时机的把握,对营业员来讲是非常重要也是非常困难的一件事。招呼得太早,顾客还没决定要买,可能会产生被强迫推销的感觉;招呼太慢的话,又会让顾客感觉受到冷落、怠慢,丧失商品推荐的机会。抓住恰当的时机实在是很重要的。招呼成功的话,便等于销售成功了一半。如招呼成功,后面进行就较顺利;反之,如失败,接着的应答就困难得多。另外,接近顾客还要掌握恰当的方法,分辨不同类型的顾客区别对待也是很重要的。

根据消费者购物心理的八个阶段,接近顾客的理想时机应该是顾客表示兴趣的时候。在这之前的阶段为"注意",此时向顾客打招呼,会引发顾客的心理戒备,甚至使之拔腿就走;在这以后则进入"欲望"、"比较思考"阶段,就已经迟了。因为顾客从"注目"开始直到"产生欲望"为止的这段时间里,很少会一直注视着商品等着人过来招呼。所以,在顾客心理从"兴趣"转变成"联想"的时间内,如果营业员能适时接近并引导顾客购买,效果是最好的。

有关经验表明,当顾客行为出现以下迹象时,表明接近时机到了:一是顾客一直注视着同一件商品时。这个时候,正是招呼的机会。因为长时间只看着同样的商品,证明这位顾客不知什么原因对那商品有"兴趣",或者有时候他的心情已经到达"联想"的阶段了。二是顾客用手触摸商品时。一直看着某件商品的顾客有时会用手去触摸商品,这表示他对那件商品有兴趣。人对引发自己兴趣的东西,往往会摸摸看来证实一下。利用此习性,可以用来抓住接近的好时机。三是看完商品抬起头来时。一直注视着商品的顾客突然把脸转了过来,这意味着他有两种可能:一寻找营业员,仔细询问该商品;二决定不买,营业员适时接近,还有挽回其购买欲望的可能。这时可以毫不犹豫地大声说"欢迎光临",这样的招呼可以说万无一失,大部分可以成功。四是当顾客停下脚步时。在店内边走边浏览陈列及展示柜中商品的顾客,突然停下脚步,这时是上前招呼的最好时机,因为,他可能在那儿找到了心里想要的东西。看清楚是什么商品令他心动,赶快趁热打铁向他打招呼。五是当顾客表现出寻找商品的状态时。一进到店里来,顾客就左顾右盼地似在找寻什么,应该尽早向他说声"欢迎光临,您需要什么吗?"招呼得越早,省去顾客花时间寻找的麻烦,他心里就会越高兴。营业员若能做有效率的配合,可以说一举两得。六是与顾客的视线相遇时。和顾客的眼睛正面碰上时,并不在购买心理过程八阶段中任何一个阶段里面,但还是应该轻轻说声"欢迎光临"。这虽然未必和销售有所关联,但把它视为应有的礼貌,还是需要的。然后暂退到一旁,等待再次向前招呼的机会。七是当顾客与同伴交谈商品时。营业员接近并进行适当的说明与建议,也特别容易产生效果。此外,在未接近顾客之前,还应根据其外表判断其心理特性、习惯。当接近顾客时,营业员的动作宜迅速且敏捷,同时注意接近顾客时的角度,最好能与顾客面对面,并能兼顾到商品。在预备要开始接近顾客时,千万不要过于唐突或无礼,以免惊吓顾客。所以必要时,不妨给顾客一些动作暗示,并乘机整理一下附近凌乱的商品摆设,再伺机与之搭讪,试探其购买欲望。

常用的接近方法有三种:一是个人接近法。这是对经常光顾或曾经见过面的顾客较自然的接近方法。如果营业员知道顾客的姓名,最好直呼其姓,会现得十分亲切。例如,"林小姐,早上好。这次准备买点什么?"二是商品接近法。当顾客正凝神看某种商品时,这是最有效的一种方法。通过向顾客介绍商品,可以把顾客的注意力和兴趣与商品联系起来。例如,"您好!您正在看的这款家具是我们公司推出的最新产品。您感兴趣的话,我可以详细地介绍一下。"这种方法可以使营业员很自然地获得与顾客进一步交流的机会。三是服务接近法。如果顾客没有在看商品,或者营业员不了解顾客的情况时,那么最有效的方法就是用友好和职业性的服务接近法向顾客提供帮助。例如,"您好,请问需要帮忙吗?"

零售店里每天来来往往的顾客成千上万,这些顾客形形色色、职业、收入、个性、需求各有不同,需要区别对待。我们可以根据进店意图,将所有顾客分为以下三类:一是有明确购买目标的全确定型顾客(买客)。行为表现为:进店迅速、目光集中、脚步轻快、接近商品、索取货样、主动询问价格。二是有一定购买目标的半确定型顾客(看客)。行为表现为:脚步不轻快、认真巡视、临近柜台也不急于提出购买要求。三是不确定型顾客(游客)。没有明确的购买目标,只是闲逛或消磨时间,表现为神情自若,逍遥自在,东瞧西看,喜欢评价。

作为营业员,必须善于察言观色,根据不同类型的顾客,确定不同的服务方式:对于买客,要迅速服务,提供专业、全面的咨询和商品信息介绍;对于看客,要掌握时机打招呼,给顾客留有一定的自由浏览时间,不要急于成交,但在对方出现服务需要时,要及时上前;对于游客,可表示欢迎,"请随便看看,需要服务随时吩咐"的表示会让顾客感觉很安全,同时感觉受到关照。

(3)商品推介,现场展示。

营业员不能光有微笑的面孔,还必须学习各种商品和服务知识,要做到"卖什么,学什么,懂什么",当好顾客的参谋和帮手,要根据顾客的不同需求进行不同侧重的商品知识介绍。

商品知识是关于商品的一切知识,包括商品名称种类、价格、特征、功能、质量、款式、尺码、产地、制造商、商标、成分、工艺流程、原料、式样、颜色、使用方法、流行性、售后服务的承诺等。获得商品知识的途径有很多种,比如,通过商品本身的包装、说明来学习;向有经验的营业员学习;向懂行的顾客学习;向生产厂家、批发商学习;从自身的经验中学习;通过报纸、专业杂志等出版物的服务栏目学习;参观工厂及商品展览会;亲自试用商品等。商品知识是有关商品的一切知识,商品介绍则是商品知识的一部分,依商品的不同有所改变,因顾客的需要不同,所介绍的重点也不一样。商品介绍应遵循以下原则:介绍商品要实事求是。针对顾客的不同需要和不同身份因人而异地介绍。营业员要观其行,判断对方属于哪一类顾客;听其言,了解其具体的购买动机;查其意,判断顾客来意采取相应的介绍方法。介绍商品时语言要准确鲜明,恰如其分,简明扼要,并以关心的、诚意的、喜悦的表情神态与动作配合。切忌吞吞吐吐,又长又冗或快嘴快舌,将介绍商品与展示商品有机结合起来。

商品展示是一种形象化介绍商品的形式,它是由营业员施展特定的手法和技巧让商品自身"说话",生动、形象、具体地显示商品自身的特征让顾客鉴赏。商品展示具有丰富的表现力和较强的诱惑力,能够刺激顾客产生深度的兴趣和联想,消除顾客疑虑,比单纯的语言介绍更让顾客信服。

商品展示应掌握以下三个原则:一是突出商品的重点、特点。恰当的商品展示,不但能满足顾客对不同商品的选择要求,使之从不同角度和方向把商品看清楚,还要有意识地诉诸消费者的各种感官刺激,尽可能提供一定的实际经验或操作实验产生较强的刺激效果。比如,把服装做成穿看样给顾客观赏,把玩具之巧妙处展示出来,比试项链等。二是为了适应顾客自尊心的需要,展示同一品种不同档次的商品,要根据顾客的身份地位、当时的情况,按照一定次序有所选择地展示,一般情况下由低档向高档逐级提高。这对那些经济条件较好、喜欢炫耀自己的顾客来说,也许正是他们得以自豪的机会,他们有可能会说:"有没有更好一点的"、"我要更高级的"等。三是展示商品时,要注意动作、语调与神态的协调统一。营业员动作和语调的高低、语速的快慢,必须适应消费者心理反应的速度和强度。语速过快,不容易给顾客留下深刻印象;语速过慢又会使顾客印象混乱。动作要求既快捷又稳当。动作太快,顾客会误认为营业员不耐烦,容易形成不良印象,甚至产生紧迫感和束缚感;动作过慢,会令人厌烦,甚至引起性急顾客的反感。拿递、搬动、摆放、操作示范等动作不可粗鲁、草率,否则顾客会认为营业员对工作不负责任,对商品不爱护,对消费者不尊重等。如果动作轻巧稳重,能给顾客以郑重其事、受到尊重的心理感受,并从营业员珍惜爱护商品的动作中联想到商品质量的保证,以获得商品更高贵的印象,从而增强购买信心。

(4) 处理异议,恰当诱导。

通过营业员的商品介绍,顾客对商品的内外质量有了一个良好的印象,由此而产生购买欲望。而由欲望到实施购买之间,还有一个犹豫过程,即评价和信心阶段,这时就需要营业员进行及时、恰当的诱导、劝说,打消顾客的顾虑,促进购买。

诱导劝说可以采取如下五个措施:首先针对顾客对商品不满意的地方婉转地诱导劝说,使之对自己不满意的理由发生动摇,继续发展购买过程。其次在顾客的立场上委婉如实地解释商品的优缺点,以满足顾客反复权衡利弊的心理需要。当实在无法使之对原有选择的商品感到满意,则不可强人所难,否则会陷入僵局,甚至使顾客产生反感心理。明智的做法是诱导其建立新的"拥有概念",引导其选择新的商品。然后抓住要领推荐连带性或替代性商品,提示购买的方便;避免价格上的心理阻碍,给予较多的思考机会,使其产生周到之感,满足顾客求方便、求实惠的心理。接着尽可能让顾客实际拥有一下,加强对其各种感官的刺激,满足顾客对商品实际使用效果的深入了解。最后从商品的命名、商标、包装、造型、色彩和价格等方向,适当揭示某些迎合顾客心意的寓意或象征,丰富顾客对商品的联想,帮助顾客确立购买信心,促使顾客购买。比如,在玉石的销售中提示顾客"黄金有价玉无价"。

(5) 巧妙促销,促成交易。

所谓促进成交,就是营业员掌握时机,帮助顾客确定商品,促成购买行为。在成交过程中,顾客存在极其复杂、微妙的心理活动,包括对成交的数量、价格等问题的一些想法,以及如何做好成交、如何付款、如何送货等,它可以决定成交的数量,甚至交易的成败。

最佳的成交时机是顾客购买欲望最强、最渴望占有商品的时刻。营业员要通过观察顾客在购买中的表情及言行来判断这个最佳时机的到来。具体表现在:顾客突然不再发问。顾客从一开始进门,就东摸西看,并不断提问,过一会,该问的都问完了,顾客停止问话。此时,他是在考虑是否要买。如果营业员能从旁劝说,将促成购买。顾客的话题集中在某一个商品。当顾客想买时,营业员会拿出许多同类型的商品让顾客做比较,渐渐地,顾客放弃了其他商品,只对其中的一件商品提详细问题,说明已经树立购买信心。此时,营业员稍微劝说,就能成交。顾客征求同伴的意见时。在我们向顾客做完商品的说明和劝说后,顾客如果征求其他同伴的看法和意见,如"你觉得怎么样?值吗"等,表明顾客这时已经基本有购买的意愿了。只想再征求一下别人的意见。顾客提出成交条件时。我们向顾客做完商品介绍后,顾客表现出兴趣,并提出成交条件、优惠折扣等,这也表明他对商品很满意。当顾客不断点头时。如果顾客边看商品,边微笑点头,则说明他对该商品感到满意。当顾客关心售后服务问题时也说明将产生购买行为。总之,要善于观察顾客的神态表情,获取从中折射出来的信号,并加以分析利用。

营业员有时要帮助顾客确定喜欢的商品,如果营业员找到成交机会,而顾客又犹豫不决时,该怎么办?答案是:坚定立场,努力劝说顾客。将商品介绍的焦点集中在3~5种上。在接近成交阶段时,最好使柜台上的商品维持在3~5种之间,而把其他的自然轻松地收回。这样不仅可以防止顾客犹豫不决,又可掌握其偏好。要确定顾客所喜欢的商品。在顾客所喜欢的3~5种商品中,营业员还应进一步确定顾客所喜欢的到底是哪一种,假如我们能推荐顾客所喜欢的商品给顾客,则不仅会使成交尽快成功,还会使顾客产生良好的感觉。我们可以通过以下四种情况发现顾客的喜好:① 顾客的视线焦点。② 顾客触摸商品的次数(注意触摸时的表情)。③ 摆在手边的商品。④ 作为比较中心的商品。

多数情况下,顾客会有"哪个好呢"、"买还是不买"的犹豫,尤其是女性顾客,这种倾向更为强烈。我们要适时地建议,巧妙地诱导,使顾客下定决心购买,否则,就会拖延成交时间,也可能使顾客丧失购买意愿。我们可以用下列三种方法来促进顾客的购买决心:二选一法。不要直接提问"你要这件吗"?可以间接地问:"你是要这件蓝色的,还是要那件红色的?"因为大多数顾客会顺着我们的问话回答,成交的机会就比较大些。动作诉求法。这种方法是使犹豫的顾客下决心,如拿小票准备填写,拿出包装带准备包扎等都是十分有效的动作诉求法。感情诉求法。"您穿上这件衣服显得更苗条了,要不您再试一试?"重要的是以真诚、恳切的态度与顾客谈话,让其觉得你确实是为他着想而下定决心购买。

(6) 办好成交手续,欢送顾客。

顾客做出购买决定后,要及时迅速地为其办好成交手续,注意服务细节,为后续销售建立联系。表示赞赏与谢意,促进连带销售。在成交之后,营业员要对顾客明智的选择给予恰当的赞许、夸奖,增加达成交易带给双方的喜悦气氛,对顾客的光临选择表示感谢。包扎商品。要求包装安全牢固、整齐美观、便于携带、快捷妥当。尽可能在顾客的检查后再包装。递交商品。营业员要双手将商品递到顾客手中,如果顾客的物品很多,可以主动帮助送至电梯或门口。送别顾客。营业员目视顾客,有礼貌地向顾客道别,头微点:"您慢走,欢迎再来。"这样才能使顾客在整个购买过程中,始终处于心情愉快的气氛中,让顾客真正高高兴兴而来,高高兴兴离去,还将高高兴兴再来。

拓展案例

宜家通过自助式销售提供良好服务

在宜家商店里,顾客可以选取一幅商店地图加上铅笔、订单表格、记录板和卷尺。家具和配件展示在编辑140 000平方米的仓储式商店里的70多幅插图中,展示包含了由设计特征和材料确定的产品质量以及有关家具是如何进行检验的示范。研究了目录和展示之后，顾客继续行进到一个自助式销售的仓库，并且使用从销售标签上复制下来的代号找到精选的商品。

商品都被做成扁平包装以适用于特殊承重的购物推车。不适合推车的大件商品将从服务台购买并由商店员工送到装运处。宜家还提供照顾儿童的服务。蹒跚学步的小孩可以留在一间有人照管的 50 000 个明亮彩色塑料球的小舞厅里。在每个商店里，还备有奶瓶温热装置和随意使用的尿布自动售货机的房间。

四、商品退换货处理与顾客投诉处理

（一）商品退换货处理的一般原则

（1）商品退换做到一般商品不脏、不残、不影响再次销售的，在30天内可凭购物小票退换，外地顾客放宽到60天。

（2）凡纯属商品质量原因，造成主要功能丧失，无法修复使用的商品在半年内负责退换。

（3）一般商品质量无法鉴定的，实行质量先行负责制，先行解决消费者损失问题。

（4）实行"三包"的商品，在规定的维修期内，两次修不好，给予退换，因缺件等候维修的，三个月后给予退换。

（5）解决已调整价格的商品退换问题，坚持按规定价格退款，非质量问题过季削价商品，在削价期间可退换，退货时按现行市场价退款。

（6）电器商品使用当中出现质量问题，需要退换的商品按电器商品"三包"规定执行。

（7）一般商品问题：

① 符合退换要求的，并在规定时间内的商品退换，应在5分钟之内解决。

② 手续齐全退换货时，原营业员不在，其他营业员接待时，应在10分钟之内解决。

③ 有小票，不脏、不残、不影响再次销售，但时间超过商场规定期限的商品退换应在15分钟之内解决。

（8）疑难商品问题：

价格在300元以上，时间较长（3个月）商品退换问题应在1天之内由商场负责解决。

（9）特疑难商品问题：

价格较高，时间过长3～6个月，商品质量、服务质量最后无法判定的，小组当天解决，商场5天之内解决，有关部门7天之内解决。

（10）非质量商品问题：

非质量商品问题及由于顾客造成的商品质量问题，小组半小时内无法解决的，应陪同顾客到商场解决，商场2小时内无法解决的，应派人陪同顾客到有关部门协商解决。

（二）退换货的一般作业流程

1. 退货的一般作业流程

（1）受理顾客的商品、凭证。

(2) 听取顾客的陈述,判断是否符合退换货标准。
(3) 与顾客商量处理方案。
(4) 决定退货。
(5) 填写退货单,复印票证。
(6) 现场退还现金。
(7) 处理退货商品。

2. 换货的一般作业流程

(1) 受理顾客的商品、凭证。
(2) 听取顾客的陈述,判断是否符合退换货标准。
(3) 决定是否换货。
(4) 填写换货单,复印票证。
(5) 顾客选购商品。
(6) 退换货处办理换货。
(7) 处理换货的商品。

苏果超市退换货处理实例

2014年8月3日,华润苏果超市的顾客李小姐,在商场内购买了一双女士凉鞋,可是刚穿一周发现有开线问题,于是到商场要求退货。

售后服务人员收到退货申请时,先仔细查看顾客要求退货的商品和购买时的小票,仔细核对后,证实确实是鞋子的质量问题,同意给该顾客退货;之后填写退货单,当场退还货款;最后,把鞋子退还给对应的厂商。

(三) 顾客投诉处理

所谓顾客投诉,是指顾客对企业产品质量或服务上的不满意,而提出的书面或口头上的异议、抗议、索赔和要求解决问题等行为。顾客投诉是每一个零售企业皆遇到的问题,它是顾客对企业管理和服务不满的表达方式,也是企业有价值的信息来源,它为企业创造了许多机会。因此,如何利用处理顾客投诉的时机而赢得顾客的信任,把顾客的不满转化为顾客的满意,锁定他们对企业和产品的忠诚,获得竞争优势,已成为企业实践的重要内容之一。要想处理好顾客投诉,首先要弄清楚投诉的原因,进而采取高效的方法解决问题。

1. 顾客投诉原因

(1) 商品质量方面的原因。

良好的产品质量是顾客塑造满意度的直接因素,对于服务这种无形产品也是这样。对于服务的质量评估不但贯穿于顾客在从进入到走出服务系统的全部经历过程,还会延伸到顾客对服务所产生的物质实据的使用过程中。例如,一个顾客在超市选购商品,一方面,能不能在超市中以合适的价格顺利地买到质量合格的商品是决定顾客是否满意的主要判断标准;另一方面,即使商品的质量没有问题,但如果在使用的过程中,顾客发现使用该商品得到的效果并不是像他自己想象的那样,他也会对整个超市的服务产生不满,进而产生抱怨。

(2) 服务质量方面的原因。

服务是一种经历,在服务系统中的顾客满意与不满意,往往取决于某一个接触的瞬间。例如,服务人员对顾客的询问不理会或回答语气不耐烦、敷衍、出言不逊;结算错误;让顾客等待时间过长;公共环境卫生状态不佳;安全管理不当;对服务制度,如营业时间、商品退调、售后服务以及各种惩罚规则等,都是造成顾客不满、产生抱怨的原因。

(3) 购物环境方面的原因。

在如今这个信息社会,受电子商务的冲击,线下销售本来就大不如以前,竞争也更加激烈,要想在竞争中站住脚跟,甚至取得突破,必然要营造良好的购物环境,以吸引更多的顾客。也正因为如此,顾客对购物环境也越来越挑剔,店内音响声音过大;走道过于拥挤;夏天太闷热;地面留有垃圾或积水等,都会造成顾客的不满,进而引起投诉。

2. 处理顾客投诉的基本原则

(1) 倾听原则。

只有认真听取顾客抱怨,才能发现其实质原因。一般的投诉客户多数是发泄性的,情绪都不稳定,一旦发生争论,只会火上浇油,适得其反。真正处理客户投诉的原则是,开始时必须耐心倾听客户的抱怨,避免与其发生争辩,先听顾客细细道来。

(2) 迅速处理原则。

对于顾客的投诉,各部门应通力合作,迅速做出反应,力争在最短的时间里全面解决问题,给顾客一个圆满的结果。否则,拖延或推卸责任,会进一步激怒顾客,使事情进一步复杂化。这是处理客户投诉的最基本也是最重要的原则。

(3) 以诚相待原则。

归根结底,处理顾客投诉的目的是为了获得顾客的理解和再度信任,这就要求企业的投诉处理者在处理顾客投诉时必须坚持以诚相待的原则。以诚相待地去解决问题,并不是唯命是从,而是要先自问:"我方错在哪里?"若真有错误,就应该好好想一想该如何处理。然而,以诚相待,说起来简单做起来难,它要求投诉处理者不但要有超强的意志,还要有牺牲自我的精神,去迎合顾客,恰当处理顾客投诉的问题。

(4) 换位思考原则。

顾客前来投诉时,投诉处理者应站在顾客的立场上想问题。也许没有投诉是买卖双方都非常希望的事情,但有时投诉的确是无法避免的。在投诉无法避免的情况下,必须懂得换位思考,站在顾客的立场上考虑问题:"如果自己是顾客会怎么做?会不会也提出不满呢?"一定要避免争吵。

(5) 正确的处理态度。

"顾客就是上帝",这是一条硬道理。遇到顾客的投诉时,不论责任是否在于商品或者商场,投诉处理者都应该以虔诚的态度,认真处理,顾客的一切意见和建议都应该成为售后服务活动的行动指针。投诉处理者既不能逃避问题,也不能深感厌烦,而应表示竭诚地欢迎。

 **拓展案例**

苏果超市客户投诉处理实例

2014年7月28日,华润苏果超市的顾客张先生,在商场购买了一台冰箱,原定送货日期为7月29日,但由于入单时间正赶上大库的结单时间,导致次日发货延误,张先生要求进行赔偿。

售后服务人员验证相关凭证、与相关部门进行沟通后,证实确实是因为商场的原因,导致顾客未能如期收到货,与张先生协商后,决定赔偿其价值300元的相关产品。

(6)留档分析原则。

对每一起顾客投诉及其处理,要做详细的记录,包括投诉内容、处理过程、处理结果、客户满意程度等。通过记录,吸取教训,总结经验,为以后更好地处理好顾客投诉提供参考。

任务二 安全与防损管理

导入案例

设备操作心神不宁,飞来横祸压伤手指

2004年2月23日早上5点,某购物广场13部熟食操作间面点负责人魏伟在操作压面机时,发现面上粘有锈斑,于是用手去揪面上的锈斑,却忘了关机器,机器在运转时把面往下带,面黏在手上把手也一起带进压面机。造成左手拇指、食指及中指被压面机压伤。经医院检查,魏伟左手拇指根部和食指、中指皮肉均被压伤,通过照片,没有发现骨伤现象,后缝合十针,花费1 000多元。

经调查,当事人是一名老员工,入职以前也从事此项工作,且操作过同样的设备,对压面机、搅面机等设备的危险性较为了解。出事当日压面机上方防护罩完好,当事人自己也提出,出事当天早上情绪不是很好。

资料来源:http://wenku.baidu.com

一、职业安全管理

(一)安全管理概述

1. 安全的含义

安全是指没有危险,不受威胁,不出事故。零售店安全是指零售店以及顾客、本场职工的人身和财产在零售店所控制的范围内没有危险,也没有其他因素导致危险发生。

零售店安全包含以下三层含义:

（1）到达零售店的顾客、本场职工的人身和财物，在零售店所控制的范围内不会受到任何侵害；零售店的生活秩序、工作秩序、公共场所秩序等内部秩序保持良好的状态。

（2）零售店安全不仅是指零售店里的顾客及其员工的人身和财产不受侵害，而且是指不存在其他因素导致这种侵害发生，即零售店安全状态是一种既没有危险、也没有可能发生危险的一种状态。

（3）零售店安全是把零售店的各个方面的安全因素作为一个整体反映，而不是单指零售店的某一个方面的安全。

一个零售店如果存在下列因素，又没有相应的防范措施，就很难保证零售店的安全。比如，店内混进了精神病人、流氓、骗子和一些违法犯罪分子等；卖场内通道的地面潮湿、地毯破损或者铺垫得不整齐等；还有食品管理混乱或者经常出现不卫生的情况等。所有这些因素都可能在一定的条件、场合和时间内突然发生危险，从而造成人身伤亡和财产损失。所以，零售店安全就是当前在店内不会发生危险，也不存在发生危险的潜在因素。

2. 安全管理的原则

（1）安全管理应做好事前、事中、事后三个阶段的工作：

① 事前预防。

事前预防通常要做到：妥善规划，即根据各项安全管理项目，做好事故预防、处理及善后作业的详细步骤和注意事项；定期检查，即定期检查卖场的各项安全设施及使用器械，对于老化、损坏或过期的，应立即修复或更换；定期教育，即定期举办卖场员工安全管理培训，以充实员工的安全常识，加强灾害意识以及及时纠正错误的观念；定期演习，即定期举办各种演习，以测验员工的安全管理能力，以及临场的应变经验；培养员工的警觉心，即养成员工及时发现问题，并能立即反映情况的习惯。

② 事中处理。

不怕一万，就怕万一，在如今这个复杂的社会里，无论再怎么小心，有损安全的问题仍旧不可避免，当事情真的发生时，要冷静、及时地进行处理。沉着冷静，即不管发生什么情况，都必须保持沉着冷静的态度；同时迅速而适当地处理，即根据事先所做的各项安全作业安排，各就各位，执行自己的作业任务。

③ 事后检讨改善。

事后检讨改善应做到：要仔细分析事故发生的真正原因；要追查相关的责任人和责任单位；要做好善后工作；要建立各项补救措施，以免日后发生类似的事件，或作为日后发生类似事件进行作业的参考。

（2）安全管理的原则。

① 法制原则。

所谓法制，就是法律和制度的总称。法制原则要求在进行安全管理时，应严格遵守《中华人民共和国安全法》《消防法》等相关的法律法规，制定切实可行的制度规范，做到有法可依、有制可循。

② 预防原则。

预防原则，首先是在环境治理中提出的，是"预防为主、防治结合、综合治理原则"的简称。安全管理中的预防原则，是指通过有效的管理和技术手段，防止人的不安全行为和物的不安全状态出现，从而使事故发生的概率降到最低。

③ 监督原则。

现代管理中的监督,是指管理主体为获得较好的管理效果,对管理运行过程中的各项具体活动所实行的检查、审核、监督、督导和防患促进的一种管理活动。安全管理中的监督,就是对安全管理运行过程中各项具体活动实施查检、审核、监督、督导和防患促进,带有一定强制特性的特殊管理活动。

④ 教育原则。

教育原则是指在组织安全管理的过程中,要对所有涉及的部门和人员,针对可能存在的安全隐患,定期进行详细、系统的教育,使安全问题深入人心,每一个人都成为安全管理的主人,共同营造安全的环境。

⑤ 全面原则。

全面原则,要求在进行安全管理时,管理当局要全面地了解所处的经营环境,不放过任何一个环节中可能存在的安全问题,对所有的安全隐患加以管理。

3. 安全管理的内容

(1) 职业安全。职业安全主要包括员工安全、设施设备安全、商场环境安全、顾客安全等。

① 员工安全的主要内容。

a. 自觉遵守安全生产规章制度和劳动纪律,不违章作业,并随时制止他人违章作业。

b. 遵守有关设备维修保养制度的规定。

c. 爱护和正确使用机器设备、工具,正确佩戴防护用品。

d. 关心安全生产情况,向有关领导或部门提出合理化建议。

e. 发现事故隐患和不安全因素要及时向组长或有关部门汇报。

f. 发生工伤事故,要及时抢救伤员,保护现场,报告领导,并协助调查工作。

g. 努力学习和掌握安全知识与技能,熟练掌握本工种操作程序和安全操作规程。

h. 积极参加各种安全活动,牢固树立"安全第一"思想和自我保护意识。

i. 有权拒绝违章指挥和强令冒险作业,对个人安全生产负责。

② 设施设备安全的主要内容。

a. 定期巡视检查所有设施设备,如发现问题,及时上报处理。

b. 定期对设施设备进行维护、检修,以确保其能正常使用。

c. 为保证国家、企业、员工的生命财产安全,根据物料性质、工艺流程、设施设备使用要求而制定的符合安全生产法律法规的操作程序。

d. 对于新建、改建、扩建的设施设备,要组织审查、验收、上报、备案的执行程序等。

③ 商场环境安全的主要内容。

a. 在存在安全隐患的地方,安放或者张贴安全标志和警示语。

b. 维护商场秩序,确保通道畅行无阻。

c. 人员紧急疏散通道上无障碍物,并在适当的位置标示疏散方向。

d. 商场内的操作间要单独隔离,防止噪音、灰尘、辐射等有害因素的扩散。

④ 顾客安全的主要内容。

a. 顾客发生意外或突发事件时,应积极参与救助活动,及时呼叫救护车辆。

图 6-12 安全警示标志图

b. 顾客的财产物资遭受损害时,应尽快报警,并保护现场,配合调查工作,力争使顾客的损失降到最低。

c. 商场内发生意外时,首先应尽可能确保顾客的人身安全。

(2) 消防安全。

① 商场消防组织制度。

a. 消防工作贯彻"预防为主,防消结合"的方针,坚持专项管理与群众路线相结合的原则,实行逐级负责制和岗位消防负责制。

b. 消防工作由商场消防领导小组领导,由各部门领导负责。消防工作纳入安全生产、经营和基本建设之中。

c. 商场消防安全责任人:商场总经理,对本单位的消防安全工作全面负责。

d. 商场消防安全管理人:商场主管安全副总经理,对商场消防安全责任人负责。在商场消防安全责任人领导下,具体实施和组织落实消防安全管理工作,并定期向商场消防安全责任人报告消防安全情况,及时报告涉及消防安全的重大问题。

e. 商场消防安全管理职能部门:商场保卫部。商场专(兼)职消防安全管理员:商场保卫部安全员。

f. 班组消防安全责任人为班组长,对本班组消防安全全面负责。职工个人对本岗位消防安全负责。

g. 依据《消防法》的规定,认真贯彻预防为主、防消结合的消防工作方针,全面履行法律赋予的消防安全职责,切实保障本单位的消防安全。

② 消防措施。

a. 商场内及存放易燃易爆物资的场地禁止吸烟、动用明火,需设置明显禁止吸烟标志。

图 6-13 消防器材标识图

b. 商场内消防器材、消火栓必须放置在明显位置,并张贴明显的标识。

c. 营业或其他工作结束后,要进行全面检查,保证各种电器不带电过夜。

d. 柜台内有射灯的,工作结束后必须关闭,以防温度过高引起火灾。

e. 货架商品存放要与照明灯、镇流器、射灯、装饰灯、火警报警器、消防喷淋头、监视头保持一定间隔。

f. 销售易燃品,只能适量存放,存放处便于通风,发现泄漏、挥发或溢出的现象要立即采取措施。

g. 禁止私接电源插座,乱拉临时电线。

(3) 商品防损。商品防损主要包括重点区域商品的损耗控制、各个经营环节商品的损耗以及商品防盗抢等。在下面章节中将进行详细介绍,在此不赘述。

(4) 突发事件的处理。对于突发事件的处理,也在下面章节中将进行详细介绍,在此不赘述。

(二) 保安人员服务管理

1. 保安人员的主要职责

(1) 做好卖场的安全检查工作,负责辖区内外的守卫、巡逻、检查消防等任务。开始营业前,保安人员应对卖场外的基础设施进行仔细检查,以保证周围环境的安全;同时,还应全面细致地检查店内的一切安全报警装置是否能正常工作,供电、供水、供暖等设备是否完好无损,以防范治安、消防事故的发生。

(2) 加强店内巡视,在巡视过程中对发生、发现和遇到的问题,都要按照何时、何地、何人、何事、何原因,造成何后果,做何处理的"七何"要素做好登记,并及时处理。对未处理完毕的事宜,交接时一定要交代清楚,由接班人负责处理。

(3) 做好夜间值班看护工作,保持警惕,常备不懈。根据商场的规模,夜间应安排相关值班人员,与保安共同负责商场的安全,此间,保安和值班人员应保存高度警惕,随时准备应对突发事件,在任何情况下都要保持头脑冷静,不慌不乱,坚守岗位,尽职尽责,一旦发现异常情况,立即采取相应措施,尽量确保公司的财产不受损失。

(4) 保障顾客的安全和顺利离开卖场。保安应精通本职业务,明确自己所负责的警卫目标、勤务范围和工作要求,熟悉报警装置、监控设备以及消防器材的位置和使用方法,顾客离开卖场时,若发现有疑点,应立即查明原因,并与相关部门进行协调。

(5) 大件商品或大宗配送要一一核对清楚,确保所配送商品与购物清单一致,以减少漏配、多配、错配的发生,维护公司的形象,同时保证顾客的利益,当发现穿着商标牌衣物的人和穿着不合体衣、不合季节衣物的人进出卖场时,应进行必要的询问。

2. 保安人员的考核

(1) 执勤、交接班记录考核。保安人员作为特殊的服务人员,不像售货员在固定的场所工作,工作时间很多也不是固定的,一般实行轮班制,并且要不停地巡视、检查。执勤记录和交接班记录,是保安人员履行工作职责的原始资料,通过查看相关记录,可以对其工作的执行情况加以考核。保安在上下班交接时,应在执勤记录上写明时间并共同签字,并按规定把相关事项记录在内,以备考查。

(2) 投卡或考勤钟考核。随着信息化的不断普及和深化,电子考勤设备得到了广泛应用,刷卡考勤机和考勤钟就是最好的例子,在部分公司,甚至取代了纸质考勤记录。在保安的巡逻线路上,设置几个考勤机,可以对其在该地点的具体巡逻时间进行考勤;另外,从控制系统中调取电子考勤记录,也可以更为便捷地对保安人员的工作情况进行考核。

(3) 管理人员查勤考核。除了以上在执勤结束后,查阅相关记录对保安人员进行考核外,还可以在其执勤过程中加以考核,即根据相应的排班表,管理

图 6-14 刷卡考勤机

人员可以不定时地到现场巡查各固定点的保安人员,查看其是否在岗位上按照规定执勤,也可以按照规定的巡逻时间表,查看流动保安是否按规定路线、时间进行巡逻。管理人员除了自己实地考察外,还可以通过无线对讲机进行查询。

二、商场消防管理

 拓展案例

王梅在医院旁租了一间不到 20 平方米的房子,开了一家鲜花水果店。王梅认为,地方不大,也不生火,鲜花和水果也不是易燃品,于是就没有设置防火装备。

思考:你认为王梅的做法妥当吗?

（一）消防管理内容

（1）每个部门都要实行岗位防火责任制，做到消防工作有专门人员负责，各部门都应签订相应的责任书。

（2）实行逐级防火责任制，做到每个层级都有专门人员负责。

（3）零售店要张贴消防标志，设置消防门、消防通道和报警系统，组建义务消防队，配备完备的消防器材与设备，以便能够迅速扑灭初起火灾，并对人员和财产进行有效的疏散、转移。

（4）设立和健全各项消防安全制度，包括门卫、巡逻、逐级防火检查，用电、用火，易燃、易爆物品的安全管理，消防器材维护保养，以及火灾事故报告、调查和处理等制度。

（5）安全部门设立防火档案、紧急灭火计划、消防培训、消防演习报告以及各种消防宣传教育资料等，全面负责消防预防和培训工作，并为其他各部门提供详细的防火检查和设备使用报告等材料。

（6）店内所有区域禁止吸烟或动用明火，包括销售区域、仓库、办公室和洗手间等地；另外，存放大量物资的场地及仓库，必须放置明显的"禁止烟火"标志。

（7）消防器材和消火栓等设备要摆放在消防管理部门指定的明显位置；

（8）对员工进行消防知识的普及和对消防器材使用的培训，无论是新员工还是老员工，都应参与其中；另外，消防重点部门还要定时进行专门的训练和考核，做到常态化、制度化。

（9）所有开关统一管理，店内每日的照明开关、电梯应统一由安全员开关，其他电力系统的开关由工程部负责，如临时需要改由他人负责时，相关人员必须接受对开关正确使用的培训。

（10）不能私自接电源插座、乱拉电线、私自拆修开关、更换照明设备等，若真有需要，必须请相关的工程人员或电工进行操作；另外，所有的临时电线都必须在旁边设置明显标志，并在期限内改装。

（11）各种电气设备、专用设备等必须按规定进行操作，相关人员必须持证上岗。

（12）对于易燃品只能适量存放，且要放在通风位置，一旦发现有异常情况，应及时采取相应的措施。

（13）柜台、陈列柜的射灯和广告灯，工作结束后必须关闭，以防止温度过高时引发火灾等事故的发生。

（14）货架商品存放与照明灯、镇流器、射灯、装饰灯、火警报警器、消防喷淋头、监控摄像头等设备保持一定间隔，一般垂直距离应不少于50厘米。

（15）店内所有仓库的消防设施必须符合要求，包括通道、通风设备、消防设施和喷淋系统等。

（16）营业结束后，要及时进行电源关闭检查，保证各种电器不带电，各种该关闭的开关都必须处于关闭状态。

（二）零售卖场火灾的特点及其处理要点

1. 零售卖场火灾的特点

（1）可燃物多,火灾危险性大。

有关调研表明,大多数零售卖场的各种货品集中堆放在一个大型仓库中,如日用百货、纺织化纤制品、文具纸张、橡胶制品、塑料制品等,大部分混存在一个库内,采用堆垛存放、货架分层存放、托盘堆放等方式储存。堆放的数量较多,密度大,而且种类繁多。有的卖场还另设一两个20平方米左右的小库,存放贵重烟酒、营养品以及易燃危险品等。

（2）电气设备多,线路复杂,火灾危险性大。

零售卖场一般设有大量照明灯具、电器设备、变配电设备等,而且线路复杂,耗电量大。例如,空调系统、通风系统、各种灯具和电器设备等。这样,很容易出现因用电不慎而引起的火灾。

（3）建筑空间大、燃烧猛、蔓延快,火灾时易出现倒塌、落顶等危险。

有关调研发现,大型卖场都有一个从400平方米到2 000平方米不等的大型仓库,而仓库群有数座大小不等的仓库。有的卖场是租用过去的厂房改建而成,原先并没有预设专门的仓库,为了方便储存货物便在靠近厂房一侧外墙自行搭建钢结构屋架的简易仓库,火灾时短时间内钢结构会因大火烧烤降低强度,很快变形倒塌,落顶。

（4）综合使用,加大火灾危险性。

仓库一般与卖场相邻,采用销售、仓储与办公用房合建;有的是上库下店;有的仓库与办公室同在一层;综合使用的情况,增大了火灾危险性,一处失火相互影响,火势加大,也给扑救带来困难。

（5）人员密集,疏散困难。

大部分卖场人员高度集中,密度大,少则几百上千,多则可容纳上万人购物。一旦发生火灾,热、烟、毒危害严重。人群在火场烟火毒气的威胁下疏散、逃生,会出现人流拥挤、踩伤、中毒窒息、烧伤等事故,易造成人员伤亡。

（6）建筑形式多样,火灾扑救困难,火灾危险大。

有些卖场是租用人防工程改建而成的,属于地下建筑,一旦发生火灾,通风不畅,疏散救人、扑救火灾都很困难。还有些卖场租用写字楼改建而成,将仓库设置在顶层,但楼板承重压力并没有达到要求,一旦发生火灾,大量水流打入容易造成建筑物坍塌。集中存放的仓库群由于大多采用砖混及"人"字形屋顶建筑,空间较大,间距相对较小,商品存放密集,用火用电量大,易发生火灾。

2. 零售卖场火灾的处理要点

（1）针对不同卖场建筑结构的类型制订周密的灭火预案,确保疏散任务顺利完成,最大限度减少人员伤亡。

（2）由于卖场一般均地处闹市区,人流量较大,因此,要做好多警种配合,密切协作,保证火场秩序井然。

（3）做好医疗救护,及时通知、调集专门医疗组织,做好现场施救工作。

（4）要确保火场通信畅通,特别是深入内部的灭火人员,要做到令行禁止,确保自身安全。

(5)对卖场内疏散出的货物及商品要堆放在火场上风方向、地势较高的地方,并由失火单位专门人员及公安干警管理。

(6)火势扑灭后,还要配合相关工作人员对火场进行彻底清理,消灭余火。

(三)消防安全管理体系

1. 建立消防组织制度

(1)建立消防安全委员会,全面负责整个商场的消防工作,并适时与政府的消防部门进行沟通协调,各门店可根据自身的实际情况,设置主任、副主任、委员等职务。

(2)零售店应将消防工作贯彻到基层部门,可设置两个消防小组,成员可由消防安全员和店里的骨干员工组成,对卖场的消防隐患进行全面、系统的检查和监督,实行消防工作基层岗位责任制。消防小组可设组长、副组长、义务组员等,人数根据实际需要确定。

(3)消防安全委员会每月都应组织一次消防工作指导、总结会议,会议要请专门人员详细记录,并同其他各部门互通信息。会议的主题主要涉及检查以往对事故和危害的解决措施,要及时纠正不安全和不规范的工作方法,尽可能消除工作环境的潜在危险。

(4)消防安全委员会应每季度至少进行一次消防演习,每月至少进行一次消防检查和消费例会,消防小组每周都要进行消防检查,消防安全员每天都必须对全场的消防设施设备进行巡视。

(5)义务消防员的学习、训练和灭火演习由消防安全委员会具体负责,每年至少要组织三次。

(6)正式营业之前,消防部门必须制订应急灭火预备方案,并至少进行一次消防演习。

(7)消防安全委员会负责与各个部门和出租厂家签订相应的安全责任书,全面管控内部和外来经营厂家的消防安全工作。

2. 建立消防系统

(1)消防标志。卖场内外都应设置相关的消防标志,比如"危险品"、"禁止吸烟"、"紧急出口"等,并采取国家统一的标志模板进行呈现。

(2)消防通道。按照相关规定,建筑物在设计时应留出消防、逃生通道,员工要知晓离自己最近消防通道的具体位置,消防通道必须保持干净、通畅,不得堆放任何商品、杂物,以免堵塞通道。

(3)紧急出口。所谓紧急出口,就是在发生火灾等意外事故时,用于紧急疏散人员尽快离开的出口,与消防通道一样,员工要知晓离自己最近紧急出口的具体位置,紧急出口也必须保持干净、通畅,不得堆放任何商品、杂物。

(4)疏散图。疏散图是表示各个楼层的紧急通道、紧急出口和积极疏散通道的标示图。它提供在危险时刻如何逃生的途径,指示行动的方向、通道、出口。需要悬挂在商场明显位置,以提醒员工和顾客。

(5)消防设施。消防设施是用于火灾报警、防火排烟和灭火的所有设备的总称。主要包括灭火器、防火卷帘门、内部火警电话、喷淋系统、消火栓、火灾报警器、感应系统等。

(6)监控中心。监控中心是监控系统的电脑控制中心,以控制商场的消费系统、保安系统和监视系统。监控中心通过图像、对讲系统,可以24小时对各主要位置、区域进行监控,第一时间处理各种紧急事件。

(7)紧急照明。在火灾等突发情况发生时,场内所有电源可能会关闭,此时应启动紧急照明系统。

(8)火警广播。当火警发生时,无论是在营业期间还是非营业期间,广播室都应进行火警广播,以通知顾客和员工,稳定情绪。

3. 消防预防措施

(1)严格消防审核验收制度,从源头上杜绝隐患。消防监督部门在审核验收过程中一定要严格要求,不能流于形式,特别是加强施工期间的监督检查,杜绝先天性火灾隐患的形成。

(2)要求消防人员班前班后做好防火的安全检查,要求所有人员熟悉自己岗位的环境、操作的设备及物品情况,知道安全出口位置和消防器材的摆放位置,懂得如何使用消防器材,做好消防器材的保管工作。

(3)使用的照明灯具要与可燃物质保持一定的距离,存放易燃易爆物品的地方或物资仓库严禁吸烟。物品、碎纸、垃圾要及时清理,务必保持安全通道畅通。

(4)电器用完后要及时切断电源,离开房间时,要拔掉所有的电源插头,商场内严禁吸烟,停电后严禁使用蜡烛等明火。

(5)安装电器设备时,不可以超容量安装。

(6)加强对商场的消防监督管理,落实消防安全责任制。消防部门应加强对商场的日常监督管理,对检查中发现的问题要提出切实可行的整改措施,通过加强监督检查,促使商场管理人员提高对消防安全工作的认识。

4. 消防工作自行检查

(1)每个部门都要配置义务消防员,全面进行每天的防火检查,发现问题及时上报相关部门。

(2)义务消防员要认真负责,在检查过程中不留任何死角,杜绝发生火情的隐患。

(3)安全部门每周应进行消防检查,主要检查防火制度措施是否落实、防火主要器材是否全部符合要求、是否有重大火险隐患、是否有完整的安全防火检查记录等。

(4)安全部门的消防安全检查报告,每月应当呈报给店内的经理和相关部门。

(5)部门主管每月至少进行一次消防自查,发现问题及时以书面材料向安全部门汇报。

(6)安全部门必须安排专门人员负责政府消防安全检查部门对整个商场安全检查的准备、问题的整改等。

(7)对火险隐患,要做到及时发现、登记立案、抓紧整改,限期没有整改的,要进行相应的处罚,并上报主管负责人。若存在客观原因,不能及时进行整改,应采取应急措施,以确保顾客和员工的安全。

(8)检查防火档案、灭火作战计划、季度消防演习报告等,还要测试负责消防的安全员对相关的程序是否了解,是否熟悉紧急情况下所应采取的切合实际的措施。

(9)检查消防工作,是否进行定期总结、评比、奖惩,特别是对事故信息的分享,宣传教育培训工作是否定期、不间断地执行。

(10)检查消防重点区域和重点用电设备,执行定点、定人、定措施的制度,并根据需要设置自动报警灭火等新技术,加强预防、灭火功能。

5. 制订及演练消防预案

制订消防灭火预案要从实战出发,设想店内可能发生的火灾,并依此设计应采取的对策。预案设计首先要以楼面失火点为重点,其次是餐厅、酒吧等公共场所,再次是零售店工程部门和服务辅助部门。对每一种预案,都要制定初起阶段、成灾阶段和蔓延阶段的灭火对策。预案要把报警、扑救、疏散以及各种灭火、排烟设施的启动、灭火力量的投入时机等作为重点内容,并与公安专业消防力量投入灭火相衔接,做好配合工作。预案制订后,要经负责人审定,并通过消防预演习的实践检验,不断进行修订、完善、规范。在真正发生火灾时,不同的火情应采取不同的预案。

(1) 防火、灭火知识考核。一般每半年要举行一次防火、灭火知识考核或消防知识竞赛。事先规定好需要考核的知识范围、考核日期,届时进行书面考核,对于成绩优异的员工给予表彰或者奖励,不及格的员工要进行补考,直到及格为止。

(2) 灭火训练。在手提式灭火器换液和固定消防设备维修检查时,有计划地分批训练义务消防员,要让他们在 2 年内至少能有一次灭火器材的实际操作训练。条件允许的话,可以每年举行一次消防运动会,以提高员工对消防设备使用的熟练程度。

(3) 消防演习。消防演习就是模拟商场发生火灾,并按照预案进行扑救。通过消防演习,可以检验商场防火、灭火的整体功能,该预案是否科学,指挥是否得当,专职消防队员是否称职等,演习后应总结经验和不足,并制定相应的改进措施,以提高防火能力。演习前既要保密,又要避免顾客毫无思想准备,届时发生意外事故,事先要与员工、顾客打好招呼。

三、商品损耗控制

 拓展案例

小美大学毕业后自主创业,开了一家饰品店,开业 3 个月后,小美发现,虽然自己的生意挺红火的,但是净利润不理想。仔细核对账本后发现,自己丢了不少货。小美这才意识到,小店铺也要搞好防损。

(一) 防损概述

1. 防损概念

损耗是指账面金额与盘点金额之间的差额,商品的损耗是指商品的流失、商品使用价值及商品价值的降低。

防损就是防范损失,即防止耗材浪费、防止偷窃、防止设备及工具的非正常损失、防止设备违规操作、防止员工及顾客意外受伤、防止商品的不合理码放、保障库存准确等。

2. 防损管理体系的发展历程

(1) 保卫体系阶段。

保卫体系阶段是防损体系发展的初级阶段,就是整个超市的防损管理还停留在防盗(内盗/外盗)、防火、防破坏上,只是现在又加上针对商圈内竞争店的"防抄价"。

(2) 安全体系阶段。

安全体系阶段是现阶段大多数零售企业所处的阶段，就是在保卫体系阶段"四防"的基础上进一步加强卖场管理，在一些流程管理和细节管理上做到位。比如，针对"三口一库"（顾客出入口、员工出入口、商品出入口和库存）的管理，针对夜班防损的精细管理等。但很多零售店执行的重点还是"防贼"。

(3) 损耗控制体系阶段。

损耗控制体系阶段是大型零售企业、大型连锁企业所处的阶段。它的特征在于比单纯保安要更进一步，总体目的是防损部协助整个门店降低损耗，店长也要从全局上看待防损问题。尤其重要的是，损耗将不可能仅仅是"顾客偷盗"的问题，而是牵扯门店的各个部门。

(4) 稽核防损体系阶段。

"稽"是"查考"的意思，"核"是"核准"的意思。稽核防损体系阶段就是要在损耗控制的层面上更进一步，要透过大量研究和数据，精确定位问题所在，查考出解决问题的方法。这是比损耗控制体系阶段更进一步的体系。这是防损发展的趋势。

综合以上四种体系，可以看出，当超市处于前两个体系中时，给保安带来的"防盗"压力是最大的，却忽视了更多的"损耗点"。等到损耗控制体系阶段，保安人员的压力就应该被释放不少了。由此可以看出，超市损耗的很大一部分来源并不是所谓的"偷盗"，而是店内的管理体系漏洞。

(二) 防损员的工作职责和注意事项

1. 防损员的工作职责

(1) 内外保组员工的岗位职责。

① 内保组员工的岗位职责。

a. 维护商场秩序，保护商场财产安全。

b. 对责任区内的重点防护区（包括收银台、贵重商品、危险物品存放地）严密守护、巡逻，如发现异常情况，应果断处理，同时应立即上报保安部。

c. 对发生在商场内的一切有损商场形象，影响商场正常经营秩序的人和事，应及时加以制止，如制止无效应立即上报保安部及商场经理，以便协调解决。

d. 熟悉责任区的地理环境，商品分布情况，各柜组负责人情况，以利于开展工作。

e. 加强巡逻检查，发现火险隐患应在立即排除的同时，向商场负责人、保安部报告，监督、检查处理方法和结果。发生火灾时在商场负责人的统一领导下，积极组织扑救、抢救工作，并疏散群众。

f. 发生治安、刑事案件时，应采取积极有效的措施，抓捕肇事人、犯罪嫌疑人、保护现场，及时向保安部报告，配合公安机关开展工作。

g. 完成商场及保安部临时指派的各项任务。

② 外保组员工的岗位职责。

a. 负责责任区域内的治安巡逻，维护门店的治安秩序。

b. 自觉遵守保安纪律，明确自己的职责；上岗值勤时，各司其职，各尽其责。

c. 熟知公司各有关部门的分布情况，熟悉各种消防设施、重点设备的位置，遇有紧急事件，做到快速反应。

d. 在营业时间内负责门店的保安工作及开、闭门店的安全检查,提高警惕,严防各类犯罪分子的破坏活动,维护公司利益,保护顾客和员工的人身财产安全;遇有首长、外宾来公司时要护接、护送。

e. 积极配合公安机关及有关部门严厉打击盗窃、流氓、扒窃等各种犯罪活动,对抓获的犯罪分子要连同罪证送公安部门审理,押送过程中要注意方式、方法,减少负面影响。

f. 执勤中,注意发现易燃、易爆及可疑物品,及时处理排除隐患,避免发生火灾或爆炸事件。

g. 遇有突发事件,要善于控制局面,及时疏导顾客,抢险救灾。

h. 配合各商品部门负责卖场早开场、晚闭场及营业终止后的清场安全检查工作;清场时注意发现有无滞留人员,是否有火险隐患,有无可疑物品,重点部位要重点检查,对检查出的隐患及不安全因素,要认真记录,及时上报有关部门。

i. 上岗值勤人员要着装整齐,文明执勤,和气待人。

j. 在岗期间要保持通信联络,未经允许,不得随意关闭对讲机,中断联系。

k. 协助做好商城营业结束后的封店工作。

(2)防损员的具体工作职责。

① 稽核岗。

a. 提前做好各项准备工作。交接班时,应交代清楚有关事宜,并做好各项记录。

b. 收银小票稽核本着顾客自愿的原则,要有选择性稽核,如可对重点顾客人群,易盗、易损商品作为重点稽核对象,合理运用稽核工作技巧。

c. 稽核人员应做好礼貌服务和稽核解释工作,如有顾客询问超市稽核购物小票的目的,稽核人员必须耐心地向顾客解释,其目的是"通过稽核提醒顾客及时向收银员索取购物小票并妥善保管,以方便日后售后服务作为一项凭证"。

d. 当顾客收银单据丢失时,请顾客指认出在几号收银台交款的(按规定收银员必须把收银单据随同商品同时交给顾客),如果情况属实,应诚恳地对顾客说:"对不起,谢谢您的合作。"如果出现情况不清或顾客自带苏果马甲袋蓄意偷窃,送其到办公室报课长处理。

e. 遵守企业的各项规章制度,学习国家的法律,提高业务知识。在岗期间,严格执行岗位职责的有关条款。严禁搜身、恶语相待、动武伤人,违者将严肃处理,情节严重者予以辞退。不得利用职务之便,收受赠品、奖品及物品,违者按规定给予处理。

f. 及时清理门前的购物车、购物篮,清除门前障碍物。控制人员从出口处进入店堂。

g. 当顾客出门报警器报警时,防损人员应迅速上前,礼貌地对顾客讲:"先生(女士),请别误会,可能有件商品收银员消磁不彻底,请您配合。"防损人员将顾客与商品分别通过报警器判断磁源,同时请其出示收银小票(保持与顾客的交流,就报警之事向顾客道歉)。核对商品一般要先点数量后查品种,核对商品时间尽量简短,最好不超过30秒。

② 入口岗。

a. 做好岗前各项准备工作,如打包机、打包袋。下雨天准备好雨伞套机等。按时开门迎客。交接班时,做好交接工作。

b. 维护入口处秩序,面带微笑,不时地使用"欢迎光临"、"欢迎惠顾"等用语。人多拥挤时做好疏导工作,特别是对年老体弱及孕妇、婴幼儿重点进行关照。

c. 劝顾客存包要用语礼貌,如"先生(小姐)请您把随身携带的包存入门前电子存包柜中,存包柜免费使用,用密码取包安全可靠",态度要诚恳,当顾客不配合时,防损人员应主动为其打包,顾客不愿打包时,须给予放行(重申:顾客存包要本着个人自愿的原则)。顾客携带大包或物品较多时,防损人员应帮助其存入服务台。

  d. 顾客进门出现报警器报警时,防损人员必须及时询问,语气要亲切自然、诚恳大方:"先生(小姐)对不起,您随身携带的物品中可能带磁,我帮您处理一下,以免误会,谢谢合作。"并及时分析原因,找出磁源,排除警报,向顾客道谢:"对不起耽误了您的时间,谢谢合作。"

  e. 常见顾客进门时报警情形及处理办法:顾客随身衣服带磁,如内衣、钱包等物品。解决的办法:亲切询问顾客是否穿着近期购买的新衣服,当顾客说"是"时,友好地请其到办公室(是女同志时要有女工作人员配合)帮助消磁,并说明带磁会对她到其他商场、超市带来不便或误会;金属、电线、磁卡(四张以上)报警,查明原因,让其到服务台存放;报警器自鸣(误报),向顾客道歉,并及时通知当班的课长报修。在此期间及时采取防范措施,如在门前提前向顾客打招呼:"对不起,本超市消磁装置出现故障,马上会排除。"磁源不清,顾客不配合,首先向顾客道歉:"对不起,耽误了您的时间,由衷地感谢您的配合,请您在出门时打个招呼,以免引起误会。"并与便衣人员联系进行必要的远距离陪护。但此时,有的顾客会认为保安的询问或检查给他带来了不便,有的认为大庭广众之下人格受到了侮辱,提出一些赔偿等苛刻的无理要求。防损人员应及时向分管领导汇报。解决办法:通知属地公安派出所,由他们出面调解。防损人员要做到"骂不还口、打不还手",须面带微笑连声说:"对不起!"

  f. 有雨雪天气时,及时将顾客的雨伞打包,门前增放防滑垫,提醒顾客小心地滑,并及时通知保洁员清理地面。

  g. 劝导顾客及员工、促销人员、引厂进店人员从出口出门。遇有找人事宜,问清原因后,用对讲机与服务台联系。

  h. 供货商送货一律从收货通道进出,参照后门进货通道岗位职责。

  i. 及时清理门前的购物车、购物篮,清理门前障碍物。

  j. 对有碍购物环境的行为加以阻止,如随地吐痰、吸烟、衣衫不整、精神病患者、宠物禁止入内等。

  ③ 收货岗。

  a. 早班与收货部员工交接完毕后共同开启收货部大门。

  b. 核实需要进入收货部的送货人员身份,并在《供应商送货人员登记表》上登记后发给《收货区域通行证》,在其离开时将通行证收回,如发生丢失或损坏,应及时上报当班防损课长处理并做好记录。

  c. 检查所有出收货部的物品,对无手续或手续不全的予以制止并上报。

  d. 跟进收货员收货情况,不定时对敏感或易耗商品进行抽查,预防供应欺诈。

  e. 引导供应商车辆有序停放,保障收货区通道畅通。

  f. 制止员工非工作需要从收货部出入。

  g. 所有的物品统一由收货口携出/携入,但必须办理申请手续,由门店负责人/值班经理、部门副经理、防损副经理、在岗防损员签字同意后方可出入。

  h. 防损人员严格检查外出的纸皮、垃圾,同时做好《日清垃圾携出登记表》,如发现有夹带商品时,应立即上报当班课长对当事人作偷盗处罚,情节严重者交司法部门处理。

　　i. 监督收货区周边区域安全,严禁吸烟、点明火。

　　j. 积极维护好收货区各类安全工作秩序,制止闲杂人员在收货区逗留。

　　k. 填写交接班本并与对班交接,营业结束后锁闭收货部大门,将钥匙交回办公室后参加清场工作。

　　④ 便衣岗。

　　a. 确认顾客携带未结账商品出收银线后,礼貌出示工号卡,并陪同其到办公室处理。

　　b. 尊重顾客,禁止对顾客有侮辱、打骂行为,禁止对顾客搜身。

　　c. 工作时在不暴露身份的前提下对其他员工违纪行为或顾客的不良行为及时制止,或通知课长及其他人员处理。

　　d. 积极协助警方打击扒窃等刑事犯罪行为。对异常行为的顾客要跟踪并及时通知课长。

　　e. 负责对重点跟踪商品进行数量交接及滚动盘点,做好《重点商品滚动盘点表》,并负责易盗商品 EAS 防盗标签的加装。

　　⑤ 仓库岗。

　　a. 负责做好商品出入库的数据管理,建立商品库存放的标识与系统账,为财务部、销售部提供及时、准确的报表。

　　b. 与相关部门进行数据核对,确保出入库报表与实物一致。

　　c. 依据商品入库单、发货单及时登记商品明细账,必须做到日清月结,每日进行账物核对,做到账实相符,并于每月 3 日前将商品仓库相关的各报表交财务部门。

　　d. 负责将要出货的商品实物与销售发货单的要求客户、图号、规格、数量进行核对,如有缺少及时上报部门领导。

　　e. 负责商品库所有出入库单据的妥善保管。

　　f. 发现出入库单据上的数量与实物不相符时,及时上报部门主管。

　　g. 负责商品发货先进先出的原则。

　　h. 完成上级领导临时交办的其他工作和协助完成其他库房人员的工作任务。

　　i. 有权拒绝手续不全、数量不符、不合格产品的出入库。

　　j. 对商品的区域定位、分类存放以及整个仓库的库容整齐有序负责。

　　⑥ 监控岗。

　　a. 清点、整理监控室内的办公用具,维护监控室及设备的卫生。

　　b. 检查 CCTV 设备运行情况,监视屏幕动态,及时汇报异常情况。

　　c. 不定时对重点区域安全进行检查,维护办公区域的秩序。

　　d. 对重要事件、案件、行为过失资料进行整理和录像刻录保存。

　　e. 监视门控、红外报警系统运作情况。

　　f. 制止非授权人员进入监控室。

　　g. 对当班期间发生的问题及时在《CCTV 监控值班记录表》上登记,并与下一班人员进行交接。

　　⑦ 员工通道岗。

　　a. 员工上班时必须穿工作服、佩戴工号牌,着装整齐方可进入卖场。

b. 做好来访人员的接待,只有被相关部门预约或同意的来访人员才给予登记进入,如未预约,联系相关部门处理。

c. 任何员工上班期间不得随意离开门店,如因公外出必须经店领导批准,由员工通道出入,并由防损课员监督做好《员工外出登记》。

d. 员工(包括引厂进店人员、促销人员)自觉遵守下班时查验包制度,防损课员在员工出门时,要对其所购商品及所带包进行查验。防损人员要认真执行检验制度,对任何人一视同仁,不得徇私不查或马虎了事。当员工出现所购商品与收银小票不符或私带赠品、商品出门时,交物业安全部进行处理或交当班课长按"防损相关规定"进行处罚。

⑧ 夜班岗。

a. 营业结束后员工离店时,应对员工携带的包及衣物进行仔细检查。

b. 待员工全部离店后,由值班经理带队共同对卖场内外进行巡查,按规定关闭电器电源、门窗,消除各种安全隐患。

c. 由值班经理负责红外线报警系统设防与解防,并做好《夜班岗值班记录》。

d. 严禁在值班期间打瞌睡、睡觉等做一些与工作无关的行为或脱岗,夜间对店内外原则上应两小时巡查一次,做好安全防盗、消防预防工作。

e. 值班期间,如红外线报警中心报警,值班负责人应及时对其报警区域进行检查处理,如遇到紧急情况,应及时拨打110报警,同时拨打门店店长和防损负责人电话,并做好现场保护工作。

f. 监督并跟踪清洁公司的保洁情况,发现有清洁卫生方面的问题,应监督指正。

2. 防损员工作的注意事项及具体操作程序

防损员在工作过程中,需要特别注意的是:

(1) 不能用手去拉、扯顾客。

(2) 不能用"偷"、"拿"、"怀疑"、"检查"等词语。

(3) 使用礼貌用语,言语要简洁。

具体操作应当按照如下程序进行:

(1) 面带笑容,有礼貌地请顾客退出检测区域,然后客气地说:"对不起,您购买的商品上可能还有未经处理的标签,请您协助我们一下好吗?"

(2) 在征得顾客同意后,手持顾客所购商品,尽量贴近接收天线通过检测区域,如果再次引起报警,则基本可确认该商品中有标签存在,此时可对顾客说:"这些商品中有标签未经处理,请随我到收银台让受银员给您处理一下。"

(3) 如果顾客出示了与所购商品相对应的票据,收银员应立即将硬标签取下或软标签解码,向顾客真诚道歉,并将顾客送出商场大门。如果顾客不能出示与所购商品相对应的票据,应请顾客对未付款的商品付款。

(4) 若顾客所购商品没有再报警,或顾客没有携带商品,可礼貌地请顾客再次通过检测门,如没有报警,应诚恳地向顾客表示歉意:"对不起,耽误您的时间,谢谢您的合作。"

(5) 顾客再次通过检测门时,检测系统仍报警,可礼貌地提醒顾客再检查一下是否还有所购商品忘记付款,如顾客自查后回答:"是。"则可请顾客回到收银台付款;反之,可请顾客配合,一起到防损部,找出引起检测器报警的物品。

(6) 顾客到防损部后,可用手持检测器贴近顾客进行检测,找出引起检测器报警的物品,若该物品属本商场未付款商品,可按商场相应的规章处理;若该物品不属本商场未付款商品,应将该物品上所附标签除去,并对顾客讲清楚:这样做是对顾客负责,若不将该物品上所附标签除去,下次来本商场或去其他商场,仍会引起检测系统报警,给顾客和商场带来不必要的麻烦;切忌对顾客进行搜身、人格攻击等。

(7) 拒绝任何合作的顾客,建议商场让该顾客离开。

(8) 防损保安员应本着对客户、商场、自己负责的态度,礼貌、稳妥、实事求是地处理客户通过检测门发生报警的事宜,避免与客户发生直接矛盾冲突。

(9) 特别注意:在顾客未承认、警方未确认或没有确凿证据的情况下,应避免使用"偷"、"拿"、"怀疑"、"检查"等词语。

拓展案例

"偷一罚十"的思考

上海某校女大学生小陈和小章,利用课余时间在上海一家食品公司打工,并被公司派往上海一家超市负责商品推销工作。一天上午,小陈像往常一样来到商场,途经二楼化妆品部时,一位化妆品促销小姐送给小陈两瓶作为赠品的定型水。小陈把定型水带到三楼,觉得没什么用,就顺手扔在对面的西瓜摊上,然后回到自己的促销岗位上,时至下午5点半,她发现早上扔在对面西瓜摊上的两瓶定型水仍留在原处,于是将其来历告诉了小章,小章拿起定型水到设在冷冻部的条形码扫描仪上扫了一下,结果显示"价格无效",验证确属赠品,但小章也觉得没什么用,于是又将定型水扔回了西瓜摊。

晚上6点左右,小章和小陈分别被保安带到了保安部办公室。保安经理告知她们,将定型水从二楼带到三楼,这是一种类似偷盗的行为。尽管小陈和小章极力解释,终究无济于事。最后,在众保安的一再威逼下,两人只得含着眼泪在检讨中违心承认自己有"类似偷盗行为"。

保安经理看了她俩写的检讨书后说:"既然你们已承认有类似偷盗的行为,就要按超市的规定接受处罚。有3种方法可以选择:一是向警方报案;二是通知学校和家长;三是赔偿商场的损失。"她俩被吓坏了,为使名誉损害降到最低限度,无奈中她俩选择了赔偿损失的处罚方案,紧接着保安便开出了以一赔十的价码,每人赔偿470元。

事后不久,两人兼职的食品公司接连致电小陈,说超市因此事向食品公司追要罚款5 000元,以负促销员偷盗的连带责任,食品公司认为此事是由她俩引起的,因此应由两人各付2 500元给商店。

事发后3个月,两名女大学生一纸诉讼状告到了法院,要求超市登报赔偿道歉,消除影响,恢复名誉,归还每人被罚的470元,并赔偿精神损失费1万元。法院一审判决,宣告原告胜诉。

(三) 损耗产生的原因

1. 商品损耗产生的具体原因

商品损耗,包括看得见损失的商品、不能出售或因质量问题折价出售的商品、看不见的丢失商品,以及由于商品品质等原因出售后,又被顾客退换回来的商品等。损耗产生的具

体原因主要有:

(1) 包装等损坏导致变质。有些商品包装物破损后不可重新包装,会导致食品变质、过期等原因而无法销售。

(2) 运输导致损坏。运输损坏商品是指在运输过程中损坏,而在验收过程中又未发现的破损商品,为尽可能避免此类损坏,在验收过程中应认真、仔细地检查。

(3) 商品验收错误。这是指在对供应商或配送中心送来商品的验收过程中,验货错误导致的商品损耗,或者是收货搬运过程中造成的商品损坏。所以,在验货时要严格按照规定的流程进行操作。

(4) 商品陈列方法不当而造成的损耗。商品在陈列过程中,由于陈列的方法不当等引起的损耗。例如,放的位置不佳引起倒塌,或容易被过往顾客的推车碰撞而引起的损坏。因此,要科学合理地陈列商品。

(5) 小偷行窃造成的损耗。商品开架售货给顾客带来方便的同时,也给一些不法分子带来可乘之机,一些小偷在商店行窃,给经营者带来的商品损失往往是难以估量的,这是商品损耗很重要的一个原因,因而必须高度重视。

(6) 收银员商品扫描错误造成的损耗。这是由于收银员业务不熟练或不按程序要求操作,使顾客购买的商品漏扫描造成的错误,因此收银员应遵循"取货—扫描—查看—包装商品"的程序。

(7) 员工偷窃。这种现象也不少见,少数员工禁不住钱物的诱惑,或单独作案或内外联手作案行窃。因此,在平时就应做好防患于未然的思想准备,具体包括:① 健全管理制度,加强安全监督检查,不给少数不良员工可乘之机。② 招聘员工应严格审查,检查员工出示的各种证件是否真实,要建立担保制度。③ 在员工培训与平时管理过程中加强对员工法制教育。④ 经常检查一些重点部门的安全制度是否严格遵守执行。

(8) 顾客偷窃。

(9) 防盗硬件不配套或对卖场商品监管不力也是造成商品损耗的原因之一。

(10) 商品滞销。

(11) 商品定价错误;价签与计算机系统内的价格不一致,采购定价错误。

(12) 未经批准的打折或降价。

2. 商品损耗原因的分类

商品损耗大致可以分为作业错误、意外损失、生鲜处理不当和其他损耗。

有关资料表明,在各类损耗中,88%是由作业错误、员工偷窃和意外损失导致的,7%是顾客偷窃,5%属于厂商偷窃,其中尤以员工偷窃遭受的损失最大。商品损耗可以概括为正常损耗和由于管理工作不严格而造成的管理损耗。

(1) 正常损耗。

这是指生鲜变质、过期,商品在销售过程中因磨损而引起的损耗。

(2) 管理损耗。

商品中有很多因管理不善引起的损耗,主要原因有以下几方面:

① 楼面管理。不严格执行内部转货手续,盘点作业不精确,使库存产生差异,零星物品、顾客遗弃商品没有及时收回,食品过期,未遵守先进先出原则,陈列不当导致商品损坏,破包、破损未及时处理等。

② 收货管理责任。对生产商管理不严,出入时厂商带走商品,叉车等设备没有安全操作,以致损耗商品,条码贴错等。

③ 客服管理责任。对不该接受的退货做接收,而又不能原价售出,退现券未按要求开出,使金额超出实际发票额,提货区发错货。

④ 收银管理责任。收假钞、短款,收银员摔坏东西,没有将购物车内所有商品逐一扫描。

⑤ 采购管理责任。产品销路不对,造成积压,价格定错或条码输错,退货积压过多。

⑥ 工程管理责任。停电时,供电不及时,导致冷库升温。冷冻设备维护保养不够,使温度失控导致生鲜食品变质。

⑦ 防盗管理责任。

(四) 防损防盗对策

1. 防损

(1) 大卖场防损。

随着中国加入WTO后,国内连锁企业中的大卖场迅速发展,前景看好,但由于竞争激烈,目前其经营利润只有1%左右。业内人士普遍认为,若能将大卖场在2%以上的商品损耗率降到1%,则其经营利润可以增长100%。

① 防止内外部原因造成的损耗。由于大卖场营业面积大,部门众多,对员工的管理也相对比较散乱,部分员工为一己私利或工作不认真、不负责任而造成卖场损耗的事已屡见不鲜。以美国大卖场为例,全美全年由于员工偷窃造成的损失高达4 000万美元,比顾客偷窃高出5~6倍。有关资料表明,防止损耗应以加强内部管理及员工作业管理为主。

② 防止外部原因造成的损耗。大卖场除了内部员工的原因造成损耗外,外部环境的一些原因也不可忽视,如供应商的不轨行为或顾客的偷窃事件等。

a. 供应商行为不当造成的损耗,如供应商误交供货数量,以低价商品冒充高价商品,擅自夹带商品,随同退货商品夹带商品,与员工勾结实施偷窃等。针对这些情况对供应商的管理必须做到:

第一,供应商进入退货区域时,必须先登记,领到出入证方能进入,离开时经保安人员检查后,交回出入证方可放行。

第二,供应商在卖场或后场退换坏品时,需有退货单或先在后场取得提货单,且经部门和主管批准后方可退换。

第三,供应商送货后的空箱必须打开,纸袋则要折平,以免偷带商品出店。厂商的车辆离开时,需经门店保安检查后方可离开。

b. 顾客的不当行为或偷窃造成的损耗,如顾客随身夹带商品,顾客不当的退货,顾客在购物过程中将商品污损,还有将食物吃掉并扔掉包装盒等。针对这些情况,卖场的工作人员必须做到:

第一,禁止顾客携带大型背包或手提袋进入卖场购物,应请顾客把背包或者手提袋放入服务台或者寄包柜。

第二,顾客携带小型背包入内时,应留意其购买行为。

第三,定期对员工进行防盗教育和训练。

第四,要派专门人员加强对卖场的巡视,尤其留意死角和多人聚集处。

第五,对贵重部门或小商品要设柜销售。

第六,顾客边吃东西边购物时,应委婉提醒其至收银台结账。

尽管顾客偷窃是全球性的问题、难题,但如果采用一定的措施还是会收到一定成效的。卖场应根据损耗发生的原因有针对性地采取措施,加强管理,堵塞漏洞,尽量使损耗减至最小。

(2) 加强对大卖场重点区域的管理。

① 生鲜防损。在大型卖场中,生鲜经营既是热点,更是难点,其核心就是损耗难以控制。一般情况下,生鲜经营损耗占正常损耗的一半左右。特别是随着人们生活水平的提高,对生鲜、环保概念的重视也越来越高。

a. 生鲜损耗分类。生鲜损耗一般分为超市内共性的损耗和生鲜部门内部的损耗。超市内共性的损耗主要有进货验收计数错误、内部和外部偷窃行为、收银员的计数错误、退换处理不当等;生鲜部门内部的损耗主要由生产过程因素(如产品质量、原材料计量、试吃等)、销售过程因素(如电子秤的单品输入错误、商品条形码贴错、标价错误等)和管理过程因素(如破损、报损、管理不当等)造成。

b. 生鲜经营损耗的防范。制度保证:核心是制定相关的操作流程及规范,明确各岗位的权利和义务,全面防范。

标准明确:重点是生鲜各类商品的验收标准,分肉类、水产、干货、果蔬、熟食原材料、耗材等,应逐项列明,并配合收货部门严格把关。

产销平衡:自产食品的生产数量与销售数量必须随时衔接,既保证必要的数量,又不能超量、积压。

常态转换:这在生鲜中非常重要,如快要死去的鱼类,可制成生鱼配菜;蔬菜、水果可制成果汁、果盘或配菜;肉可以转化成肉丸、肉馅等。从生鲜品到半成品配菜,再到熟食的正常转化,是灵活经营、防止损耗的有效方法,但一定要控制鲜度、品质。

目标管理:以目标为激励和约束,定期评估。

存货控制:生鲜商品必须严格控制库存,订货一定要由部门主管或资深员工亲自参加。

适时喊价:生鲜商品有些需当日售完,如鱼片、绞肉、活虾等,可在销售高峰时就开始打折出售,以免成为坏品。

温度调控:在肉品、蔬菜等区域,温度的调控对鲜度影响很大,正常情况下,冷藏库最好控制在1℃~5℃,陈列柜的温度应维持在3℃左右,熏肉、加工肉则以1℃~2℃为宜。根据经验,适当的温控管理,可以使损耗平均下降3%左右。

设备维护:超市设备的维护,主要集中在生鲜部门。生鲜设备的正常使用和维护,是影响其产品质量的物质条件。在日常工作中,一定要落实专人负责,定点定时巡回检查,特别是冷冻设备,每小时都要检查记录,其他设备至少每天要做运行记录,如发现问题,应及时维护。

鲜度维护:生鲜商品的管理人员应彻底执行推翻工作,防止新旧生鲜商品混淆,使鲜度下降。同时,工作人员应尽量避免作业时间过长或作业现场湿度过高,造成商品鲜度下降。

② 收银防损。超市的全部工作最终要在收款机的交易中实现。恰恰是这个原因,致使个别不诚实的收银员将收款机锁定为盗窃的目标。因为收款机除记录各个部门的销售情

况外,还终日吞吐着巨额的现金或其他用品,如支票、优惠券、购物券等,故而收款机成为超市防盗和不诚实收银员的主要对象。

那么,如何识别、探查收银员的各种偷盗行为,是众多商家需要解决的问题。只有认识和鉴别收款机上所发生的五花八门的作案手段,才能为防范收银台偷盗寻找一条行之有效的途径。一般来说,借收款机作案有下列几种手段。

a. 取消记录。简单的方法就是取消一个合法销售。针对这种作案手段,相应的对策是规范收银员的工作要点,要求收银员登打收音机时读出每件商品的金额;登打结束报出商品金额总数;收顾客的钱要唱票"收您多少钱";找零时也要唱票"找您多少钱";不定期地扮演顾客,检查收银员是否按规范收银,是否有私自取消记录的行为。

b. 制造无记录长款。通用的办法是不输入销售数据而直接把钱放在现金柜子里,伺方便之机取走而饱私囊。由于进行这种偷窃时,收银员也会有一个过程,并在方便和安全的时候将钱偷走。对付这种取长款类型的偷盗,最好的办法就是不定期地突然检查收款机,对收银台里的现金与账目不符的收银员起到一种震慑力。

c. 打折扣。即当至爱亲朋来采购时不输入正确的商品价格,或者使用假的折扣券以减少其亲戚朋友的购买支出。对付这种收银损耗时,较好的办法是规定收银员不可为自己的亲朋好友结算收款,以免引起不必要的误会,或可能产生的收银员利用收银职务的方便,以低于原价的收款登录至收银机,谋取个人私利,或可能产生的内外勾结的"偷盗"。

d. 直接偷钱。即将现金柜里的钱直接据为私有。较好的办法是:规定收银员在营业时身上不可带有现金,以免引起不必要的误解和可能产生的公款私挪现象;收银员也不可任意打开收银机抽屉查看数字和清点现金。因这样做,既引人注目,造成可能的不安全因素,也会使人产生对收银员营私舞弊的怀疑。

③ 加强员工出入管理。

a. 员工出入口设置防损安全岗位。只要员工通道打开,防损安全岗位就要实行连续执勤制度,严禁未登记、请人登记等违规事件。非上下班的员工进出,必须有值班人员的批准,登记员工的进出时间。

b. 设防盗电子门、储物柜若干。防盗电子门是用来防止员工等偷窃商品的,储物柜是为来访人员暂时存放物品的;员工进出未经批准不得将超市的物品带出。员工也不得将私人物品带入商场,如属于必须带入商场的物品,必须登记。

c. 对外来的来访人员进行电话证实,登记、检查携带物品。对携带出店的物品进行检查,对所有在本通道携带出的物品进行检查。主要有人员的提包(判断提包中的物品是否属于私人所有),属于商场的物品是否有管理层的批准等。

④ 加强收货管理。

a. 超市收货时,由供货商联系验收人员和值班员在室外进行验收;禁止收货员和供应商的各种不诚实行为、作弊行为,禁止收货员接受贿赂或赠品。

b. 供应商人员必须在收货区指定范围内交验物品。所有商品的进出都必须有清单同行。

c. 对重要的收货程序进行检查,保证所有收货的数量、品名一一正确,保证所有已经进行收货的商品放入收货区的区域内。

d. 必须是本超市的员工亲自进行点数、称重的工作,不得出现供应商帮助点数、称重现象，或出现重复点数、称重的现象。

e. 对于供应商的赠品、道具等商品的进出，验收人员必须正确执行相应的收货程序，正确使用单据、标签。

⑤ 垃圾口管理。

a. 设置。一般来说，垃圾口的卷帘门应设置防盗报警系统，如未经密码许可强行打开，则会报警，垃圾口确需要打开时，防损人员到岗位安全开关通道，进行检查。

b. 监管的要点。检查生鲜垃圾桶是否有异样情况，所有的垃圾是否属于该丢弃的范围，垃圾是否经过处理；检查垃圾，保证所有垃圾中无纸箱、纸皮等可以回收的废品，回收纸皮离开卖场前必须经过收货口办理手续。检查卖场的垃圾袋，保证没有执行报废手续的商品混杂在垃圾中；检查收货部的垃圾桶，保证所有报废商品必须经过相应的处理程序和处理手段，使其彻底失去使用价值。

c. 管理规定。卖场的所有部门中，只有收货部的退货组可以进行商品报废的实际工作，楼面运行部门只能建议或申请。按卫生检疫部门的要求，卖场中的生鲜垃圾必须同其他垃圾分开，并放置在不同的地方等待处理，原则上生鲜垃圾每日必清。

⑥ 加强精品区管理。

a. 设置。精品区出口处应设置电子防盗门系统和门禁系统，前者对偷盗商品进行报警，后者对无密码开门进行报警。

b. 监管要点。顾客只能从入口进入，从出口出去；顾客不能将非精品区的商品带入精品区，只能暂时放在外边；顾客在精品区内购买商品，必须在精品区内结账；应检查顾客的小票与商品是否一致，特别是收银员的包装是否符合精品区商品的包装要求；解决电子防盗门的报警问题。

c. 管理规定。精品区结账商品的包装、小票的处理必须符合零售企业关于精品区的有关规定；精品区的柜台或展示柜是否在非销售时，随时上锁处于关闭状态；精品区的外放贵重样品，是否全部采取标签防盗措施；精品区是否采取先付款后取货的销售方式；精品区的安全人员不能代替收银员做任何工作；精品区的防损安全员有责任监控精品区收银台的现金安全。

⑦ 加强排面损耗控制。

a. 员工上货时，轻拿轻放，避免商品碰撞。

b. 随时整理排面上的商品，挑出次品以保持排面陈列之美观度。

c. 在人潮高峰，如下午4~6点或晚上7~8点可做下排面生鲜商品之处理。

d. 让商品高回转也是降低生鲜商品损耗的一种好方法。不要让商品在排面上陈列时间过长，对于生鲜下排面之商品越早处理越好，切记"少亏即赚"。

e. 商品补货时应注意：少量多出、勤于补货。不要将所有商品一次性陈列出来，保留适当库存，因为顾客购买商品时不会拿了东西就走，都会翻来覆去挑挑拣拣，陈列时间久了被顾客挑选的次数也会增加，从而损耗也会加大，应控制上货数量和次数。卖场上货操作一般是开业前上货比例为全体销量的40%，中午销售高峰前半小时再上40%，晚上销售高峰前半小时再上20%，同时在晚上销售高峰时应将卖相不好之商品及时出清，具体操作视各卖场到货量和销量而定。

⑧ 滞销商品的处理。滞销商品要及时处理，可按照以下程序处理：

a. 可留适当库存后退货。
b. 配合邮报当期降价做店内促销。
c. 自行联系友店,做店间转货。

2. 防盗

(1) 商场、超市内部偷盗。

有关统计数据表明,商场、超市内部偷盗的损失比外部偷盗要高,这与内盗熟悉内部情况,作案时不容易被发现有关。再有内盗一旦作案,往往偷窃的数量与价格都较大,因而造成的损失也大。如果一个商场能及时掌握损失情况,并有针对性地实施保护措施,那就有可能将自己的商品损失降低到最小。

① 内部偷盗的原因。内部偷盗员工通过不正当或违法的行为使公司财物受到损失,发生的原因主要有以下几种:

a. 商场管理混乱,制度不健全,给员工可乘之机,诱发盗窃。
b. 员工经济上出现困难,急需用钱。
c. 心怀侥幸进行盗窃。
d. 个人经济条件无法满足个人私欲。
e. 贪图小利或便宜。
f. 感觉在公司受到不公平待遇而进行报复等。

② 内部偷盗的手段。内部偷盗的手段多种多样,安全员需要在工作中不断积累经验。下面介绍一些盗窃商品的手段,以供参考:

a. 不同部门的员工进行勾结,进行一条龙偷盗活动。
b. 员工与外人、亲属勾结,盗窃公司商品。
c. 利用衣服、提包藏匿商品达到偷窃目的。
d. 利用更换商品包装达到偷窃目的。
e. 调换商品条形码或将商品变成赠品进行偷窃。
f. 员工在工作时间内,在隐蔽的角落偷吃公司的东西。
g. 收银员收款不入收银机,利用收银即机销账或从收银机偷盗钱款。
h. 收银员为亲属、朋友结账,货多钱少。
i. 擅自私卖赠品。
j. 利用正常商品报损。
k. 员工未经公司程序,私自将楼面的文具、用具、工具拿来使用。

③ 内盗的防范。由于商场、超市最大的损耗产生于内盗,因此,管理者必须在内盗的防范上进行严格有效的管理。

a. 员工的预防教育。对员工进行从入职开始的不间断的教育工作,采用开会、板报、活动等多种形式,从正反两个方面反复进行强调、渗透。

b. 内部举报制度。控制损耗是商场、超市每一个员工的责任和工作内容。因此,公司应设立内部举报制度,鼓励员工检举偷盗行为,并对举报者的姓名、举报内容进行保密,对于查证属实的举报,要给予举报者一定的经济奖励。

c. 内部安全检查。为严厉打击内盗,安全部每日都要进行安全检查,防患于未然,如看到有如下现象时,应提起注意:员工背大包上下班;员工为熟人挑选商品或特意为其到仓库取货;家电的取货与收银小票的品名不符;收银员未到下班时间中途下班;某收银员经常有小额的收银差距;某收银员违反收银程序,严格现金提取程序。

④ 内盗的处理与处罚。对于内盗的处理程序,一般是:发现内盗—调查取证—确定当事人—谈话并记录—处罚处理。一旦发生确认内盗人员,一律立即解聘,应追回被盗窃商品或使其赔偿盗窃金额。处理后及时进行内部曝光,起警世作用。内盗事件的曝光不得公开盗窃者的私人资料。内盗事件的曝光只能在本公司范围内进行,不得在公共媒体上曝光。

(2) 商场、超市顾客偷盗。

① 小偷的类型。顾客小偷的类型,一般有职业型、业余型和顺手牵羊型三种。

② 顾客偷盗的手段、迹象。

a. 不购买或只购买少量商品,利用衣服、提包藏匿商品。

b. 更换商品标签或包装。

c. 在大包装商品中藏匿小包装商品。

d. 利用婴儿车或婴儿背带藏匿商品。

e. 伪造收银章提货。

f. 合伙作案,结群入店,散于各处,一人或两人向店员东问西问,其他人借机行窃。

g. 关门时隐藏在卖场暗处,待人走尽后进行偷窃。

h. 购买的商品明显不符合顾客的身份和经济实力,不进行挑选,大量盲目购买商品。

i. 在商店开场或闭场时,频繁光顾贵重商品区域。

j. 在商场中不停地走动,或到比较隐蔽的角落。

k. 几个人同时聚集在贵重商品柜台前,向同一售货员要求购买商品

l. 表情紧张、慌张、异样等。

③ 顾客偷盗的防范。

a. 人员防范:设置便衣安全员;进行员工防盗意识的教育、防盗技巧培训;夜班值班保安加强巡逻;收银员、理货员严守纪律,杜绝空班;实行免费存包制度;执行抓偷奖励制度。

b. 技术防范:设置录像监察系统;安装窥孔;利用电子防盗系统;张贴各种警示标语;使用商品防盗标签;利用商场广播。

c. 物质防范:合理安排货架,避免出现视线死角;科学设置试衣室,每次只能试一件衣服;贵重物品上锁陈列,一次只向顾客展示一个;促销、展销品堆放整齐,减少因物品混乱而引发的偷盗动机;减少出入口。

d. 偷盗事件的处理。处罚措施可分为和解方式和司法方式。对于盗窃情节轻、金额小或未成年人盗窃,一般给予严厉教育和警告,并记录在档,要求等价买回偷盗商品等方法进行处理。对于盗窃行为严重、金额大、惯偷或属于团伙盗窃,或认错态度不好的,送交司法机关处理。另外,要特别注意,保护偷盗者的隐私,不能公开其照片、姓名等个人资料,或进行殴打、当众出丑等违反纪律的行为。

④ 防盗报警处理。在防盗警报的处理中,我们一般应遵循以下原则:当系统报警时,不能认定就是有商品被偷窃,要相信每一位顾客都是清白的,除非已经掌握确凿的证据。当系统报警时,防损员应迅速赶到报警现场,必须具备热情、得体的态度为顾客服务,不能因为自己的态度、表情、语言得罪顾客,引起纠纷和赔偿。同时,还应避免与顾客在门口发

生争执,影响其他顾客的正常通行,引起堵塞和围观。

四、突发事件处理

(一) 如何处理突发火灾

1. 火警的报告程序

(1) 立即拨打"119"。报警时一定要讲明发生火灾的单位、路名、门牌号码和电话号码,着火的部位和物体。同时,要派人到路口引导消防车辆进入现场,介绍火场及水源情况。

(2) 拨打安全部门的内部紧急电话或报警电话,如附近无电话、对讲机等通信设备,应迅速取出就近的消防栓里的红色手动报警器向控制中心报警。

(3) 火警的确认。控制中心接到消防报警信号后,立即确认报警区域,派两名安全员迅速赶到现场查看,迅速对火警的级别进行确认。一人留在现场进行救火指挥工作,如能将火扑灭,保留好现场,等候有关部门或负责人的到来;另外一人则立即通知管理层等相关部门。

(4) 立即切断火灾现场的电源和煤气总开关,撤离易燃易爆品,启用灭火器材,全力扑灭初起之火,使损失降低到最小限度。对装有自动喷淋灭火设施的单位,不要把喷淋泵系统的电源切断,以免断电后不能供水灭火。

(5) 如系捣乱谎报火警,通知控制中心将机器复位,并报告公安部门查找有关人员。

2. 灭火的程序

(1) 报警后,保护好现场;维护好火场秩序,防止坏人趁火打劫,并积极参加抢救工作。

(2) 编制小组内人员听到消防警报后,应迅速赶到消防部;确定行动方案,快速行动,各司其职。

(3) 各部门在完成各自准备职责后,配合灭火、疏散和救援工作。

(4) 消防部应迅速启动自动喷淋灭火系统;关闭非紧急照明和空调,开启排烟风机,疏通所有安全门和消防通道,启动火警广播,组织人员有秩序地进行人员疏散、灭火、财产抢救、伤员救助等工作。

(5) 系统第二次报警后,安全部人员守住门口,人员一律不准进入火灾现场(除非有消防人员的许可);指派人员维持卖场周围广场的秩序和道路畅通,到指定地点引导消防车辆进入。

(6) 工程部必须马上赶赴现场进行工程抢险;对配电房、中心机房、消防泵房等重点部位实行监控和必要的措施。

(7) 人员疏散由指挥中心统一指挥;管理人员要协助维护秩序,疏散顾客撤离到安全区域。

(8) 现金室和收银主管立即携带现金、支票撤离到安全区域,尽量避免财产损失;同时,电脑中心人员要保护重要文件、软件、设备,迅速撤离到安全区域。

(9) 火灾扑灭后,安全部要检讨消防系统运行情况,查访责任人,查找火灾原因。工程部要协助从技术角度查找引起火灾的原因,可以通过对机器、数据、资料进行搜集和分析,并把分析得出的结果交给专门的消防安全调查人员,由其在此基础上进行深入调研,并撰写正式报告;同时,应根据财产和人员的伤亡情况估计损失,迅速与保险公司联系,商讨赔偿事宜。

(10) 最后,制订火灾后重新开业的工作计划和方案。

(二) 如何处理恶劣天气

1. 恶劣天气的预报

一般的恶劣天气,有气象部门预报的预警信号来体现。安全部必须每日关注天气情况,并将每天的天气预报情况填在白板或置于电子显示屏上,这不仅是为了防范恶劣天气带来的灾害,更是提高服务质量、关注顾客的一种体现。

2. 热带风暴的处理

(1) 准备工作。将天气预报的告示在员工通道或餐厅门口等明显位置贴出;检查户外的广告牌、棚架是否牢固,确保广告旗帜、气球全部收起来;检查斜坡附近的水渠是否通畅,有无堵塞;撤离广场外的促销活动展位,收起供顾客休息的太阳伞;准备好雨伞袋和防滑垫,以备在暴雨时使用。

(2) 现场处理。门口有专门人员分发雨伞,铺设防滑垫,入口出口关闭一半;门窗全部关闭;保证排水系统通畅,下水道不堵塞;密切关注往低洼处进水的区域,将商品和物件移走,以防水灾造成财产损失。

(三) 如何处理突发大规模停电

1. 停电以后

(1) 启用备用发电机,保证店内照明和收银工作的正常进行。

(2) 启动广播,安抚顾客,管理人员协助安全部维持现场秩序,避免发生混乱和劫持等情况的发生,如果估计停电时间较长,需要停业关店,应及时疏散顾客。

(3) 只能使用紧急照明、手电筒,杜绝使用火柴、蜡烛或打火机等任何形式的明火来照明。

(4) 如果收银机不能正常工作,收银员应锁好收银机抽屉,坚守岗位,不得随意离开。

(5) 收货部停止收货。

(6) 现金室停止工作,并把所有现金入库锁好。

(7) 安全员对进出口进行控制,在无法确认停电时间长短时,可以说服顾客不要进入。

(8) 生鲜部限量加工商品,所有电力设备关闭电源,所有冷库立即封门,若停电时间较长,陈列在冷柜中的生鲜商品要移送至冷库进行保存。

(9) 所有人员坚守岗位,各个部门的管理层要派相关人员对管辖区域内的零散商品进行聚集处理。

(10) 工程部立即询问停电原因和停电时间的长短,并告知经理,由其根据具体情况决定是否停止营业。

2. 来电以后

(1) 恢复营业,部门优先整顿顾客丢弃的零星商品,并将其归位。

(2) 生鲜部门检查商品品质,将变质商品从销售区撤出,对损失进行登记、拍照等。

（四）如何处理抢劫事故

1. 发生抢劫时收银员须知

（1）牢记生命是最可贵的，没有任何财产比生命更重要，不提倡个人英雄主义。

（2）保持冷静，不要做无谓的挣扎和抵抗，尽量让匪徒感觉你正在按照他的意思做，先稳住匪徒的情绪，不要刺激他。

（3）尽量记住匪徒的容貌、大致年龄、衣着、口音、身高等特征。

（4）尽量拖延给钱时间，以等待其他人员的救助。

（5）在匪徒离开后，第一时间拨打110报警。

（6）立即凭记忆用文字记录、填写《抢劫叙述登记表》，配合警察和安全部做好调查破案工作。

（7）保护好现场，待警察到达后，清理现金并统计损失金额。

2. 发生抢劫时安全员须知

（1）在发现收银员被抢劫时，应趁匪徒不注意，第一时间拨打110报警。

（2）对持有武器、枪支的匪徒，不要与其发生正面冲突，要保持冷静，在确认可以制胜时，将匪徒擒获，尽量记住匪徒的身材、衣着、车辆的牌号、颜色、车款等。

（3）匪徒离开后，立即保护现场，匪徒遗留的物品，不能触摸。

（4）匪徒离开后，将无关的人员及顾客疏散离场，将受伤的人员立即送医院就医。

（5）不允许外界拍照，暂时不接待任何新闻界的采访。

（五）如何处理顾客突然患病的情况

顾客突然患病是指在商场内因个人健康或意外而导致突然性晕厥、休克、摔倒等事件，多发生在老年人、残疾人、孕妇及儿童身上。营业员面对突然患病的顾客时，千万不可私自行事，应该采取下列处理程序：第一，迅速拨打急救电话120，由相关人员送顾客到医院就医；第二，立即通知自己的管理人员或店铺、卖场中的相关负责人进行必要的急救处理；第三，若顾客属于意外伤害或重大伤害，营业员要将情况及时上报管理人员，若有必要可连同其他人员陪同顾客到医院就医，并将相关事宜报告上级，由商场善后。另外，营业员在处理患病顾客的过程中，若无法工作，应恳请周围其他同事暂时帮助照应，要保证相应的柜台由人看管。

（六）如何处理偷窃行为

营业员在工作中要多加留意，若遇到偷窃行为，应做到以下六个方面：

第一，保持镇静，及时向店铺或者卖场的管理人员、上级及保卫部门报告。

第二，保证行窃者在自己的视线范围内，并仔细监控他们的每一个行动。

第三，在认定偷窃之前给予其有表示"购买"的机会，具体的办法是对隐藏商品的顾客说"你要××商品吗"，"让我替你包装商品"等，提醒其购买。

第四，如果经反复多次提醒，隐藏商品的顾客仍无购买的意思，则要用平静的声音说"对不起，有些事情想请教你"，然后将其带入相关办公室，由相关负责人做适当的处理；如果行窃者拒绝去办公室，在确信他确实已偷窃商品的情况下可传呼保卫人员；如果他们愿意进入办公室,要注意不让他们在路上抛弃商品。

第五,在处理偷窃事件时,应尽量不要把被怀疑者当作"窃贼",应尽可能往"弄错"的角度去引导其购买,不要以"调查"的态度对待顾客。

第六,如果误会了顾客,应向顾客郑重地道歉,并详细说明错误发生的经过,希望能获得顾客的谅解,必要时应亲自到顾客家中道歉。如果给顾客造成了消极影响,要尽快想办法消除影响,给予补偿。

(七)如何处理儿童走失

1. 帮助顾客寻找孩子

当看到丢失孩子的顾客时,营业员要做好以下工作:

(1)安慰顾客不要着急,应帮他寻找。

(2)请顾客介绍孩子的特征,并迅速登记,包括孩子的姓名、年龄、性别、身高、着装以及生理特征等。

(3)通知广播室发布"儿童走失"广播,连续广播几次,以引起卖场内所有人员的注意,协助寻找。

(4)通知进出口处的保安、工作人员,以引起特别关注。

(5)让顾客在广播室或总服务台等候孩子。

(6)当孩子找到后,立即取消广播。

2. 为走失的孩子寻找亲人

当看到走失的孩子时,营业员要做好以下工作:

(1)安慰孩子,让孩子不要哭,答应帮助他寻找自己的父母或家人。

(2)问一问孩子其父母或家里的情况,尽量获得更多的信息。

(3)将孩子的特征记下,并安排其在总服务台或某一个固定点,或直接带其带去广播室。

(4)恳请广播室发布广播,告诉孩子的父母或家人到某某处认领孩子。

(5)将孩子交给其父母或其家人,取消广播。

任务三 零售人员管理

导入案例

沃尔玛的人力资源管理

沃尔玛的全新人才管理概念——公仆领导,也就是领导和员工之间是一个"倒金字塔"的组织关系,领导在整个支架的最基层,员工是中间的基石,顾客永远放在第一位。领导为员工服务,员工为顾客服务。为什么这样说?零售业是服务性行业,顾客就是"老板",这是一个真真切切、实实在在的事实。员工的工资和生活享受不是从总经理那儿获得的,而是来自他们的"老板"——顾客。只有把"老板"伺候好了,员工的口袋里才会有更多的钞票。

员工作为直接与"老板"接触的人,其工作精神状态至关重要。员工成天为"老板"服务,谁来为员工服务呢?在沃尔玛就是——领导。领导的工作就是指导、支持、关心、服务员工。员工心情舒畅,有了自豪感,就会更好地服务于顾客。在沃尔玛,任何一个员工佩戴的工牌注明"OUR PEOPLE MAKES DIFFERENCE",也就是"我们的同事创造非凡"。除了名字外,在工牌上没有职务标明,包括最高总裁。公司内部没有上下级之分,直呼其名,营造了一个上下平等的气氛。

寓教于乐的培训方式

沃尔玛为了让员工不断进步,提供了大量的培训课程,给了他们许多自我价值实现的机会。沃尔玛采用的是经验式培训,以生动活泼的游戏和表演,训练公司管理人员"跳出框外思考"。培训课上,老师讲讲故事、做做游戏,再让学员自己搞点小表演,让他们在培训中展现真实的行为,协助参与者分析、讨论他们在活动中的行为,进行辅导,这种方式既有趣又有效。

鼓励员工参与管理的门户开放政策

门户开放是指任何时间、地点,任何员工都有机会发言,都可以口头或书面形式与管理人员乃至总裁进行沟通,提出自己的建议和关心的事情,包括投诉受到不公平的待遇。

人才的本地化是沃尔玛的管理基础

本地员工对当地的文化、生活习惯比较了解。在运作时,还懂得节约成本,所以人员和管理的本地化能增强企业的竞争力。目前,整个沃尔玛中国总部的外籍管理人员占中国所有员工的1%,正在向本地化发展。公司根据其业务发展的趋向,加大专业培训力度,委派当地有才华的商业管理人员进行管理。

沃尔玛的团队精神

团队是指一组有进取心的人为了一个共同的目标而一起工作。在团队里没有哪个人比其他人更重要,团队的好坏取决于所有的队员。沃尔玛非常重视团队的作用,在他们看来,公司中的每一个成员就像墙上的一块块砖,每块砖头固然牢固,但要使砖凝结成具有力度的一堵墙,不可缺少的则是砂浆。就是说,整个团队要制定奋斗目标,团队全体人员为共同目标一起努力,相互尊重、相互信任、畅所欲言,这样团队才会不断前进。这种团队精神就是沃尔玛成功不可缺少的条件。

沃尔玛能有今天的成功,与之科学管理、正确运用人力资源是分不开的。我们的零售企业是否可以从沃尔玛的做法中悟出些道理呢?

沃尔玛永远的旋律包括以下几方面:

忠于客户——每时每日提供有价值的商品给顾客。

领导人员——天天做公仆领导。

工作哲学——比我们的对手更勤奋、更灵敏地选择优质的商品。

积极进取——永不满足。

尽心尽力——提供优质、出色的服务。

成功的十项基本原则:

(1) 忠于你的事业。

(2) 和员工共同分享利益,像伙伴一样对待他们。

(3) 激励你的员工。

（4）尽可能地和员工进行交流。
（5）感谢员工为公司做的每一件事。
（6）庆祝每一次成功，从失败中寻找乐趣。
（7）听取员工意见。
（8）超出顾客期望。
（9）比竞争对手更节约开支。
（10）逆流而上，另辟蹊径，不墨守成规。

沃尔玛企业的精神：尊重个人、服务顾客、追求卓越。

问题：
1. 沃尔玛的职工与领导及顾客之间的关系如何？这种组织结构有何优劣处？
2. 沃尔玛的人力管理观念是什么？你觉得这种观念最大的好处是什么？

资料来源：http://wenku.baidu.com

零售人员的聘用与培训

（一）零售人员的聘用

1. 零售人员的素质要求

员工招聘是指企业为了发展的需求，对外吸收符合企业要求的具有工作能力的个体的全过程。企业对吸收人员有一定的要求，基本要求主要是道德品质、知识技能及身体健康状况。另外，根据企业经营特点的要求，对招收人员的素质另有某些特殊的要求。

在招聘与选择员工之前，应先进行各项分析，确定各项任务工作需要哪些专门的知识，以及为有效履行这些任务，应聘人员应具备哪些条件、素质和特征等。零售人员从事的是服务工作，必须具有如下服务素质。

（1）性格特征。

性格开朗，待人亲切，情绪稳定，是为顾客提供优质服务的基本条件，是从事零售服务工作的特别要求。所以，零售人员要具有温和、含蓄，令人亲近的个性。所谓个性，就是一个人的态度、习惯和情感的总和，是我们和一个人接触时观察到的他的音容笑貌以及对他的感觉，是一个人在每天的生活中所表现出来的性格和外界对他的反应的结合。个性是一个人工作能力的有机组成部分，它决定着一个人和同事、顾客合作的融洽程度以及工作的成败。国外最近的一次调查表明，零售业仅有10%的人因为业务不熟练被解雇，而90%的人则是因为性格暴躁才砸了自己的饭碗。

（2）文化修养。

零售人员应具备良好的文化修养，有礼貌，穿着整齐大方，打扮适度，干净整洁。顾客在购买过程中对营业员也是有选择的，他们往往会通过营业员的仪表举止来判断该销货员是否能提供满足自己需要的服务。缺乏礼貌、不耐烦、衣冠不整、举止粗俗、言语粗鲁的营业员会使顾客产生不佳印象，难以产生信任感，甚至会放弃在此购物。

（3）沟通能力。

营业员应具有良好的口头表达能力，能清楚地介绍商品和解答顾客的疑问，对顾客的表情、行为具有良好的判断能力,善于发现顾客的需求,并灵活处理顾客的异议,以促进销售。

2. 员工招聘程序

对于大部分零售店来说,一般都是采取公开招聘的方式来进行招聘员工,也就是公开宣布招聘计划,给内外部感兴趣的人员提供一个公平竞争的机会。招聘过程通常分为发布招聘信息、报名申请、初步面谈、测试筛选、背景调查和体检等。

(1) 发布招聘信息。

随着信息化的不断推进,发布招聘信息的途径越来越多,现在常用的主要有以下几种:

① 在互联网上发布招聘信息。现在人们使用互联网的时间和地点都比以前多了很多,利用网络发布招聘信息,成本较低,信息容量相对较大,传播的速度也非常快;另外,还可以提供个性化的服务,所以,一般企业都会首先采用这种发布方式。

② 在报纸、杂志上刊登招聘广告。报纸、杂志作为传统的传媒介质,市场覆盖面较广,可以吸引更多的人来应聘。

③ 通过人才市场发布招聘信息。这种方法主要是利用中介组织传播招聘信息,如人才招聘会、职业介绍所等。人才招聘会,一般向企业收取一定的费用,代企业通过传播招聘信息,并在招聘会举行的时候,为企业提供摊位,进行现场招聘;职业介绍所,一般是把招聘信息有偿地告诉求职者,由求职者直接和招聘单位联系应聘事宜。

(2) 报名申请。

报名申请的基本程序一般包括:首先,让应聘者领取报名登记表;然后,应聘者根据自身的情况,填写报名登记表;最后,应聘者上交报名申请表和相关附件材料。招聘人员根据应聘者的报名登记表和相关附件材料,判断其是否与所招聘的岗位相符,并约见符合条件的应聘者,这样可以节省选择过程中耗费的时间。

(3) 初步面谈。

初步面谈主要是通过对应聘者的第一印象进行筛选,在此期间,招聘人员要问一些简单的问题,如兴趣爱好、以往的工作经历、今后的工作方向等,以判断其工作能力和求职动机,进而排除明显不符合条件的求职者。

(4) 测试筛选。

实践证明,测试是录用员工的可靠且有效的方法,测试内容通常包括以下两方面:

① 个性测试。个性一般包括性格、兴趣、爱好、气质、价值观等。对个性的测试可分为面试和心理测试两阶段。

a. 面试。面试是一个挑选应聘者是否具有服务素质的有效方法,应聘者根据招聘人员提出的各种问题,来描述其以往的工作经历,从中可以了解应聘者过去的工作表现、人生阅历,是否具有表现服务导向和顾客导向倾向的一些行为特征。比如,口头表达能力、团队协作精神、分析问题和解决问题的能力、对他人的敏感和关系、灵活性和适应性等。从众多的应聘者中,应当挑选出一个已经在他的人生和工作经历中表现出服务导向倾向和顾客导向倾向的候选人。

b. 心理测试。通过心理测试,可以进一步了解应聘者的基本能力、综合素质和个性特征,包括其基本智力、认识思维方式、内在驱动力等,还有管理意识、管理技能等。常用的心理测试主要有"16种人格因素问卷"、"明尼苏达多项人格测验"、"适应能力测验"、"温得立

人事测验"等。心理测试的评价结果,可以为最终确定人选提供参考依据。测试项目通常包括:

普遍智力:测试应聘者的判断力、理解力、观察力和学习能力。

领导能力:测试应聘者的合作能力、指挥和关心他人的能力。

社会智力:测试应聘者在人际关系上适应新环境的能力。

推动力:测试应聘者的进取精神、果断力和组织能力。

工作兴趣:测试应聘者对工作是否有热情,有无自觉和主动精神,工作时是否会全神贯注。

计划能力:测试应聘者的创造力、机智、成本观念、建设性的意见。

② 表现测试。表现测试用以测验应聘者的工作表现和实际操作能力。有些商场采用专业、标准方法进行测试,如测试书写能力、计算熟练程度、对特殊商品的认知能力、收音机操作能力、辨别假币的能力、商品包装能力等,以此确定应聘者是否具备从事相应工作应具备的能力。

(5) 背景调查和体检。

① 背景调查。在真正录用应聘者之前,通常要对其背景进行初步调查,包括其信用状况、工作经历、犯罪记录、学历情况和从业资格等。目前,大多数企业都将背景调查作为招聘、选拔人员的必要环节。

② 体检。体检就是体格检查,是选拔过程完成、正式入职之前的一个必要步骤,尤其是对于零售业而言,从业人员接触的人较多,确定应聘者的健康状况,可以有效防止传染疾病,降低缺勤和事故发生的可能性。

(二) 员工的培训

一般情况下,零售商可以选择两种培养员工技能和能力的方法,即筛选和培训。零售商通过有选择性地雇用员工,并进行培训,可以提升其竞争优势。员工培训是指在组织创造的一种学习环境中,使员工的价值观、工作态度和工作行为得以改变,从而使其能在当前或未来的工作岗位上的表现达到公司的要求和标准,并尽可能为企业创造更多的利润。商场员工职业素质的高低是决定商场服务质量的关键,对员工进行提高职业素质的培训,是商场培训的主要内容。员工培训是一个系统性工程,要达到预期的培养目标,首先要结合零售企业的发展战略,制定人才培养的长远规划;其次要拟订各个时期和阶段的具体培训计划,明确培训对象、内容和要求;同时还要采用科学的培训方法和手段。

1. 培训的必要性

(1) 使员工更加认同企业文化和企业目标,提高其工作的积极性和主动性,从而提高其服务水平,为企业创造更高的效益和利润。

(2) 可以有效促进员工观念的转变,提高其工作能力,为员工适应企业的需要做好技能上的准备。

(3) 可以使员工加深对岗位要求的理解,通过提高员工的分析和解决问题的能力以及其专业技术水平,使员工能够减少工作失误和事故,从而使个人和企业都收益。

2. 培训的方式和途径

培训员工的方式和途径主要有两类,即通过工作实践获得锻炼和提高与进行正规的知识教育和训练。为让员工在日常的工作实践中得到锻炼,要做到为其提供更多的实践机会和良好的成长环境,使其能够在工作实践的磨炼中总结经验、学习技能,进而增长才干。具体来说,可以采用以下一些方法:

(1) 有计划地提升。有计划地提升就是对准备提升的人员制订分步骤的提升计划,按照计划由低到高使其相继经过若干职位的锻炼。这种方法,有助于逐步扩大人员的工作范围,增长其经验、能力和才干,也有利于加强培养工作的计划性。

(2) 职务轮换。职务轮换就是让员工依次分别担任同一层级的不同职务,或不同层级的相应职务,以便全面培养其综合能力。这种方法有利于员工熟悉业务经营方面的情况,提高从事各项工作或高级主管工作的能力。

(3) 委任助手职务。委任助手职务是指安排有培养价值的员工担任部门或企业领导的助理,使其在较高的管理层次上全面接触和了解企业的各项管理工作,开阔眼界,锻炼能力;同时,直接受主管领导的言传身教,并通过授权参与某些高层管理工作。这种方法经常被用于培养企业主管人员。

(4) 临时提升。在一些特殊情况发生导致相应职务存在空缺时,临时指定有关人员代理相应职务,也是培养人员的方法之一。通过临时提升可以使有潜力的人员获得宝贵的锻炼机会,取得经验、增长才干,为今后的进一步发展奠定良好的基础。

此外,通过各种形式、内容的教育,对员工进行不同程度的系统知识训练,可以帮助员工开阔视野,更新知识,对工作需要的新知识、新理论和新方法有所研究,不断提高自身的素质和水平,常用的具体形式包括开办短期培训班、举办知识讲座、定期脱产轮训、选送高等院校接受正规教育、组织专题研究会、进行敏感性训练等。

3. 培训对象

培训对象一般包括新招员工和在职员工。按照不同的受训对象,培训可分为入门培训和在职培训两种。

(1) 入门培训。

入门培训是对新招聘员工的培训,通常包括以下内容:

① 企业文化培训。主要内容是介绍企业概况、企业文化与经营理念、企业经营方针和组织结构、管理制度和企业管理人员。

② 专业技能培训。主要内容包括服务要素和专业技能,如收款方法、销售技巧、商品管理、商品知识、商品价格、商品调换、商品陈列、商品包装、顾客意见处理等。

③ 岗位职责培训。主要内容有员工规范和行为守则、员工权利和工作区域与营业时间、责任岗位介绍、福利、薪酬与业绩考核、安全督导与预防等。

(2) 在职培训。

在职培训是对在职员工进行的培训,其目的是提升员工的专业技能、素质与知识,保持高效率的营业运作。一般包括如下内容:

① 推销技巧。主要内容包括接近顾客、了解顾客对产品的需求程度、介绍推荐产品、处理顾客异议、促使顾客真正消费等。

② 顾客关系。主要内容包括接待顾客的态度、建立本店信誉和处理顾客意见等。

③ 商品信息的详情。主要内容包括产品使用方法、有关的服务、用途、成分和竞争情况等。

④ 解释情况。主要内容包括解释商场的计划、运作程序、营业方针、管理制度和法律等方面的变化和影响。

4. 培训方法

（1）案例研究法。

案例研究法，是一种应用集体讨论方式进行培训的方法。针对不同的培训目标，可以通过不同的途径选用现实生活中的资料编写案例，或选用现成的案例，让接受培训的员工研读案例，引导他们产生"身临其境"、"感同身受"的感觉。使他们自己如同当事人一样，思考案例中的问题，进而解决具体问题。

（2）角色扮演法。

角色扮演法，是一种模拟训练方法。由接受培训的员工扮演某些训练任务的角色，使他们真正了解扮演角色的感受和行为，以此发现和改正自己在具体工作中遇到的问题和不足。这种培训方法，在大部分情况下是用于提高服务素质、改善人际关系。因为，人际关系上的感受常因所担任的职务不同而异，常会因此产生矛盾，通过不同角色的扮演，去体验不同职务带来的感觉，可以在一定程度上消除以上矛盾。

为使参加培训的全体员工都能感受到角色扮演后带来的培训效果，可以让所有参加培训的员工轮流互换扮演角色，共同对角色的姿势、手势、表情、语言表达等项目进行评估，使每个员工都有机会参加模拟训练。

（3）技能指导法。

技能指导法，是商场的职前事务训练中被广泛采用的一种方法，是专业技能训练的通用方法。一般由部门经理主持，由专业技术能手在现场向接受培训的员工简单地讲解操作技术规范和注意事项，然后进行标准化的操作示范演示，员工则反复模仿练习，经过一段时间的训练，使操作渐渐地熟练到符合规范程序与标准，达到运用自如的程度。技能指导法培训适用于一些机械性的工种，如商品包装、打码机的操作、收银机的操作、真假币辨别等。这些培训都可以在实际工作场地进行。

（4）课堂讲授法。

课堂讲授法，是一种传统模式的培训方法。商场培训采用课堂讲授法较为常见，其优点在于，可同时对大批员工进行培训，不必耗用太多的时间与财物。但是，该方法基本都是单向沟通，也就是培训师讲授，员工听讲，接受培训的员工不能主动参与培训，只能从培训师的讲授中，做被动、有限的思考，这样，可以吸收到的知识也是有限的，不利于员工了解自己的培训成果。所以，当商场决定采用这种方法对员工进行培训时，要使参加培训的员工一贯保持较高的学习兴趣，并尽可能地在课堂讲授过程中加强教学互动，用提问、讲故事等多种方式增进培训师和受训员工的沟通。为增强培训效果，可借用多媒体、实验、录像等辅助教学手段。

二、零售人员的委派

员工安排是企业经营活动得以顺利进行的必要条件，是企业维护和完善一定社会生产关系的客观要求，是促进企业生产力发展的有力杠杆和提高企业经济效益的重要手段，也是企业自我完善以适应社会发展的可靠保证。

员工委派是指人力资源管理部门按照各岗位的任务要求,把招聘来的员工分派到企业的具体岗位上,给予员工具体的职责和权利,使他们进入工作角色,开始为实现组织目标发挥作用。

(一)员工委派的原则

每个工作职位对其任职者都有一定的基本要求,当任职者现有的素质符合职位要求时,其人力资源就能主动发挥、创造出高水平的绩效。否则,该员工的人力资源就处于被动状态,低能低效。现代企业的人员委派要求"以人为中心、以人为本",使员工都能进入最佳工作状态,发挥最大作用,达到这一目标的前提是要做到"人适其事、事得其人,人尽其才、才尽其用"。

1. 按岗位要求委派原则

委派员工应坚持人与工作"相配"。在委派员工前,要详细了解不同岗位的工作内容、在企业中的地位和作用、对员工素质技能的要求。同时,要对企业待安排员工进行深入了解,包括其文化程度、教育水平、性格特征、气质类型、兴趣爱好、工作能力、健康状况,甚至还有其家庭背景、社会关系等,从而准确地把符合岗位要求的员工安排到相应的岗位上,以提高用人的准确性,减少失误。

2. 按工作需求设岗原则

以岗位的空缺和实际工作的需要为出发点,因事设岗,保证组织机构的效率,防止盲目录用员工,造成人力资源浪费,避免机构臃肿现象的发生。许多企业因人设岗,形成不必要的岗位和机构。

3. 优化组织原则

员工在构成群体时,组合适当的群体能够释放出比单个员工简单相加更大的能量,而员工组合不当的群体,工作绩效还比不上个人成绩的简单相加。企业在安排员工时,应优化组合,形成员工能力的互相补充,人才结构科学化,相互配合,建立良好的人际关系,促进组织内的团结协作,提高工作效率。

4. 按员工兴趣安排原则

"恰当的人从事恰当的工作",职业兴趣反映了工作活动特点、职业特点和个体特点之间的匹配关系,是企业安排员工职位的重要依据和指南。人的工作效率和事业成功与兴趣有密切关系。从事一种自己喜欢的工作,工作本身就能给人带来一种满足感,增加乐趣,提高效率。相反,从事一种自己讨厌的工作,工作就成了人的负担,使人从心里抵触,逃避工作,马马虎虎,敷衍了事,给企业造成危害。因此,企业应当针对员工的兴趣与需要,尽量把员工派往他感兴趣的工作岗位上。

5. 用人所长原则

由于先天生理差异和后天训练程度的不同,每个人的素质和能力也不一样。人在素质能力上的差异性,不仅表现为综合水平不一致,而且表现为单方面素质和能力有高低之分。企业在安排员工时应该注意员工在素质和能力上的差异,把他们安排在相应的岗位上,以充分发挥他们的特长。

(二)员工委派的程序

1. 确认员工的上岗资格

在员工上岗前,首先应该确认员工的上岗资格,对员工的能力进行评价,了解培训工作是否达到了履行岗位职责的要求。如果员工已经具备了上岗资格,则由人力资源部委派他上岗,如果尚未达到要求,则需要重新培训,或由企业辞退,解除劳动关系。这一工作的目的在于确保岗位要求。

2. 分派员工上岗

对于经过资格认证的员工,由人力资源部按员工各自具备的能力与招聘培训的目的,把他们分派到企业的各个部门和各个岗位,并颁发正式的聘书。聘书应该写明岗位的名称、工作内容、职责、权利、聘用时间、考核方式等。员工接受聘书后,按规定时间上岗,进入工作状态。

(三)员工委派的方式

1. 选任制

选任制是由机构中的员工通过选举的方式来确定由谁担任某一职务的员工使用制度。

选任制的优点:能够较好地反映大多数人的意愿,增强被选举员工对广大员工的责任感。

选任制的缺点:不适宜在很大的范围内实行,因为企业规模太大,员工彼此间不熟悉,选举盲目;选举容易流于形式,多数员工跟着走过场。

2. 聘任制

聘任制是企业采用招聘的形式确定任用对象,并与之订立劳动合同的员工使用制度。

聘任制的优点:在合同期内比较稳定,便于管理。

聘任制的缺点:程序比较复杂。

3. 考任制

考任制是企业通过公开考试来评价员工的知识与才能,并依据考试成绩的优劣录用各种人员的员工使用制度。

考任制的优点:具有明确统一的标准,公开竞争,机会均等,体现了成绩面前人人平等的公平原则,在大的范围内选拔人员,可以克服委任制、选任制和聘任制的主观性弊病和选拔视野窄的缺陷,并可以激励员工努力学习业务知识。

考任制的缺点:很难正确把握员工考试成绩与实际能力的关系,员工的道德素质无法通过考试来判断。考试成绩只适于测评员工的专项技能。

4. 委任制

委任制是具有任免权的上级主管直接任命员工担任相应职位的制度。

委任制的优点:程序简单、权力集中、指挥统一、效率高、省时间。

委任制的缺点:容易因主管个人的好恶,而出现"任人唯亲"的现象;或因主管人员的视野与精力的限制,而造成在没有全面了解下属的情况下错误委任的现象。

三、零售人员的评估与奖惩

关于管理与绩效管理,摩托罗拉有一个观点:企业＝产品＋服务,企业管理＝人力资源管理,人力资源管理＝绩效管理。可见,摩托罗拉已经将绩效管理上升到了战略管理的层面,并给予了高度的重视,这给我们许多企业做出了榜样,树立了学习的模范。摩托罗拉给绩效管理下的定义是:绩效管理是一个不断进行的沟通过程,在这个过程中员工和主管以合作伙伴的形式就下列问题达成一致:

(1) 员工应该完成的工作。
(2) 员工所做的工作如何为组织的目标实现做贡献。
(3) 用具体的内容描述怎样才算把工作做好。
(4) 员工和主管怎样才能共同努力帮助员工改进绩效。
(5) 如何衡量绩效。
(6) 确定影响绩效的障碍并将其克服。

从定义里可以看出,摩托罗拉的绩效管理关注的是员工绩效的提高,而员工绩效的提高又是为组织目标的实现服务的,这就将员工和企业的发展绑在了一起,同时也将绩效管理的地位提升到了战略的层面。定义特别强调了员工和主管是合作伙伴的关系,这种改变不仅仅是观念的改变,而是更深层次的观念创新,给了员工更大的自主和民主,也在一定程度上解放了管理者的思维。随着这种观念的深入,员工和主管的关系将更加和谐,之间将会有更多的互助,互补提高,共同进步,这也正是绩效管理致力要做到的工作和完成的任务。

同时,定义也强调了具体的可操作性,工作内容的描述要具体,衡量的标准要具体,影响绩效的障碍要具体,只有具体的东西,才有解决的操作性,因此,具体两个字包含着及其深刻的内涵。

零售企业对于在职员工在其工作岗位上干得好坏,是否称职,是否达到预期目标,是否可以胜任更高一级的工作,需要进行考核与评估,以确保员工的工作行为和工作成果与企业目标保持一致,并以此作为确定员工合理的晋升和工资方面的决策。

(一) 零售人员的评估

1. 评估的概念

零售人员的评估是指主管或相关人员对员工的工作进行系统的评估。评估是工作行为的测量过程,是用事先制定的标准来衡量员工在其职位上的工作态度、工作成绩、执行任务、履行职责的状况,并将结果反馈给员工的过程。评估作为一种衡量、评估员工工作表现的正式系统,可起到检查及控制的作用,以此来提示员工工作的有效性及其未来工作的潜能,从而使员工自身、企业和社会都受益。

评估通常自第一线的基层开始,由各部门的主管评估每一个员工的绩效。然后,由较高层主管评估各个部门的绩效。最后,由最高层领导评估整个企业的全面绩效。

2. 评估的作用

(1) 能够提高企业的效率和竞争力。

员工的工作表现会影响企业的效率和竞争力。员工的服务工作使顾客满意度高，提高销售额和盈利能力，就是指企业效率高的表现。工作表现是通过工作成绩和出勤率来衡量的。其中，工作成绩是员工究竟在其工作岗位上干得怎么样、是否达到预定目标的主要标准，而出勤率只是员工是否在工作岗位上从事工作的说明。对于企业来说，前者尤其重要。

对零售人员进行评估，能够找到他们工作中的不足和可改进之处，可以督促其调整工作状态、改变工作方法，以便更好地投身于工作中，这将能提高企业的效率和竞争力。

（2）有助于激励员工。

评估强化了工作要求，使员工责任心增强，推动员工承担工作责任，发挥其主观能动性，明确自己应该怎样做才更符合企业的期望。激励员工发掘自身潜力，调动员工的工作积极性，保持旺盛的工作热情，有效地改进服务质量，出色地完成企业的预期目标。通过绩效评估，使员工明确自己工作中的成绩和不足，促使其在今后的工作中坚定信心，发挥长处，努力改善不足，使整体工作绩效进一步提高。

常言道："水往低处流、人往高处走。"任何人都是力求上进的，但有时苦于没有方向、缺少动力，对零售人员的评估，将为他们提供更上一层楼的方向和动力，有助于激励员工，步步为营，奋发努力。

（3）为人事决策提供依据。

评估是人事决策重要的参考指标，晋升、任免、调任、加薪等都涉及评估。在晋升和加薪前，如果不进行评估，就失去了选拔的标准。有了绩效评估，就使选拔标准的透明度增强了，在选拔工作业绩出色的员工时，因公平的选拔令其他员工信服。

评估的结果是零售人员工作完成情况的最终表现，也是人事做出决策的依据，零售人员的工资水平、晋升机会等都要以此做出相应的调整。

3. 评估的原则

（1）严格原则。

严格原则要求在执行评估过程中，严格地按照既定的规章制度和标准执行，做到有章可依、有章必依，不可以随意改变评估的标准。

评估必须严格。若评估不严格，流于形式，不但达不到评估的目的，反而会使企业领导与员工、员工与员工之间产生矛盾，造成消极的后果。评估严格应包括以下几个方面的要求：

① 标准要明确。要有明确而严格的评估标准。模糊不清的标准是无法执行的，一定要明确、客观、合理。标准要统一，不能一个人一个标准，否则会削弱评估的意义。

② 方法要科学。评估的形式可以根据需要灵活采用，但评估方法一定要科学。

③ 态度要认真。必须端正考核的指导思想，防止敷衍了事、好人主义和各种不负责任的做法。

④ 制度要严格。制定统一规范的评估规章制度。

（2）公平原则。

公平原则要求对所有同类型、同层次的零售人员进行评估时，要采用统一的标准和要求，不可以偏倚任何一方。评估必须公平、公正。公平是确定的推行人员管理的前提，要排除一切干扰，主持公正。本着实事求是的精神，为达到更客观和更全面，评估前，评估负责人应征询其他部门经理、主管、员工对被评估员工的意见，作为参考的根据。做到全面地、真实地、客观地考察和评价员工,摒弃个人的好恶、恩怨,防止用感情和偏见代替政策以及用主观想象代替客观事实。公平才能使人心服口服,如果不公平,就不可能发挥评估应有的作用,反而会出现许多负面的影响。

4. 评估的标准

评估标准、评估方法的确立来源于对企业的分析和个人工作职责的分析,基于这一基础,评估标准包括员工工作的有价值的方面,它是期望员工达到的绩效水平。

(1) 评估标准的制定。

评估标准要依据以下几方面制定:

① 根据工作而定。评估标准是为工作而不是为个人而定。根据工作本身来制定,评估标准就会具有唯一性。不管谁在做这项工作,评估标准都是一样的。这样评估就会比较科学、公平合理。在评估标准制定出来后要征求员工的意见或建议,当大多数员工认为该评估标准科学合理时则可以执行,否则要进行修改直至达到此目标。此外,员工参与制定相应的评估标准,会认为自己有责任遵循该标准工作,这可以有力地激励员工,提高工作效率和效益。

评估的标准视不同岗位的工作而定,比如,营业员的评估标准包含商品损耗率指标;补货、理货、整理库存的管理表现;对顾客的服务态度;区域卫生与安全的操作;顾客对员工的评价;考勤记录以及对公司纪律的遵守情况等。

② 尽可能量化。标准要尽可能具体而且可以量化,评估的项目最好能用数据表示。凡是无法衡量的,就是无法控制的。

评估的标准一定要尽可能量化,这样才能进行对比分析,达到评估的目的。比如,商品的损耗率控制在1%以内为优秀、1%~3%为良好、3%~5%为合格、5%以上为不合格等。

③ 通过努力可以达到。评估的标准必须是可以达到的,而且是要通过一番努力后才可达到,过低的标准,不利于激发员工的工作潜力,过高的标准,又难以实现,会打击员工的工作热情。在制定评估标准时,要充分考察当前员工们的工作能力,在此基础上,稍作提升,制定出比较合情合理、可以达到的评估标准。

标准的水平应在部门或员工个人的控制范围内,通过部门或个人的努力可以达到,这样才有激励效果,促使员工积极工作。如果标准定得过高,员工难以达到,会失去工作积极性,反而起消极影响,削弱评估的意义。

(2) 评估标准的类型。

评估标准分为如下两种类型:

① 绝对标准。绝对标准是指用绝对数值做评估的标准。比如,当月营业额达到20 000元、当月卖出商品800件等。

绝对标准就是按照工作职位的各项具体要求衡量员工工作的标准,它是用固定标准衡量员工,而不是与其他员工的表现进行比较。固定标准比较具体、可量化,每一项都有很明确详细的要求。绝对标准通常分为三个大项,即业绩标准、行为标准和任职标准。例如,某商店制定的零售人员的业绩考核标准、行为标准、行为评估表分别如表10-1、表10-2和表10-3所示。

表 10-1　业绩考核标准

岗　位	业绩考核说明
促销员、营业员	以每个月度 1.5 万元营业额为考核基础,每超出 5 000 元额度则加提 1% 业绩奖
卖场经理	以促销员和营业员考核为基础,按当期超出总额 1% 提业绩奖
营业店长	以促销员和营业员考核为基础,按当期超出总额 0.75% 提业绩奖
店长助理	以促销员和营业员考核为基础,按当期超出总额 0.65% 提业绩奖
收银员、仓管员、购货员	以促销员和营业员考核为基础,按当期超出总额 0.5% 提业绩奖

表 10-2　行为标准

项目	行为的具体标准	等级	项目	行为的具体标准	等级
1	工作技巧熟练		11	对本职工作十分了解	
2	工作态度积极主动		12	了解商品相关信息	
3	遵守时间		13	压力之下仍努力工作	
4	体贴顾客		14	对顾客礼貌且服务周到	
5	不缺勤		15	用个人创新的方法改进工作	
6	团结同事		16	能独立做出正确的决策	
7	对公司有认同感		17	能清楚表达自己的想法	
8	勇于承担责任		18	反应敏锐	
9	配合同事工作		19	对专业以外的知识和动态有所了解	
10	思考问题有前瞻性		20	受到顾客表扬	

说明:以上每项分为五个等级:甲、乙、丙、丁、戊。甲为 5 分、乙为 4 分、丙为 3 分、丁为 2 分、戊为 1 分。20 项满分为 100 分。

表 10-3　行为评估表

等级	行为评价	分数	加减金额(基数)
甲	很好	90 分以上	加 300 元
乙	较好	75~90 分	加 100 元
丙	一般	55~75 分	不予加减
丁	稍差	30~55 分	减 400 元
戊	很差	30 分以下	建议辞退

② 相对标准。相对标准则是用相对数值做评估的标准。比如,当月营业额比上个月增长 10%、当月卖出的商品数量较上个月增加 5% 等。

它是将员工间的工作表现进行相互比较来评定个人工作的好坏。它是将被评估者按某种向度进行顺序排名,或将被评估者归入先前决定的等级内,再加以排名。

5. 评估程序

（1）收集意见。

收集意见就是搜集所有用来评估的资料,以便支撑评估的结果,包括任务书、考勤记录、同行之间的测评、领导给予的评价等。

评估前,人事评估员先观察员工的行为表现或听取企业内其他人观察到的该员工的行为表现,征询该员工所在部的经理、主管、同事对被评估员工的意见。收集意见是评估工作依照客观事实的依据,是评估的基础工作。收集意见最常用的是"关键事件法"。即所收集的事件资料都是明确而易观察且对绩效好坏有直接关联的。获取这方面的资料来源有:

① 征询与被评估者有来往的直接主管、同事或该员工服务的对象评价。

② 工作表现的记录。例如,工作中的努力程度、出勤情况以及顾客、同事抱怨的次数。

（2）书面评估。

书面评估就是在收集意见的基础上,把搜集来的资料进行归类整理、系统分析,进而整合成书面报告。由评估主管部门发《员工自我鉴定表》《员工考核鉴定表》。

《员工自我鉴定表》由员工自己填写,进行自我考评,即被考评员工对自己的主观认识。通过自评,可以了解被考评员工的真实想法,为考评沟通进行充分的准备。

《员工考核鉴定表》由其部门负责人填写工作鉴定,员工的直接上司最了解下属的工作和行为表现,在评估中最有发言权,是评估中最主要的评估者。

（3）评估面谈。

评估面谈就是与被评估者交流评估的结果,针对其工作中存在的不足和可改进之处进行沟通,使其在今后的工作中找准方向和目标。考评成绩统计结束后,由评估负责人、部门负责人、人事评估员与被考评员工一起进行评估面谈。主要是告知员工评估的结果及工作岗位调整的情况,指出被考评员工的优缺点和努力方向,指导被考评员工改善自己的工作。征询被考评员工对评估的意见和员工的奋斗目标,并要求被考评员工签署确认。

在评估面谈中,往往容易发生被考评员工不认可自己某些缺点的争执。所以,考评面谈前,人事评估员应从员工自评与上司鉴定中不一致的地方找出可能产生争执的项目,并对相关内容进行客观广泛的调查,在解决这些争执时,做到有理有据,使被考评员工心服口服地接受考评结果。

（二）零售人员的奖惩

零售企业经过对员工公正、客观的工作成果评估后,应根据员工的评估结果进行奖励或惩罚,工作表现好的应该奖励,表现差的应该惩罚甚至辞退。奖惩分明才能激励员工的士气,使员工体会到企业的价值取向,同时使他们的努力有所依归。

1. 零售人员的奖励

为了进一步激发零售人员的工作热情,树立良好的工作模范,保证零售工作的顺利开展,对表现突出、能力较强的零售人员应当在精神或者经济上予以奖励。

企业对员工的奖励一般有以下两种形式,即精神奖励和经济奖励。

（1）精神奖励。

精神奖励包括在办公例会上口头或书面表扬,在公告栏里张贴表扬文件,特别关怀个人需要,提前转正或晋升,给予优先发展或学习机会等,这些都会增加员工的归属感和自豪感,以促使他们更加努力地去工作。在如今这个重视精神文明的社会里,精神奖励往往都能达到预期效果。

精神奖励是满足员工精神需要的一种奖励,每个人都有荣誉感和自尊心,我们有对物质和精神的双重需求,其中精神奖励更是一剂激发人不断积极工作的良剂。精神奖励主要有授予荣誉称号与表扬、培训、人事晋升等。

拓展案例

苏果超市人员管理小故事

华润苏果有一个很有意思的现象,就是"领导陪员工用餐",这也是华润苏果的一大特色。这就是店长会不定期地走进基层和工作业绩突出的员工一道来到公司食堂吃中餐,而且,在整个吃饭过程中,以完全平等的身份陪员工聊天,了解员工在工作、家庭、生活中遇到的问题和趣事,同时,店长也会把自己的故事拿来分享,使双方的感情得到加强。

这种形式不单单是给优秀员工提供了一次良好的接近领导的机会,更使员工感受到公司对他们的关怀,这将增强他们的归属感。事实证明,该形式使员工在以后更加努力地工作。

① 授予荣誉称号与表扬。每个人都有荣誉感、自尊心,有被尊重的需要,荣誉奖励就是给优秀的员工以表彰、光荣称号、各种荣誉,以满足员工的心理需求,达到激励员工的目的。荣誉激励成本低,效果好。

② 培训。现代社会是知识竞争更加激烈的社会,所以要跟上时代的步伐我们就要不断地学习新知识,追求自我价值实现的需求。因此,组织给员工提供培训机会无疑是为员工的成长发展创造条件,帮助员工设计其职业生涯,实现其理想与追求,也是很好的奖励。

③ 人事晋升。晋升奖励是指员工的行政职务、专业技术职务和技术等级由低到高的变动,它包括晋升调职和升职两方面。员工若得到晋升,既是对员工工作绩效的承认和肯定,又是对员工的一种奖励。

(2) 经济奖励。

与精神奖励相对应的是经济奖励,或者叫物质奖励,就是给予优秀的零售人员一些金钱或物质上的奖励。比如,完成每月业绩指标100% ~ 130%,奖励100元或等价物品;连续三个月完成业绩指标者,底薪增加200元等。

员工工作最主要的目标是经济收入,物质是人类的第一需要。它是人类从事一切活动的基础,物质利益关系是人类社会中最根本的关系,所以,物质激励是奖励的主要形式。经济奖励可以满足员工的物质需要,对员工有很大的激励作用。经济奖励包括增加个人福利收入、提高工资、发绩效奖金等。

① 增加个人福利收入。福利是企业报酬的一个重要形式,如住房补贴、交通补助、人寿保险、午餐补助等。

② 提高工资。此种形式目前最为普遍,对收入低的员工来说,这种奖励刺激效果特别好。

③ 发绩效奖金。企业根据员工完成的绩效而发放一定的奖励金,激励其再接再厉。

2. 零售人员的惩罚

按照规定的标准(规章制度、岗位职责等)检查零售人员的工作表现,对达不到标准的员工视情况给予相应的处罚。

惩罚是为了制止员工的某些错误和不良行为。企业对员工的惩罚有批评其过错、减少员工的收入、取消员工某种福利待遇、降低员工的职位等。

(1) 批评惩罚。

对于未按照相关的规章制度工作的,应该给予批评惩罚。比如,未按照统一要求穿着工作服、服务态度不端正或未使用文明敬语的,在召开例会时,应当点名批评。

这种惩罚一般是指在某种场合给予公开批评,给其一种不舒服的感觉。

(2) 经济惩罚。

经济惩罚就是向未按规定工作的零售人员,收取一定金额的罚款。比如,对在工作期间擅自离岗或在柜台间交头接耳讲话的,可以开处罚单。

经济惩罚在企业中是经常运用的一种惩罚,比如扣工资、取消该发的奖金等。

(3) 福利性惩罚。

福利性惩罚就是针对一些未满足既定标准和要求的零售人员,消减其福利费用。比如,销售任务未完成的,当月不发奖金。即取消员工的某种福利,以达到惩罚的目的。例如,降低住房津贴、取消其规定的休假、取消其岗位补贴等。

(4) 降职或调动岗位惩罚。

当零售人员严重违反规定、造成经济损失、影响公司形象时,可对其进行降职或调动岗位的处罚。比如,在销售过程中,因个人情绪问题,与顾客进行争吵,致使顾客流失,同时还影响了公司的形象,应当将其调离现任岗位。

这主要是在企业中降低员工的地位,使他的实际权力变小,工作的责任变小,把员工的行政职务、专业技术职务和技术等级由高层向低层变动,会使员工产生不愉快的感觉。

项目小结

本项目主要从零售服务、零售店安全与防损、零售企业人员管理三个方面介绍零售企业的管理。

零售服务是零售商为顾客提供的、与其基本商品相连的、旨在增加顾客购物价值,并从中获益的一系列无形的活动。零售商为顾客提供的服务具有以下特点:无形性,不可分割性,可变性,易消失性。零售商要进行合理的零售服务设计,通过减少服务差距来改善顾客对他们服务的满意程度,缩小服务质量差距。

零售店安全一般是指零售店以及顾客、本场职工的人身和财产在零售店所控制的范围内没有危险,也没有其他因素导致危险发生。零售店的安全管理主要包括职业安全、消防安全、商品防损和突发事件的处理。

零售企业的人员管理主要通过零售人员的聘用与培训、零售人员的委派、零售人员的评估与奖惩来实现。

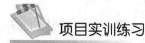
项目实训练习

实训任务一：

1. 实训内容

假设一个顾客要求退换货或投诉的情境,运用所学知识点分组模拟表演出如何处理这种情况,给出解决方案,具体地点、时间、情节和环节可根据各组情况自行设定,要求分组在课堂上进行表演。

2. 实训要求

要求学生分组完成任务,任务成果以表演的形式呈现。在老师设定的情境下,要求学生自己编写表演脚本,分配角色,进行排练,且必须运用所学零售服务知识点进行表演。

3. 任务考核

考核指标	考核标准	成绩(100 分)
零售服务情境模拟表演	语言表达清楚、有条理性(20 分)	
	有脚本(30 分)	
	表演自然(20 分)	
	能很好地解决假设的问题(20 分)	
	运用所学知识点进行表演(10 分)	

实训任务二：

1. 实训内容

选择本地苏果超市与另一同类零售企业进行走访调研,对他们在商品损耗控制方面进行比较分析。学习相关案例,运用所学知识点,分组进行走访调研,每组学生最终完成一份苏果超市与其他超市在商品损耗控制方面的对比分析报告。

2. 实训要求

要求学生分组完成任务,任务成果要形成分析报告。学生将任务成果以 PPT 形式上交,且要求图文并茂。

3. 任务考核

考核指标	考核标准	成绩(100 分)
商品损耗控制比较分析报告	语言表达清楚、有条理性(10 分)	
	分析有理有据(30 分)	
	观点鲜明、正确(20 分)	
	图文并茂(10 分)	
	PPT 制作细致、排版合理、有创意(20 分)	
	运用所学知识点进行分析(10 分)	

实训任务三:

1. 实训内容

选择本地苏果超市与另一同类零售企业进行走访调研,从本门课程六个项目着手,对这两个超市在总体上进行比较分析,找出其优劣势。学习相关案例,运用所学知识点,分组进行走访调研,每组学生最终完成一份苏果超市与其他超市总体对比分析报告。

2. 实训要求

要求学生分组完成任务,任务成果要形成分析报告。学生将任务成果以 PPT 形式上交,且要求图文并茂。

3. 任务考核

考核指标	考核标准	成绩(100 分)
超市总体比较分析报告	语言表达清楚、有条理性(10 分)	
	分析有理有据(30 分)	
	观点鲜明、正确(20 分)	
	图文并茂(10 分)	
	PPT 制作细致、排版合理、有创意(20 分)	
	运用所学知识点进行分析(10 分)	

项目习题练习

1. 零售企业服务水平设计应考虑哪些因素?
2. 零售商提高服务质量的途径是什么?
3. 服务在经营中的作用有哪些?
4. 零售服务中接待顾客的主要步骤有哪些?
5. 零售企业的安全管理包括哪些主要内容?
6. 处理突发事件要遵循哪些基本原则?
7. 零售人员培训的主要内容有哪些?
8. 零售企业对员工的激励措施有哪些?

参考文献

[1] 王俐.零售管理[M].上海：立信会计出版社,2006.
[2] 孙剑斌,刘福来.论在线零售模式下顾客忠诚的培育[J].商业时代,2005.
[3] 迈克尔·利维,巴顿·A.韦茨.零售学精要[M].北京：机械工业出版社,2001.
[4] 林小兰.零售管理实务——基于超市视角[M].北京：电子工业出版社,2012.
[5] 宣兆美.零售服务技能训练课程[M].广州：广东经济出版社,2005.
[6] 柴少宗.零售营销学[M].北京：清华大学出版社,2008.
[7] 王先庆.零售企业员工培训[M].广州：广东经济出版社,2004.
[8] 姚礼萍.零售学[M].大连：东北财经大学出版社,2002.
[9] 吴佩勋.零售管理[M].上海：上海人民出版社,2012.
[10] 韩光军,周宏.零售店人员培训与管理教程[M].北京：经济管理出版社,2004.
[11] 曾庆均.零售学[M].北京：中国商务出版社,2005.
[12] 郑昕.零售管理[M].北京：科学出版社,2005.